世界一
やさしい

ファンダメンタル株投資

バイブル

公認会計士の個人投資家
投資系 YouTuber

日根野 健
（ひねけん）
Ken Hineno Hineken

KADOKAWA

ひねけんの株式投資（10倍株から1/10株まで）と
本書のポイント

　私、ひねけんが株式投資を始めて20年が経ちます。買った株式が10倍になったこともあれば、1/10になったこともあります。成功とたくさんの失敗を重ねてきました。

　私自身の株式投資を振り返りながら、本書のポイントである長期株式投資のフレームワークについて見ていきたいと思います。

◎シンプルで実践しやすい長期株式投資のフレームワーク

　本書は、長期株式投資のフレームワークがテーマです。株式投資は生涯続けるものですから、とにかくシンプルで実践しやすい方法で取り組むのが一番です。そこで、学術書にあるような体系ではなく、実践的なフレームワークをまとめました。このフレームワークはあくまで「**長期的に株価が上がる。資産形成に役立つ**」ことに重点を置いています。

　すべての章・節がフレームワークの一部分の説明となっています。そのため最初に、長期株式投資のフレームワークの概要を掲載します。最初に読むときは、意味がわからなくても大丈夫です。本書を読み終える頃には、全体を理解できるようになります。
「今はどの部分の話をしているの？」となったときは、このまとめに戻ってきて、位置を確認してください。

　株式投資については、投資方法だけでも、数多くの書籍、WEB記事、YouTubeなどの動画が存在しています。そのうえ、4000社近くの上場企業がそれぞれに発表するIR情報もあります。これら大量の情報を、どのように整理していけばよいか、困っている投資家も多いと思います。フレームワークがあれば、このような大量の情報を整理できます。

◎良い企業の株を、安く買って、持ち続ける

　長期株式投資で成果を上げるためには、「**良い企業の株を、安く買って、持ち続ける**」ことに尽きます。こう言うのは簡単ですが、実行するのは難しいです。実際には、みなさんも「さほど良くない企業を」「高値で買って」「さっさと売る」という逆の経験をしたことがあると思います。もちろん、私もあります（笑）。そこで、「良い企業の株を、安く買って、持ち続ける」を3つのステップに分けて、各章で取り上げます。

　まず、「**良い企業**」を具体的に定義して、良い企業かどうかを見極めます。これがSTEP1です。次に、「株を安く買う」ためには、「**適正な株価はいくらか？**」を調べて、それに比べて「**今の株価が妥当か？**」をチェックします。これがSTEP2です。最後は、購入した株式を含む**ポートフォリオ全体を管理するSTEP3**です。株式を保有している企業の決算チェックや不祥事が起こったときの対応などを行いつつ、良い企業の株を「持ち続ける」ことで利益を得ます。

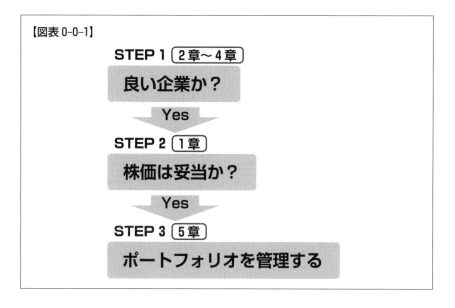

【図表 0-0-1】

STEP 1 [2章〜4章]

良い企業か？

Yes

STEP 2 [1章]

株価は妥当か？

Yes

STEP 3 [5章]

ポートフォリオを管理する

ひねけん 10 倍達成！
プレステージ・インターナショナル（4290）

　プレステージ・インターナショナル（4290）は、コールセンターのBPO（ビジネス・プロセス・アウトソーシング）に強みのある企業です。例えば、自動車事故・故障のとき、損害保険加入者は損害保険会社に電話します。その際のコールセンターでの対応を損害保険会社から受託しています。

　コールセンターは、多くの企業にとって顧客満足のために重要な位置を占めているにもかかわらず、すべての顧客がそれを利用するわけではないため、大切だけどコストは掛けにくいという分野です。専門性の高い外注先があれば、ぜひ外注したくなるような業務なのです。まだまだ成長余地はあると考えました。

　2012年12月に株価96円で購入し、2019年12月に10倍の960円を達成しました。その前後で持ち株の多くは売却し、残りは今も保有しています。

　では、プレステージ・インターナショナルのどのあたりが良い企業だったのか？（STEP1）、また株価は妥当だったのか？（STEP2）について振り返ってみましょう。

STEP1　良い企業か？　～ EPS が長期的に増加する企業～

◎良い企業＝株価が（EPS が）長期的に上がる（増える）企業

長期株式投資において、良い企業とはどのような企業でしょうか？

　株価が上がる企業が良い企業。顧客満足度の高い企業が良い企業。新卒学生に人気のある企業が良い企業。SDGs（持続可能な開発目標）に積極的に取り組む企業が良い企業。人の数だけ、良い企業の定義は異なります。

　しかし、本書を手に取る方は、やはり株式投資で資産を増やすことに強い関心があるでしょうから、長期株式投資で成果を出す（資産を増やす）ことが株式投資の第一の目的です。そのため、

良い企業＝株価が長期的に上がる企業

と定義しましょう。

　それでは、株価が長期的に上がる企業とは、どのような企業でしょうか？　ポイントになるのは、**1 株当たり純利益**（以下、「**EPS**」と記します。EPS については、第 1 章第 3 節で詳述します）です。

　株価が長期的に上がる企業とは、EPS が長期的に増加する企業です。

　花王（4452）の株価の推移と EPS の推移を見てみましょう。

　次ページの図表 0-1-1 は 1984 年から約 40 年間の**花王の株価（黒の線）と売上高（薄い灰色の線）の推移を線グラフ**に、**毎期の EPS の実績値（右端は予想値）の推移を棒グラフ**に示したものです。

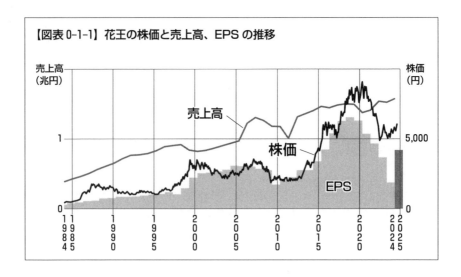

【図表 0-1-1】花王の株価と売上高、EPS の推移

売上高
(兆円)

株価
(円)

売上高

株価

EPS

1

5,000

0

0

1
9
8
4
5

1
9
9
0

1
9
9
5

2
0
0
0

2
0
0
5

2
0
1
0

2
0
1
5

2
0
2
0

2
0
2
4
5

　株価と毎期の EPS の増減がピタリと一致するわけではありません が、両者には相関性があることを見てとれます。長期的に株価が 上昇するのは、EPS が増加する企業といえます。

　そこで本書では、

良い企業 = EPS が長期的に増加する企業

　と考えます。端的にいえば、

「たくさん利益を稼ぐ企業の株価は上がる」

　ということです。それも将来に向かって、着実に利益が増えてい く会社が良いのです。

◎EPS が年平均 10% 増加するか？

　EPS が長期的に増加する、といっても、その増えるスピードが 1 年に 1% ずつなのか、あるいは、1 年に 10% ずつなのかによって、 株価の上昇スピードも変わってきます。EPS の増加が 1% ずつなら ば、株価の上昇も 1% ずつが期待値となりますし、EPS の増加が 10 % ずつならば、株価の上昇も 10% ずつが期待値となります。

本書では期待する EPS の増加スピードを 10% 以上とします。年平均 10% 増というと、だいたい 7 年間で、EPS が 2 倍になりますから、株価の期待値も 7 年間で 2 倍となります。

　すなわち、

　良い企業＝ EPS が年平均 10%（以上）増加する企業

とします。

　この○％以上というのは、個人投資家それぞれが株式投資に期待するリターンですから、個人差があります。各人が自由に決める値です。大切なのは、EPS の増加スピード（すなわち株価の上昇に対する期待値）について、なんらかの目安を持つことです。

　なお、「平均」としたのは、EPS が、特別利益、特別損失などの臨時的な要因も含んだものであるため、一過性の損益により、一時的に良くなったり、悪くなったりすることもあるからです。このため、あくまで平均値にフォーカスします。

◎年平均 10% 以上の増収増益であった

　プレステージ・インターナショナルはどうだったのでしょう？私が購入する前の業績を振り返ってみると、

2012 年 3 月期　売上＋21.7%、営業利益＋14.4%
2011 年 3 月期　売上＋18.8%、営業利益△4.1%
2010 年 3 月期　売上＋9.8%、営業利益＋3.2%
2009 年 3 月期　売上＋9.6%、営業利益＋28.3%

と、売上は堅調に増加し、営業利益は波があるものの増加基調にありました。

　2013 年 3 月期の業績予想は、売上＋2.6%、営業利益△12.3%でしたが、第 2 四半期時点では、売上＋11.6%、営業利益＋7.4%と堅調な推移でした。

過去にはほぼずっと増収増益が続いており、事業内容からすると将来に向けても増収増益が期待できそうです。

　また、2012年3月期決算においては、自己資本比率61.6%と財務健全性は高く、営業利益率11.2%と良好な水準でした。

　EPSが年平均10%増加することは、十分に期待できそうです。

　これで、STEP1は無事に合格です。STEP2の「株価は妥当か？」に進みましょう。

STEP2　株価は妥当か？（安く買って）
→ 第1章

「安く買う」ことについては、個人投資家のみなさんが特に関心のあるテーマですから、第1章で取り上げます。また「安く買う」ということを理解すれば、「良い企業」の条件についても理解しやすくなります。「安く買う」ためには、そもそも **適正な価格がいくらか？** を知らなければなりません。本書では、適正な価格のことを **1株価値** と呼びます。

本書において最も大切な考え方のひとつ、

EPS　Earnings Per Share：1株当たり純利益

を通して、1株価値の計算方法をマスターしましょう。

「適正株価はいくらか？」という **バリュエーション** （企業価値評価）がテーマです。

◎1株価値＝利益×倍率

1株価値の計算方法はさまざまです。企業のどこに注目するかによっても変わります。本書では各種方法を紹介しますが、

1株価値＝利益×倍率

という考え方を中心に進めていきます。

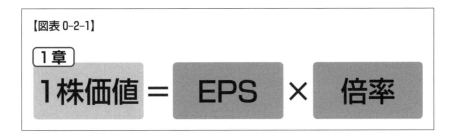

【図表 0-2-1】

1章

1株価値 ＝ EPS × 倍率

「利益」や「倍率」が何を意味するか、詳しくは第1章で触れると

して、ポイントは「株式の価値は利益に比例する」ということです。利益が増えれば1株価値が増え、1株価値が増えれば株価が上昇する、という相関関係があるのです。

EPS が増える
→1株価値が増える
→株価が上昇する

つまり、長期的に EPS が増加すれば、長期的に1株価値が増加し、長期的に株価が上昇する、という相関関係があります。

◎プレステージ・インターナショナル
1株価値に比べて明らかに割安であった

ではプレステージ・インターナショナルの株価は、当時、割安だったのでしょうか？

私が購入を検討していた時点の、2013年3月期の予想 EPS は12.66円（その後、株式を8分割しているのでこれを考慮しています。以下同じ）でした。それに対して株価は96円でしたから、PER は8倍弱でした。売上も営業利益も平均すれば毎年10%以上、成長しており、財務は健全、収益性も良好な企業の PER が8倍。直感的に明らかに割安と思いました。

向こう3年間、1年あたり10%のペースで増益が期待できるだろう。そうすると、EPS は、1年後13.9円、2年後15.3円、3年後16.8円になります。また、当時は売上が200億円強ということで上場企業のなかでは中小型の規模で、あまり注目されていませんでし

た。コールセンターを事業としている企業のなかには、プレステージ・インターナショナルより大規模な企業もあり、まだまだ成長余地はありそうです。

　この企業の魅力に気が付けば、投資家も評価を見直すと考えました。サービス業のPERは20倍を超えることが多いですから、まあ20倍は妥当なラインだろうと考えました。

　そうするとその時点での1株価値は、

1株価値＝予想EPS12.66円×20倍＝253円※

3年後の1株価値＝3年後の予想EPS16.8円×20倍＝336円

※本書の計算式では小数点以下や小数点第1位以下を適宜、四捨五入、切り捨てしています。以下同じ

　対して当時の株価は96円ですから、1株価値の半額以下です。

　増収増益の企業で成長余地もありますから、すぐには株価が上がらないとしても、年々1株価値が増加する結果、割安度は高まるため、いずれ株価は修正されると考え、投資しました。

　株価にかける倍率については、迷いもありました。ニッチトップ企業と考えれば20倍が妥当ですが、単なる外注企業と考えれば、株式市場の評価はとても低くなります。株式市場は「単なる下請け。外注先」と見なす企業に対しては低い評価を与える傾向があります。

　それでも、当時の私にとっては大きめの金額を思い切って投資することを決断しました。

　投資したあとは、四半期ごとの決算をチェックするだけで、ずっと、じっと見守っていました。結果として、株価は階段状に上昇し、10倍に到達しました。

◎なぜ株価は 10 倍になったのか？

　プレステージ・インターナショナルの株価は、なぜ 10 倍になったのでしょうか？　まず購入した当時を振り返ってみましょう。

　1 株価値の計算式と似た次の式で考えてみます。

株価 = EPS × PER

　購入した当時のプレステージ・インターナショナルに当てはめてみると、

購入時：株価 96 円 = 予想 EPS12.66 円 × 予想 PER7.6

　となります。

　では、株価が 10 倍になったとき、この式はどう変化していたでしょうか。

10 倍時：株価 960 円 = 予想 EPS28.16 円 × 予想 PER34.1

　となっています。

　この式を見ると、株価が 10 倍になった要因を**「EPS の増加」**と**「PER の上昇」に分けることができます。「EPS の増加」とは企業の業績が良くなったということであり、「PER の上昇」とは投資家がプレステージ・インターナショナルを見る目（＝評価）が変わったということ**です。

　予想 EPS は、12.66 円から 28.16 円へと 2.2 倍になっています。これは企業努力の賜物です。新しいコールセンターを建設して供給能力を増やすとともに、営業活動により新規顧客を獲得したり、関連事業に多角化したりするなど、大変な努力がありました。その間、私は株主として、その努力を見守り、応援してきました。

　予想 PER は、7.6 倍から 34.1 倍へと 4.5 倍になりました。投資家がプレステージ・インターナショナルを見る目も大きく変わったということです。そもそも**株式市況自体がアベノミクスによって大きく改善**しました。それに加えて、プレステージ・インターナショナルの経営能力や将来性が、高く評価されるようになったのです。

このことを数式で表すと、

株価 10 倍 ≒ 予想 EPS 2.2 倍 × 予想 PER4.5 倍

　となります。つまり、株価が10倍になったのは、予想EPSが2.2倍になり、予想PERが4.5倍になったことの結果であるということです。

　10倍株をつかむには、基本的にこれと同じ構図で、**EPS の増加とPER の増加の相乗効果**が必要です。EPSが増加するだけでなく、まだ多くの投資家からは注目されていない（PERが低い）ことも必要なのです。

　このような考え方の基礎になる1株価値の計算については、第1章で取り上げます。

STEP1 を深掘り。EPS が増え続ける企業とは？

◎純利益＝売上高×純利益率

STEP3に進む前に、少しだけ深掘りしてみましょう。EPSが増える企業に投資するのが大切だということはわかりました。でも、どのような企業のEPSが増え続けるのでしょうか？　EPSの計算式を振り返ってみましょう。

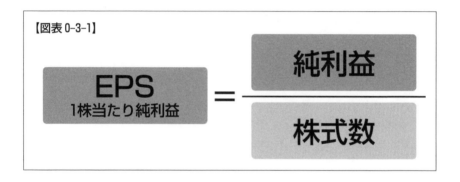

【図表0-3-1】

分子にある純利益が増加すれば、EPSも増加しますね。では、「純利益」を2つの要素に分解してみましょう。

【図表0-3-2】

純利益は、売上高に純利益率を掛けることで求められます。

売上高が増加すれば、純利益も増加します。また、純利益率が上

昇しても、純利益は増加することがわかります。

　企業で働いた経験があればわかると思うのですが、利益率を上げるのは、とても難しいですよね。競合他社との戦いがあるなかで、利益率を維持するのは至難の業です。ましてや利益率を上昇させるとなれば、さらに難しいです。利益率は維持できて上出来、向上できれば最高の出来、と考えられます。

　そうすると、**純利益を増やす企業とは、売上高を増やしつつ、純利益率を維持・向上できる企業**といえるでしょう。

　売上高と利益率、どちらも長期投資においてはとても大切な要素です。そこで売上高については第3章で、利益率については第4章で取り上げます。

◎売上高を増やせる企業とは？　→ 第3章

　では、売上高を増やす企業とは、どのような企業でしょう？

　売上高について、さらに掘り下げてみましょう。

【図表 0-3-3】

売上高 ＝ 市場規模 × シェア

　売上高は、その企業がビジネスを行っている市場の規模と、そのなかでのシェアを掛けることで計算できます。市場規模が大きくなれば売上高は増加します。また、シェアが上昇しても売上高は増加します。

　売上高を増やす企業は、**①年々拡大していく市場をターゲットとして事業を行っています**。例えば、医薬品の市場です。

あるいは、②あまり成長の望めない成熟した市場であっても、例えば、飲食業のように市場が巨大で、圧倒的な強者がいないケースです。シェアを高めていくことによって売上高を増やすことができます。

　また、③市場が成熟しても、多角化し新たな市場に挑戦することによって売上高を拡大できます。どのような市場もいずれ成熟します。そのようなときに備えて、次の市場を見据え、開拓する、先見の明を持った経営陣がいます。優れた経営陣は長期的に売上を増やし続けることができます。

【売上高が長期的に成長する企業】
① 成長する市場をターゲットにしている
② 強者のいない巨大成熟市場でシェアを高める
③ 現在の市場が成熟したときに備えて、
　 次の手を打てる優秀な経営陣がいる

　売上高については第3章で詳しく見ていきます。

◎ひねけんの初投資。
3倍になってから元に戻ったトーカロ（3433）

　私が初めて購入した思い出深い株式が**トーカロ（3433）**です。2004年7月、社会人になって間もない頃にもらったボーナスで買いました。株価は400円くらいでした。もう20年前です。

　トーカロは溶射加工の会社で、ニッチな領域でトップクラスの企業でした。世界的にも知られた企業で外資系企業にM&Aされかけたことを機に、2001年、MBOによりいったん上場廃止。その後、2003年12月に再度上場して半年強のタイミングでした。

　私の目を引いたのは、ニッチ領域でトップクラスの企業であり、

営業利益率は 19.5%、ROE は 32.9%（2004 年 3 月期）と、非常に高い水準であったことです。さらに、業績は絶好調でした。というのも、半導体製造装置を作る企業が得意先で、半導体製造装置が売れれば売れるだけ、トーカロの売上も増加したからです。半導体製造装置にトーカロの溶射加工が使われているのです。

「これはすごい企業やぞ」と思い、株価 400 円あたりで株式を購入。その後、みるみる株価は上昇して、2006 年には 1200 円を超えました。私は思いました。「初めて購入した企業が、1 年半で株価 3 倍。僕、株式投資の天才や」。ああ、なんと恥ずかしい（笑）。

　よくあるビギナーズラックを実力と勘違いするパターンです。浮かれた私は株価 3 倍のところで、さらに買い増しました。そして、株価は急落です（笑）。株価は当初の購入価格である 400 円まで下がり、さらにリーマンショック時には 200 円まで下がりました。

◎なぜ株価は 3 倍になってから元に戻ったのか？

　トーカロの株価は、なぜ 3 倍になったのでしょうか？

　それは業績が絶好調だったからです。なぜ絶好調だったかといえば、当時、半導体製造装置に対する需要が世界的に強くなっていたからです。半導体と半導体製造装置に対する需要は数年周期で大きく変動します。

　私は偶然、半導体製造装置に対する需要が高まる初動の段階でトーカロに投資したのです。半導体がテーマとしてニュースなどで取り上げられますから、投資家の関心は高まります。道理で株価は上がるはずです。半導体関連の業績と株価の大きな波は、周期的にやってきます。2020 年以降、エヌビディアを代表として、日本でも半導体関連企業の業績と株価が急上昇しましたよね。

　業績と株価が急上昇した背景がわかれば、その後、業績と株価が悪化した理由もわかります。需要が高まる周期が終わったのです。

EPSが長期的に増加するためには、売上高も長期的に増加することが必要です。そこでポイントになるのが、**売上高の増加が循環的なものなのか、安定的・継続的なものなのか**、という点です。それを把握するには、**企業の顧客は誰で、どのような商品等を販売しているのか、といったビジネスに対する理解が必要**になります。第3章では、このような観点から 売上高 について取り上げます。

　ちなみにトーカロは、もともとニッチな領域で素晴らしい技術を有する企業であり、結果的には、業績も株価も、2006年当時の絶好調のときを大きく上回る成長を遂げました。

　最近の株価は、私の平均購入価格の4倍（インデックス並みですが、楽しんだ分だけ得）です。

　私が投資した頃の2004年3月期においては売上高139億円、営業利益27億円だったのが、2007年3月期には売上高252億円、営業利益66億円まで増加。その後、2010年3月期には売上高180億円、営業利益20億円まで減少。そして2024年3月期には売上高467億円、営業利益91億円となりました。

　その間、私は、ずっと株主としてトーカロを応援し続けました。かれこれ20年間、株主です。振り返ってみると、株価に翻弄されたものの、企業選び自体は良かったのだと満足しています。

　20年間も株主で居続けると、正直なところ、もう株価水準は気になりません。決算報告を見て、経営陣のみなさん、従業員のみなさんが、がんばっている様子を確認するということが生活の一部になっています。売上と利益が増えている決算だと「すごいやん！　がんばってるもんなあ〜」と嬉しくなり、減収減益決算だと「どうしたんや？　ピンチ？　理由は何？　どういう対策取るの？」と心配しています。

◎純利益率を維持・向上できる企業　→ 第4章

EPSが長期的に増加するために大切なもうひとつの要素が純利益率でした。

純利益率を維持・向上できる企業には、 競争優位 **があります。** その市場に 参入障壁 がある、といってもよいでしょう。

現在、戦っている市場において、商品等が他社と差別化されており、競争優位があるからこそ、純利益率を維持・向上させることができます。競争優位を整理すると次のようになります。

① **供給面で競争優位のある企業**

② **顧客の囲い込みによる競争優位のある企業**

③ **規模の経済やネットワーク効果などで競争優位のある企業**

④ **イノベーションを起こす優秀な経営陣・従業員がいる企業**

イノベーションを起こすことによって既存市場における差別化をより一層進め、あるいは新たな事業領域への参入も可能になります。それによって、利益率を維持・向上させることができます。

純利益率については、第4章で詳しく見ていきます。

◎地域独占性のある九州電力（9508）に投資。株価は2倍に

2022年12月には、**九州電力（9508）** やその他の電力会社に投資しました。当時の株価は750円あたりの歴史的な安値水準で、PBRも1倍を大きく割り込んでいました。

2023年3月期は大幅な営業赤字の決算見込みでしたから、売り込まれるのも当然といえば当然です。

ほかの電力会社も含めてなぜ赤字になっていたかというと、燃料価格の上昇、円安、原発の低稼働などにより、発電にかかるコストが大きく上昇したことが要因でした。

しかし、この赤字が続くことはないだろうと私は考えました。なぜなら電力会社は地域的な独占性を有しているからです。さらにい

えば、電力料金は、電力会社が一定の利益を得られるように設定できる仕組みになっています。電力会社は極めて公共性が高いので、一定の利益を上げ、安定した経営をしてもらわないと国民が困ります。もちろん、企業努力をすることが前提です（その反面、継続的に巨額の利益を上げることも不可能です）。

供給面での競争優位を有する企業が、一時的な業績悪化で過度に売り込まれているためチャンスと考え、投資しました。結果的には1年半で株価は2倍になりました。

電力業界には、高い参入障壁があり、既存の電力会社は競争優位にあります。その結果、一定の純利益率が期待できるのです。このような参入障壁と利益率については、第4章で詳しく取り上げます。

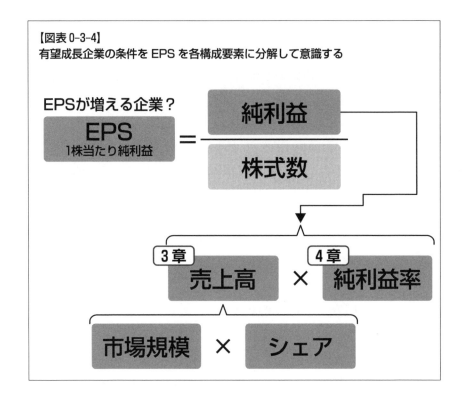

【図表0-3-4】
有望成長企業の条件を EPS を各構成要素に分解して意識する

EPSが増える企業？

$$EPS（1株当たり純利益） = \frac{純利益}{株式数}$$

売上高（3章） × 純利益率（4章）

売上高 ＝ 市場規模 × シェア

STEP3　ポートフォリオを管理する（持ち続ける）
→ 第5章

◎ポートフォリオを管理する

　購入した株式は、適切に管理していかなければなりません。

　理想は、「持ち続ける」ことができる株式を購入することです。「売らなくていいの？」と思われるかもしれませんが、一番良いのは、売る必要がないほど、成長し続ける企業へ投資することです。

　株式投資は、人付き合いと同じだと思います。人付き合いはできるだけ、気の合う人と長い間、続けたいですよね。

　株式投資で投資する企業も同じだと思います。コロコロ付き合う相手を代えるのではなく、気が合う人と長く付き合う。これが最高の株式投資であり、企業選びだと思います。

　しかし、ときにはやむをえず売らざるをえない場合もあるでしょう。そのような場合の対処法についても書きます。

　また、投資先企業の業績チェックも大切です。このような「ポートフォリオ管理」をSTEP3の第5章で取り上げます。

◎失敗　株価10分の1に…コロナ禍でのWEB会議サービスの会社

　私も株式投資で数多くの失敗をしてきました。投資歴が20年になっても、やはり失敗します。

　2022年、WEB会議サービスを提供する企業の株式を買いました。コロナ禍がすでに2年近く続き、在宅ワークやWEB会議などが、すっかり当たり前の世の中になりました。若者だけでなく、40代50代のビジネスパーソンも、すっかりリモートワークやWEB会議に慣れ、社会が大きく変わってしまったように思いました。そこで、WEB会議サービスの企業に投資したのですが、そこが高値で、

その後は下落の一途。

　参入障壁が低いことがネックだったと思います。また、結果的には特需であったと思います。

　株価はその後、大きく下がりました。買わなければよかったのですが、一方で、分散投資をしていたことでリスクはコントロールできていました。株式投資に失敗は付き物です。失敗する前提で、ポートフォリオを構築する必要があります。

　WEB会議サービスのように、コロナ禍で生活習慣が変わることで成長する企業に投資していた一方で、コロナ禍が終息すると業績が回復しそうな企業もポートフォリオに組み入れてリスク分散を図っていたことが幸いしました。

◎なぜプレステージ・インターナショナルを売らなかったのか？

　株式の売り時についても、第5章で取り上げます。

　10倍を達成したプレステージ・インターナショナルですが、株価が2倍になったとき、あるいは3倍になったとき、私はなぜ売却しなかったのでしょうか。それは、増収増益が続いていたからです。自分の買値にこだわると、「もう2倍になったから売ろう」といったことを考えがちです。しかし大切なのは、この先も1株価値が増加するかどうか、という点です。

　1株価値が増加し続ける企業というのは、めったにありません。1年、2年はあっても、3年、5年と増加し続ける企業は珍しいです。そんな企業に出会えたのなら、ちょっとやそっと株価が上昇しても、がっちり持ち続けます。

　結局、プレステージ・インターナショナルについては、成長性に比べてPERが高くなりすぎたことから、10倍達成の前後で一部売却することとしました。

ひねけんの注目企業

　本編では、さまざまな角度から企業のファンダメンタルズを分析する方法を紹介しています。その観点に照らして私が注目している企業を5社紹介したいと思います。

　それぞれの企業について着眼点を書いてあります。着眼点について詳しくは本編に書いてありますから、ひと通り本書を読み終わったあとに改めてここで紹介する注目企業5社を見ていただくことで、理解が一層深まると思います。

1. 日清食品ホールディングス（2897）
　　～ブランド、成長性～

◎1. 着眼点
　日清食品ホールディングスの着眼点は、①ブランドがもたらす顧客の囲い込みと、②市場の成長性、シェアアップの余地です。

①ブランドがもたらす顧客の囲い込み → 第4章第5節をチェック
②市場の成長性、シェアアップ → 第3章第2節、第7節をチェック

◎2. 事業内容
　即席麺の先駆者。代表商品は「カップヌードル」。日本だけでなくアメリカ、中国などでも事業展開。テレビCMなど攻めた広告宣伝がおもしろいです。宇宙で食べられる「日清スペースカップヌードル」はJAXAから宇宙日本食として認証されています。

　安藤百福さんが創業。1958年に世界初のインスタントラーメン「チキンラーメン」を発売。

◎3. 業績

　長期にわたって、売上高、EPSともに成長を継続しています。

　2023年3月期は、売上高6692億円（前期比＋17.5%）、営業利益556億円（＋19.4%）、営業利益率 8.3%、EPS 146.9円（＋26.4%）、ROE 10.7%、自己資本比率 60.8%でした。

　東証の決算短信集計（2022年度）によれば食料品企業の平均は、営業利益率6.92%、ROE 8.3%ですから、これを上回る水準です。

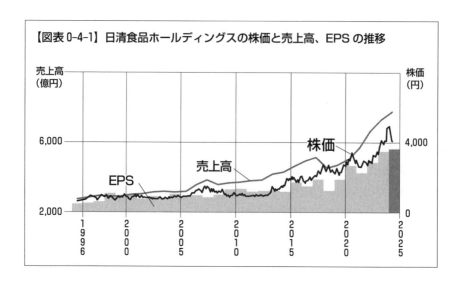

【図表0-4-1】日清食品ホールディングスの株価と売上高、EPSの推移

◎4. 将来は？

　EPSが年10%増加するでしょうか？

(1) 売上高が増加するか？

①市場規模

　2023年3月期の売上は国内4232億円、アメリカなどの海外が2460億円です。

　日本での成長は期待できないでしょう。しかし、アメリカ、ブラジル、中国で着実に売上を伸ばしています。アメリカは市場規模が

大きいうえに人口は増加していますし、ブラジルも人口は増加しています。中国は1人当たりの所得が増加することにより消費の増加が期待できそうです。海外市場は大きいうえに成長も期待できそうです。日清食品ホールディングスにとっては大きなビジネスチャンスがありそうです。

②シェアアップの余地は？

カップ麺は国内シェア50%超であり、国内でのシェアアップ余地はあまりなさそうです。海外でのライバルは康師傅（中国）です。ただし世界1位の康師傅でもシェアは10%程度と見られるため、シェアアップの余地はありそうです。

(2) 利益率を維持・向上する参入障壁はあるか？

強力なブランドを有しており、**習慣による顧客の囲い込み**が行われていると考えられます。**需要面での競争優位があり**、**それが参入障壁になって**利益率の維持・向上が期待できそうです。

(3) 自社株買いは期待できるか？

過去に自社株買いを実施しており、資金も潤沢。自己資本比率も約60%あります。今後も自社株買いは十分期待できます。

以上のことから、EPSの年10%の成長は十分期待できそうです。

◎5．1株価値は？

2024年3月末の株価は4200円。2024年3月期の予想EPSは約180円です。これに食料品の業種別PER23倍を掛けると、

1株価値 ＝ 180円 × 23倍 ＝ 4140円

となります。

今後、年間10%程度のスピードでEPSが増加するならば、7年後にはEPSが2倍の360円となります。そのときの1株価値は、

1株価値 ＝ 360円 × 23倍 ＝ 8280円

となります。

そのような未来が実現するといいですね！

◎6. 日清食品ホールディングスが私たちの生活にもたらすもの

　夏のプールサイドで食べるのは、もちろん日清食品のカップヌードル。遊んで空いたお腹をカップヌードルが満たしてくれます。地震などの災害のとき、非常食としてカップヌードルがお腹と心を満たしてくれます。さまざまな場面で、私たちの生活を支えてくれています。

　また、日清食品ホールディングスは、宇宙で食べられるカップヌードルの開発に成功。海外では攻めたCMでブランドの認知度を高めています（日本国内でも攻めたCMです）。7人の侍がさまざまな技を繰り出すCMが印象的でした。宇宙や世界への挑戦にわくわくします。日本を代表する企業のひとつとして応援しています！

2. ベクトル（6058） ～メガトレンドの先頭～

◎1. 着眼点

　ベクトルの着眼点は、①メガトレンド、②顧客価値、③ストック型売上です。PR・広告の業界においてモノを広める方法が、4大マスメディアからインターネット広告、SNSなどへと地殻変動が起こっており、ベクトルはその先導役です。PR・広告は市場規模が大きいですから、変化は大規模かつ長期間にわたるメガトレンドであると考えられます。また、モノを広めるという顧客価値を軸に考えれば、モノを広める手段は4大マスメディアである必然性はなく、顧客価値に応じて柔軟に事業を組み立てているともいえます。さらにビジネスモデルがストック型である点にも注目です。

①市場規模とメガトレンド→ 第3章第2節をチェック
②顧客価値→ 第3章第10節をチェック
③ストック型売上→ 第3章第6節をチェック

◎2. 事業内容

　ベクトルは、PR（Public Relations）業界でアジア1位の企業です。PRを起点としてSNS、タテ型動画、インフルエンサーを総合的に活用した手法で先駆的です。4大マスメディアでのPR・広告も使いこなします。顧客との間でリテナー契約を結びます。リテナー契約とは一定期間の継続的なコンサルティング契約のようなもので、月額課金しながら顧客のPR方法を顧客と一緒に考え、取り組みます。長期の安定収益が期待できるビジネスモデルです。

◎3. 業績

　2024年2月期は、売上高592億円（前期比＋7.2%）、営業利益

69億円（＋10.6%）、営業利益率 11.7%、EPS 98.12円（＋47.7%）、ROE 32.2%、自己資本比率 37.1%でした。

過去の売上高と営業利益の各前期比の推移を見てみると、

	売上高	営業利益
2024年2月期	＋7.2%	＋10.6%
2023年2月期	＋14.8%	＋22.4%
2022年2月期	＋27.0%	＋126.8%
2021年2月期	＋1.2%	△19.9%
2020年2月期	＋24.0%	＋12.3%

と推移しており、総じて年10%以上のペースで利益が増加しています。

また 2025年2月期の業績予想も、

	売上高	営業利益
2025年2月期（予想）	＋6.4%	＋22.5%

となっており、10%以上のペースで利益が増加する予想です。

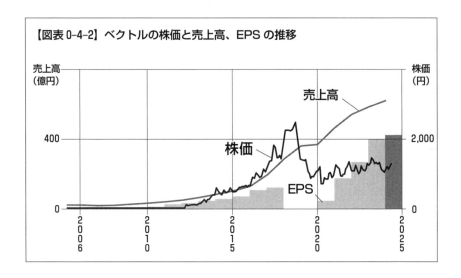

【図表 0-4-2】ベクトルの株価と売上高、EPS の推移

◎4．将来は？

　PRではすでに国内1位です。なのでPR市場においては、大きな成長は期待できないかもしれません。ただ、業界のメガトレンドが変化しているので、市場の成長の恩恵は期待できるでしょう。PRを起点とした広告ビジネスには大きな成長余地があります。

◎5．1株価値は？

　株価は1331円（2024年4月末）です。

　リテナー契約に基づくストック売上が事業のベースにあるため、業績予想は比較的精度が高いはずです。そこで、2025年2月期の通期予想EPS106.58円を使いましょう。

　問題は倍率です。ベクトルはサービス業に分類されますから、サービス業の業種平均24倍を使うと、

1株価値 ＝ 106.58 × 24倍 ＝ 2557円

　となります。これに比べると、株価1331円は大幅に割安に見えます。とはいえ、ここで「割安だ！」と飛びつく前に、もう少し考えてみましょう。というのも、ベクトルは売上高600億円近くで、業界では非常に目立った存在です。時価総額も600億円を超えています。こんな企業を機関投資家が割安なまま放置しておくでしょうか。

　さて、同じくPR事業を主としている**共同ピーアール（2436）**や**プラップジャパン（2449）**のPERを見てみると、10倍ほどです。なるほど、PRというビジネスは、これだけで見ると国内の市場規模も限られており大きな成長も望めないため、業界全体の株式市場における評価が低くなっているように思われます。

　仮に同業他社と同じ10倍でベクトルの1株価値を計算すると、

1株価値 ＝ 106.58 × 10倍 ＝ 1065円

　となり、株価1331円という水準は、妥当かむしろ割高なように

見受けられます。

　他方、**電通グループ（4324）**や**博報堂 DY ホールディングス（2433）**といった広告会社の PER は平均すると 20 倍程度のようです。

　これらのことから、次のような仮説を立ててみました。「ベクトルを PR 会社だと捉えれば、使うべき倍率は 10 倍。PR 会社から広告へと事業領域を広げていくことに成功し、PR かつ広告会社へと進化を遂げることができるならば、使うべき倍率は 20 倍。今のマーケットは、ベクトルを PR 会社と捉え、広告会社への進化は織り込んでいない」というものです。

　もちろん、これ以外の見方も、いろいろあると思います。株式投資においては、このように**自分が算出した1株価値を「本当だろうか？」と、もうひとりの自分が疑ってみることが大切**です。

　ほかにも、参入障壁は本当にあるのだろうか？　といった疑問を持つことです。ひとつの企業を多面的に、複眼的に理解し、考えることこそ、株式投資の醍醐味だと思います。

3. ノーフォーク・サザン（NSC）
　〜供給面での競争優位〜

◎1. 着眼点
　ノーフォーク・サザンの着眼点は、鉄道という大規模インフラが持つ参入障壁です。同じインフラを競合他社が提供するのが容易ではなく、供給面での競争優位が存在すると考えられます。

供給面での競争優位 → 第4章第3節をチェック

◎2. 事業内容
　米国の鉄道会社であるノーフォーク・サザンは、北米で鉄道貨物輸送を行う企業で、売上高は1兆円を超えます。米東部は、CSX（CSX）とノーフォーク・サザンの2社で寡占となっています。日本と違い広大なアメリカにおいて鉄道での貨物輸送は不可欠なものです。営業キロ数は3万1000キロを超えています。ノーフォーク・サザンの特徴としては、コンテナのまま港から目的地まで輸送するインターモーダル輸送に注力している点が挙げられます。

　鉄道輸送だけでなく、工業用地検索エンジンの運営も行っています。ノーフォーク・サザンでの鉄道輸送が可能な用地、積み替え用施設、倉庫などの検索ができます。

　主な輸送物としては、農作物、木材、化学品、自動車、石炭などがあります。石炭の輸送量は減少傾向にあり、インターモーダルが増加しています。リーマンショックやコロナで売上高は落ちましたが、赤字にはなりませんでした。売上高は横ばいですが、コストダウンで利益を増やしています。コストダウンのために、自動運転を効率的に活用しています。

　鉄道事業は、莫大な資本と許認可が必要であり参入障壁が高い業界といえます。代替的な輸送手段もなかなかありません。北米にお

ける貨物輸送市場は、北米の人口増加を背景に今後も伸びていくと
予想されています。

◎3．業績

2023年12月期は、売上高121億ドル（1兆8150億円、1ドル
150円で換算。以下同じ）（前期比△4.7%）、営業利益28億ドル
（4200億円）（△40.7%）、営業利益率 23.5%、EPS 8.04ドル（1206
円）（△42.2%）、ROE 14.3%、自己資本比率30.7%でした。

営業利益率は23.5%と高水準であるものの、前期と比べると大き
く減少しているようです。これは2023年2月にオハイオ州で列車
脱線事故があったことによる損失11億ドルが発生したことにより
ます。もしもこの11億ドルの損失がなければ営業利益は39億ドル
で、営業利益率は32.6%となったはずです。

この高い営業利益率は、参入障壁の存在を示していると思いま
す。ノーフォーク・サザンは、許認可を得たうえで長いレールを敷
設しているということが供給面での大きな競争優位となっていると
考えられます。ちなみに、日本の**JR東海（9022）**も同じくらい高
水準の営業利益率です。

◎4．将来は？

事業の性質上、大きな成長は望めないでしょう。一方で、長期的
に安定した業績の推移は期待できます。農林産品、化学品など、広
大なアメリカ大陸を物理的に運搬しなければならないのは、10年後
も20年後も変わらないからです。自動運転が完全導入されればト
ラックで輸送されるコンテナも増えるでしょうが、費用対効果の観
点からは鉄道のほうが優れていると考えられます。

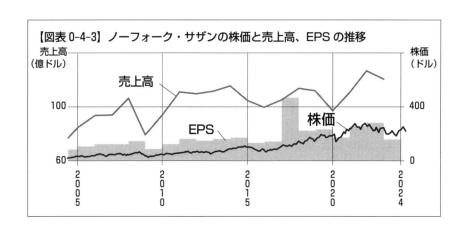

【図表 0-4-3】ノーフォーク・サザンの株価と売上高、EPS の推移

◎5. 株価水準は？

　長期的な売上、EPS の成長性はあまり期待できない以上、投資する際の着眼点は、値上がり益よりも配当利回り期待です。

　配当利回りは、2%強です。ポートフォリオのなかでは、安定した収益性を期待できるディフェンシブな企業として、位置づけられると思います。

　なお、オハイオの事故以前の 2022 年 12 月期の実績 EPS は 13.88 ドルでした。これに対して 2024 年 4 月末の株価は 230.32 ドルでしたから、実績 PER は 17 倍ほどです。妥当な水準ではないでしょうか。

4. リンデ（LIN）　〜スイッチング・コストによる競争優位、使ったらなくなる〜

◎1. 着眼点

　リンデの着眼点は、①スイッチング・コストと、②商品特性です。顧客工場の敷地内に産業ガス供給設備を所有し長期契約を締結することから、顧客にとってスイッチング・コストが高くなり、リンデに競争優位をもたらし、新規企業に対する参入障壁として働いています。また産業ガスという製品は、顧客工場で使用されればなくなるという特性がありますから、リピート性があります。

①スイッチング・コスト → 第4章第6節をチェック

②商品特性 → 第3章第5節をチェック

◎2. 事業内容

　リンデは、世界1位の産業ガス企業です。日本における競合は世界4位の**日本酸素ホールディングス（4091）**、次いで**エア・ウォーター（4088）**です。酸素、窒素、アルゴンなどのエアセパレートガスや、水素、ヘリウムなどの特殊ガスを生産・供給しています。これらのガスは、鉄鋼、半導体、電子機器、医療、食料品、飲料などさまざまな産業で不可欠なものとして利用されます。また、リンデは産業ガスプラントなどの設計、建設、運用といったエンジニアリングサービスも提供しています。

◎3. 業績

　2023年12月期は、売上高328億ドル（4兆9200億円）（前期比△1.5%）、営業利益80億ドル（1兆2000億円）、営業利益率24.4%、EPS 12.70ドル（1905円）（＋53.0%）、ROE 15.6%、自己資本比率50.8%でした。

営業利益率が高い水準であり、ここに競争優位が現れていると思います。顧客工場にリンデの産業ガス供給設備が設置され、工場が稼働し始めれば、よほどのことがない限り他社にスイッチされないと考えられます。高いスイッチング・コストが参入障壁として働き、高い利益率を実現しているのでしょう。

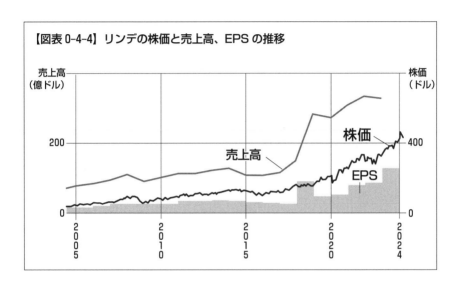

【図表 0-4-4】リンデの株価と売上高、EPS の推移

◎4. 将来は？

産業ガスはさまざまな分野で利用されます。例えば医療用であれば呼吸しにくい人には酸素吸入が必要ですし、パッケージに入っている食料品には酸化を防ぐために窒素が封入されます。鉄鋼の生産プロセスでは酸素が使われます。

このように利用分野が多岐にわたるため、世界経済の成長にともなって長期にわたって市場は拡大していくものと考えられます。特に医療や食料品向けの需要は、安定して拡大していくものと期待できます。

それにともない業界1位のリンデの売上とEPSも増加していくこ

とが期待できるでしょう。なお30年連続増配企業です。

◎5. 1株価値は？

2024年4月末の株価は440.96ドルでした。

2023年12月期の実績EPS12.70ドルをベースに計算しましょう。倍率については何を使うか、迷うところです。産業用ガスという特殊な領域なので、あまり参考になるPERが存在しません。顧客が多様な分野に広がることから、一般的な倍率として20倍で計算してみましょう。

1株価値＝実績 EPS12.70 × 20倍 ＝ 254ドル

となりました。

株価440.96ドルは、1株価値に対してかなり割高だと考えられます。その要因としては、リンデが産業ガスで世界1位の企業であることから、ぜひ保有したいと考えている投資家が多いことが挙げられるでしょう。また、コロナ禍での緩和的な金融政策の影響はアメリカで残っており、アメリカ市場全体の株価が高水準になっているということもあるでしょう。ミスターマーケットが上機嫌ということです。

アメリカは、景気後退のシグナルとなる長短金利差の逆転が、長期間にわたって発生しており、それほど遠くない未来に景気後退局面が到来するのは間違いないと考えられます。そのときまで、待つ戦略が適切だと思います。投資ユニバースに入れて監視しておきたい企業です。

5. 三井住建道路（1776） 〜キャッシュリッチ〜

◎1. 着眼点
　三井住建道路の着眼点は、①キャッシュリッチであることと、②親子上場ということです。現預金から有利子負債を引いたものをネットキャッシュといいますが、このネットキャッシュが豊富です。ネットキャッシュ法により1株価値の計算をしてみます。また、親会社が**三井住友建設（1821）**であり、親会社も上場企業です。親会社によるTOBの可能性にも注目です。
①ネットキャッシュ法 → 第1章第8節をチェック
②親子上場 → 第5章コラムをチェック

◎2. 事業内容
　三井住建道路は、道路舗装を中心とする企業で、三井住友建設の子会社です。国道や高速道路などの舗装工事を行います。

◎3. 業績
　2024年3月期は、売上高309億円（前期比△3.1%）、営業利益10億円（△1.4%）、営業利益率 3.2%、EPS 64.07円（△6.8%）、ROE 4.4%、自己資本比率49.3%でした。
　過去20年間の売上高、EPSの推移を見ると、上下動があるものの、おおむね横ばいで推移しているようです。

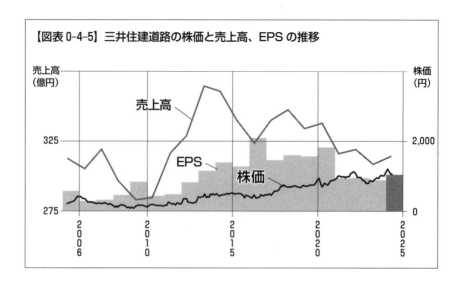

【図表0-4-5】三井住建道路の株価と売上高、EPSの推移

◎4. 将来性は？

　老朽化した道路の舗装需要は継続すると考えられます。大幅な成長は期待できないでしょうが、安定した需要が見込まれます。

◎5. 1株価値は？

　2024年4月末時点で株価は1097円、時価総額は100億円です。1株当たり純資産は1487円ですから、PBRは0.7倍であり、PBR1倍割れです。予想PERは15倍です。

　2024年3月期末の貸借対照表を見ると、現預金111億円、有利子負債はほぼゼロです。ネットキャッシュを計算してみると、

ネットキャッシュ＝現預金111億円 − 有利子負債0億円＝111億円

　であるのに対し、時価総額は100億円です。つまり、

ネットキャッシュ 111億円　＞　時価総額 100億円

　となっており、割安であると考えられます。

　なぜ、割安のまま放置されているのでしょうか？　売上高、EPSともに安定してはいますが、あまり成長しておらず将来の成長も期

待しにくい点が投資家に敬遠される理由でしょう。

　配当金は1株40円の予想で、配当利回りは3.6％となっており、悪くありません。これらのことから、事業の成長性が期待しにくいところが割安の理由であると思われます。

　それでは株価が上昇するきっかけは、あるでしょうか？　増配か自社株買い、あるいはTOBでしょう。増配に関しては、2024年3月期のEPSが64.07円でそのうち40円を配当に回しているので、配当性向は62％です。増配の余地はそれほど多くなさそうです。一方、ネットキャッシュが111億円ありますから自社株買いをする余裕は十分にあります。ただ、それほど出来高が多くないうえに、自社株買いをして流通株式数が減ると、さらに出来高が減少する懸念があり、実施しにくいように思われます。

　3つ目のきっかけは、親会社である三井住友建設によるTOBでしょう。三井住友建設は53％強の株式を保有しています。時価総額が100億円ですから、残り47億円分の株式を買い取れば100％子会社にできます。三井住友建設は政策保有株の売却を進めているところであり、そこで得た資金を上場子会社のM&Aに使うということは、十分考えられると思います。

　配当利回り3.6％を受け取りながら、いつか起こるかもしれないTOBを寝て待つ、というのもひとつの戦略でしょう。

**　ここまで私ひねけんが注目する企業5社を紹介しました。**

**　株式投資で成功するには、他人に教えられるだけでなく、自分自身、独力で有望企業を選んで長期投資できる力を養う必要があります。そのために必要なフローチャートを次ページ以降にまとめました。本書のすべてが、このフローチャートに詰まっています。本書を一読したあとも何度も繰り返し見て、オリジナルの有望企業探しと独自の長期投資に役立ててください。**

【図表 0-4-6】
ファンダメンタルズ分析を使った有望企業選びと
長期投資のフローチャート【STEP 0 〜 STEP 3】

STEP 0　良い企業候補を見つける

・身の回り、取引先　・新聞、ニュース　・スクリーニング
・メインストリート　・『会社四季報』

STEP 1　良い企業か？

EPS が年 10％増加する企業を探す！
(1) 売上高は増加する？
　① 市場規模は拡大する？
　② シェアアップの余地はある？
(2) 利益率を維持・向上させる参入障壁はあるか？
(3) 自社株買いは期待できるか？

STEP 2　株価は妥当か？

株価　vs　1株価値
(1) マルチプル法　利益×倍率
(2) 純資産法　1株当たり純資産
(3) 配当利回り

株価が高い →

20 社程度

投資ユニバースに入れて監視

株価が妥当なら投資する

STEP 3　ポートフォリオを管理する　10 社程度

(1) 四半期ごとの決算チェック
(2) 成長シナリオ（STEP1 の状況）を確認
(3) リバランス

【図表 0-4-7】
ファンダメンタルズ分析を使った有望企業選びと
長期投資のフローチャート【STEP 1 の詳細】

STEP 1　　良い企業か？

EPS が年 10%増加する企業を探す！

(1) 売上高は何%増加している？
　① 市場規模は拡大する？
　　・顧客は誰？
　　・顧客人口は将来どうなる？
　② シェアアップの余地はある？
　　・競合企業は？
　　・当社のシェアはどれぐらい？

(2) 利益率を維持・向上させる参入障壁はあるか？
　　今の営業利益率や ROE は何%か？

参入障壁
　・供給面での競争優位
　・需要面での競争優位
　　→習慣、スイッチング・コスト、探索コストによる顧客囲い込み
　・規模の経済、ネットワーク効果

(3) 自社株買いは期待できるか？
　　・過去の自社株買い実績、消却実績
　　・自社株買いの原資・営業 CF は潤沢か？

(4) リスクチェック
　　・自己資本比率は何%？
　　・流動比率は何%？
　　・棚卸資産と売上債権の回転期間は？

【図表 0-4-8】
ファンダメンタルズ分析を使った有望企業選びと
長期投資のフローチャート【STEP 2 の詳細】

STEP 2　　株価は妥当か？

（1）マルチプル法

使う利益を選ぶ

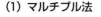 利益 × 倍率

業種別 PER の平均倍率を使う

① 実績 EPS
② TTM・EPS
③ 予想 EPS
④ 10 期平均 EPS
⑤ 独自予想 EPS

例）3 年後に EPS が①実績 EPS の 2 倍になると予想
　　→「①実績 EPS×2」を利益として使う

マルチプル法で計算した 1 株価値と株価を比較する！

新 NISA について

1. 長期株式投資にピッタリの新 NISA

◎投資に関する税金がかからない制度

NISA（Nippon Individual Savings Account、少額投資非課税制度）が変わりました。

NISA とは、投資に関する税金がかからない制度です。

ちなみに iDeCo（個人型確定拠出年金）とは、違います。

株式投資などの資産運用をしていると、配当や売却益などを得られます。このとき、利益に対して税金がかかります。所得税等と住民税合わせて約20％（20.315％）です。

この税金を非課税にしてくれるのが NISA です。2014年1月にスタートした制度なのですが、2024年1月から新しい仕組みになったので、これを特に「新 NISA」ということがあります。

NISA 口座を証券会社や銀行に開設し、そこで投資した株式などから得られる利益が非課税となります。銀行では株式は購入できませんから、NISA 口座で株式を購入したい場合は、証券会社に NISA 口座を開設しましょう。

非課税保有期間は無制限なので、例えば、ある企業の株式を購入してから30年間保有し続けた場合、その間に得られる配当はすべて非課税となり、売却したときに得られる売却益も非課税となります。投資信託の値上がり益や分配金についても、非課税対象となります。

◎株式投資には成長投資枠

NISAには、**成長投資枠**と**つみたて投資枠**があります。

成長投資枠は、上場株式（日本株式や外国株式）、ETF（上場投資信託）、REIT（上場不動産投資信託）や公募株式投資信託など幅広い商品を購入できる枠です。**株式投資に使えるのは、この成長投資枠**になります。**成長投資枠の年間投資枠は240万円、非課税保有限度額は1200万円**になります。このような上限額があるため、少額投資といわれます。

つみたて投資枠は、金融庁の基準を満たした投資信託に限定して利用できる枠です。つみたて投資枠の年間投資枠は120万円で、成長投資枠と合わせて非課税保有限度額は1800万円になります。

【図表0-5-1】2024年から始まった新NISAの概要
（金融庁のホームページより）

	つみたて投資枠　併用可	成長投資枠
非課税保有期間	無制限	無制限
制度（口座開設期間）	恒久化	恒久化
年間投資枠	120万円	240万円
非課税保有限度額（総枠）	1,800万円	
		1,200万円（内数）
投資対象商品	長期の積立・分散投資に適した一定の投資信託（金融庁の基準を満たした投資信託に限定）	上場株式・投資信託等※
対象年齢	18歳以上	18歳以上

※①整理・監理銘柄、②信託期間20年未満、毎月分配型の投資信託及びデリバティブ取引を用いた一定の投資信託等を除外

◎損益通算、繰越控除できないというデメリットもある

　特定口座など課税口座における株式や投資信託の売買で損失が確定した場合、ほかの取引で確定した利益（配当や売却益）と合算したうえで、合計額が利益になっていれば、その利益に対して所得税等がかかります。このように、ある取引の損失をほかの取引の利益と通算することを 損益通算 といいます。

　この損失と利益の合算は、1月から12月までの1年ごとの計算となります。年によっては、損失のほうが大きくなることもあります。その場合は、翌年以後、最長3年間にわたって損失を繰り越すことができます。これを 繰越控除 といいます。ところが、NISA口座の場合は、利益に対して所得税等がかからない代わりに、この損益通算と繰越控除ができない仕組みとなっています。

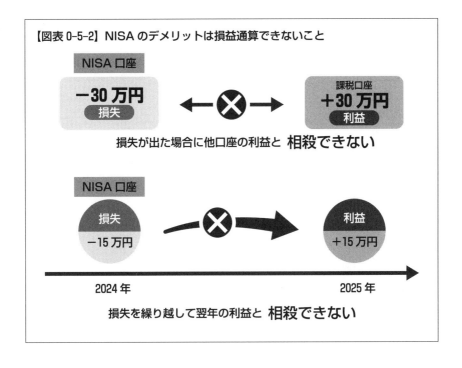

【図表0-5-2】NISAのデメリットは損益通算できないこと

◎売却したあとに投資枠を再利用

　NISA の枠を使ったあと、その株式を売却した場合、その枠は翌年に復活します。

　売却した株式や投資信託の買付金額（取得価額）分が復活します。

　例えば、年間投資上限額の 360 万円を毎年使うと、5 年で生涯の非課税保有限度額1800万円を使い切ることになります。6年目以降は、枠の残りがなく非課税枠に追加できなくなります。しかし、6年目に買付金額ベースで 360 万円分を売却すると、7 年目には再び最大 360 万円投資できるようになります。

　売却した金額ではなく**買付金額（取得価額）ベースの計算になる**のがポイントです。

2. 新 NISA の活用法

　新 NISA を活用するには、高配当株に投資して配当にかかる所得税等の非課税を狙う方法と、成長株に投資して売却益にかかる所得税等の非課税を狙う方法とがあります。

　それぞれ、どのようなメリットがあるか見てみましょう。

◎配当にかかる所得税等の非課税を狙う（高配当株投資）

　配当金は見通しを立てやすいです。なので、高配当株に投資するというのが戦略のひとつとして考えられます。

　探せば年間の配当利回りが 5% の企業などがあります。例えば、その企業を 100 万円で購入すれば、毎年の配当は 5 万円。本来ならば、これに約 20% の所得税等がかかりますから約 1 万円が課税。

　20 年間保有し続ければ、配当は累計で 100 万円、所得税等は累計で 20 万円、差し引きで 80 万円が手元に残ります。

　ところが NISA を利用していれば、この 20 万円の税金が非課税となりますから、まるまる 100 万円が手元に残ります。

　リスクは、配当金が減配されることでしょう。また、株価が下落することです。損益通算ができないからです。

　なので、**配当利回りが高めで、配当を継続して支払えそうな企業への投資に活用する**のが良さそうです。その際の留意点については第 1 章第 10 節に書きましたので、そちらを参考にしてください。

◎売却益にかかる所得税等の非課税を狙う（成長株投資）

　売却益は、見通しを立てにくいので難しいです。しかし、本書で書いたような、長期で成長していく企業を選んで投資していれば 10 年、20 年経過したときに大きな利益が得られるはずです。

　例えば、100 万円で買った株が年間 10% ずつ 1 株価値が上がれ

ば、株価の上昇も年間10%、期待できます。毎年10%ずつ上昇していけば、複利効果により干支1周の12年で3倍となります。

100万円で買ったものを300万円で売却すれば、利益は200万円ですから、これに所得税等が約20%の40万円かかります。NISAではこれが非課税となりますから、かなり大きな節税効果です。

もしも夢の10倍株をつかむことができれば、100万円で買ったものが1000万円になるので、900万円の利益です。これにかかる税金は約20%の180万円となりますから、利益に対して非課税のNISAならかなりの節税額となります。

◎高配当株を探してみよう

配当を狙うか、それとも売却益を狙うかですが、株式投資の初級者にとっては確実にメリットが期待できる高配当株を狙うとよいでしょう。中級者から上級者は、配当狙いと売却益狙いを組み合わせるか、あるいは売却益狙いで投資するのもよいでしょう。

では、高配当株をどのようにして探せばよいのでしょうか？

参考になるのは 日経平均高配当株50指数 や S&P500配当貴族指数 といった高配当株を集めた指数です。これらのなかには、一定の基準に従って高配当株が組み入れられています。

これらは指数（インデックス）ですから、これらに連動する値動きの投資信託があります。なので、**高配当株インデックスに連動する投資信託に投資する**のもひとつの考え方です。ただ、インデックスのなかには、一過性の利益などで一時的に配当性向が高くなっている企業が含まれていることもあるため、投資信託を保有することでもらえる分配金は高いけれど、基準価額の値動きはそんなに良くないということが予想されます。そのため、高配当株インデックスに含まれている個別企業の業績や成長性を自分なりに吟味して、そのなかから選び抜いた企業に長期で投資するほうが、より良い結果

につながると考えられます。

　以下に日米のそれぞれの指数から5社ずつ、紹介したいと思います。

◎日経平均高配当株50指数から高配当株を探そう

　それでは実際に高配当株を探しましょう。スクリーニングをするなどの方法もありますが、簡単そうなのはプロに聞く、です。

　専門家が選んだ日経平均高配当株50指数に組み入れられた企業のなかから探しましょう。日経平均高配当株50指数は、日経平均株価の構成企業のうち、予想配当利回りの高い50社が選ばれています。50社のなかから、配当の持続性がありそうなところをピックアップすると次のような会社が挙げられます。

社名	配当利回り	配当性向	自己資本比率
日本たばこ産業（2914）	4.7%	75.7%	52.6%
東京海上HD（8766）	2.5%	45.5%	13.1%
ソフトバンク（9434）	4.4%	81.8%	15.3%
三井物産（8031）	2.8%	33.3%	44.6%
積水ハウス（1928）	3.5%	39.9%	52.3%

◎S&P500配当貴族指数から高配当株を探そう

　S&P500配当貴族指数にも当たってみましょう。S&P500のなかから、過去25年以上にわたって毎年配当を増やし続けている時価総額30億ドル以上の企業が選ばれています。60社強あります。そのなかから、日本でもなじみのある企業5社をピックアップしました（次ページの表参照）。

企業名	ティッカー	配当利回り	配当性向	自己資本比率
Automatic Data Processing	ADP	2.2%	62.5%	6.8%
The Coca-Cola Company	KO	3.1%	77.6%	26.5%
McDonald's Corporation	MCD	2.5%	56.7%	− 8.3%
Procter & Gamble Co.	PG	2.4%	65.8%	38.7%
Walmart Inc.	WMT	1.2%	35.5%	33.2%

◎インデックス投資と長期株式投資との違い

　インデックス投資信託と個別企業への長期投資との違いは、何でしょうか。インデックス投資信託は、アクティブ投資信託と比べて、長期的には成績が良いことが知られています。インデックス投資信託は選ぶのも簡単です。若い人は株式中心、年配の人は債券中心で、信託報酬の安いものに長期で投資していけばよく、考え方もシンプルで、タイムパフォーマンスも良いです。

　それでも、**個別企業に投資するのは、ひとつはインデックス投資信託では不可能なほどの高い収益を得られる場合がある**ことでしょう。

　もうひとつは、**インデックス投資は、自分にとって良い企業にも良くない企業にも自動的に投資してしまうこと**です。

　例えば、戦争には反対という人がS&P500に連動するインデックスに投資をすると、そのお金は**ロッキード・マーチン（LMT）、ノースロップ・グラマン（NOC）、レイセオン・テクノロジー（RTX）、ゼネラル・ダイナミクス（GD）**などにも投資されます。これらの企業は軍需産業を事業としており、これらの企業を間接的な株主として支援することになります。戦争によって大きな利益を得る企業ですから、それらを含む投資信託によって資産形成することに釈然としない人もいるでしょう。自分のお金に明確な意思を持たせて働かせたい人にとっては、インデックス投資よりも個別企業への投資のほうが向いています。

投資に関する税金がかからない制度／株式投資には成長投資枠

損益通算、繰越控除できないというデメリットもある

売却したあとに投資枠を再利用

配当にかかる所得税等の非課税を狙う（高配当株投資）

売却益にかかる所得税等の非課税を狙う（成長株投資）

高配当株を探してみよう

日経平均高配当株 50 指数から高配当株を探そう

S&P500 配当貴族指数から高配当株を探そう

インデックス投資と長期株式投資との違い

株式投資の本質とは、ありがとう！　がんばれ！

バフェットやマンガーのように、生涯続けられるファンダメンタル株式
投資

企業経営に参加する　〜 Action！〜

幅広い知識、知恵を得て、活かす　〜 Learning！〜

さまざまな投資スタイルがある

毎日株価を見なくてよい、パフォーマンスを比較しなくてよい

第2章　決算書・指標を読もう

フリー・キャッシュ・フロー（FCF）とは？

財務活動によるキャッシュ・フローとは？

第3章 成長市場・巨大市場で売上を伸ばす
企業の「伸びしろ」を "戦略"から算出するには ························189

第4章
参入障壁で高い利益率を
良い企業が必ず持っている
「良いビジネスモデル」の話 ………………… 245

利益率が高い企業の特徴とは？

従業員がイノベーションを起こす企業風土　〜3Mを例に〜
分析対象の企業がイノベーションを起こしうるか？
ビジョナリーカンパニー　〜基本理念が大切〜

損することは必ずある

株価が暴落しても倒産する企業はほとんどない／暴落への対処法

企業自身による業績予想について／第三者による業績予想について

会社が（四半期）決算を発表したときの株価の反応について

業績予想の修正に対する株価の反応

来期業績予想や中期経営計画に対する株価の反応

コンセンサスの予想社数と投資チャンスについて

株式分割への対応は？／TOBへの対応は？

月次データへの対応は？／大量保有報告書への対応は？

災害、事故や不祥事への対応は？／粉飾決算への対応は？

倒産への対応は？

資産全体でリスクを分散させる／株式のなかでのポートフォリオ

どのように分散させるか

リスク分散① 地域の分散 内需関連株 VS 外需関連株

リスク分散② 業種の分散 ディフェンシブ株 VS 景気敏感株

分散効果は 10 ～ 15 社で十分／リスク分散③ タイミングの分散

ポートフォリオを時価総額で評価する

ポートフォリオを純資産、純利益、価値で評価する

成長し続ける会社は、ごく一部だから

税金の支払いによるパフォーマンスの低下

株を売るのは、どのようなときか？
明確な理由なく株価が下げ続ける場合の対処法

●本書の内容の多くは、2024年5月30日までの情報をもとに作成しています。本書刊行後、株式投資に関する金融・投資に関連する法律、制度が改正、または各社のサービス内容が変更される可能性がありますので、あらかじめご了承ください。
●本書では株式投資に関する投資情報の提供も行っていますが、特定の投資手法を推奨するもの、その有用性を保証するものではありません。また、個々の金融サービスやその金融商品の詳細については各金融機関にお問い合わせください。
●株式投資や資産運用には一定のリスクがともないます。投資や運用によって生じた利益・損失について、執筆者ならびに出版社は一切責任を負いません。投資や資産運用は必ず、ご自身の責任と判断のもとで行うようにお願いいたします。

装丁／井上新八
DTP制作／㈱キャップス
チャート提供／㈱アクションラーニング
編集協力／エディマーケット
編集／荒川三郎

本編が始まる前に

改めまして、ひねけんです！
今日のテーマはファンダメンタル株式投資です！

登録者10万人を超えるYouTubeチャンネル『公認会計士ひねけんの株式投資チャンネル』では、株式投資を始めたばかりの人、自分なりの投資スタイルが定まらない人、ファンダメンタル株式投資を実践している人を対象にして、動画を制作しています。

1動画、約15分。個人投資家に人気のある企業を1社取り上げ、ひとつのトピックについて話します。ひとつの動画が10万回以上再生されることもあります。たくさんの方が視聴してくださるのはとてもうれしいのですが、このような動画だけでは不十分だという問題意識もありました。15分の動画だけでは投資のヒントは提供できても、個人投資家が自分で良い企業を発見し、納得して投資するための**本当に大切なこと**は伝えられません。

動画のなかで「なぜそのポイントに着目するのか？」「なぜその分析手法を使うのか？」といった背景にある考え方を理解するには、**株式投資のフレームワーク**を知らなければなりません。「YouTubeチャンネルの視聴者のみなさんに株式投資のフレームワークを伝えたい」と思っていたときに本書執筆の話をいただきました。絶好の機会ができたと思い、お引き受けしました。

企業のファンダメンタルズを分析し長期投資するために最低限必要なことだけに絞って本書を執筆したのですが、それでも352ページの書籍になりました。他の株式投資本に比べるとかなり分厚いと思います。YouTubeなどのライトなコンテンツに慣れた個人投資家

のみなさんが退屈しないように、できるだけ実際の企業・具体例を
まじえながら書きました。また、**2008年から個人投資家向けセミ
ナーを始め、大学でも株式投資の授業を担当し、累計1000回以上
のセミナー・講義を行ってきた**なかで、参加者のみなさんが目を輝
かせて「なるほど！」と感じてくれたテーマをできるだけたくさん
盛り込みました。もちろんYouTubeで取り上げたテーマもたくさん
登場します。

◎株式投資の本質とは、ありがとう！　がんばれ！

　本書は、先に紹介した**1株当たり純利益（EPS）を軸に、長期で
株価が上昇しそうな企業に投資をする**ことを目的にしています。資
産を増やすための株式投資です。その具体的な方法については本文
でたっぷり書いているので、ここではもっと大切なことについて話
しておきます。

　株式投資の本質とは、資産形成を超えたものであると私は思って
います。これまでたくさんの上場企業を訪問し、経営者にインタビ
ューし、事業にかける情熱をお聞きしてきました。

　投資先の企業には、現実の経営者がおり、従業員がいます。経営
者・従業員が懸命に開発した商品・製品・サービスがあり、それを
利用する顧客がいます。仕入先企業にも経営者・従業員がいます。

　企業・経営者・従業員が、私たちの生活を豊かにしています。医
療、介護、食料品、電力、ガスなどのライフラインだけでなく、娯
楽、飲食店、各種サービスなども企業が提供しています。私たちの
幸せな生活のインフラを維持してくれています。そんな企業に「あ
りがとう！」という感謝の気持ちを私は毎日感じます。

　感謝の気持ちだけではありません。例えば、宇宙産業など新しい
ビジネスへの挑戦、これまで救えなかった病気の人を救うための新

しい医薬品への挑戦など、企業・経営者・従業員は新たな製品・サービスを生み出すために挑戦し続けています。そんな挑戦者である企業を「がんばれ！」と応援しています。

『カンブリア宮殿』『ガイアの夜明け』『知られざるガリバー』といった経済活動にフォーカスしたテレビ番組も放映されています。読者のみなさんもそういった番組を観て、私たちのインフラを支え、新たな挑戦をする企業に「ありがとう！」「がんばれ！」という思いを抱いたことがあるでしょう。

　そういう素晴らしい企業に株主という立場で参画できるのが株式投資です。銀行預金や投資信託では、体験できないものです。**経営者・従業員に「ありがとう！」「がんばれ！」を伝えるのが個人投資家**の役割です。私たちが投資するのは、私たちの生活を豊かにしつつ新たな挑戦をする「企業」であって、単なる「銘柄」ではありません。

◎バフェットやマンガーのように、生涯続けられるファンダメンタル株式投資

　本書は、「**ファンダメンタル株式投資**」をテーマにしています。

　ファンダメンタル株式投資は個人投資家にとって、始めやすく、かつ、いつまでも続けられる投資方法です。投資の神様といわれるウォーレン・バフェット（1930年生まれ）は11歳のときから株式投資を始め、2024年には94歳になります。実に83年間も株式投資を継続しており、今でも現役の投資家です。若者でも実践できて、バフェットのように高齢になるまでずっと**生涯現役で続けられるのがファンダメンタル株式投資**です。バフェットの相棒チャーリー・マンガーも99歳で他界するまで、バークシャー・ハサウェイ（BRK）の副会長として株式投資を継続していました。

◎企業経営に参加する　〜 Action！〜

　投資した企業が成長して、株価が上昇していく。ファンダメンタル株式投資は、それを見守るものです。「ありがとう！」「がんばれ！」という想いをもって、投資先の企業が成長していくのを見守るのは、とても楽しいものです。

　そしてその想いは、きっちりと経営者・従業員に伝えなければなりません。どうやって伝えるのでしょうか。それは株主総会です。**株主総会に出席して、議案に賛成する形で「ありがとう！」「がんばれ！」を伝える**。ときに、経営が間違った方向に進んでいると思うときは議案に反対する。スマホがあれば、在宅での議決権行使も簡単にできる時代になりました。個人投資家が手軽に企業経営に参加できる時代がすでに到来しています。

　株式投資とは、個人投資家が実際に行動（Action）し社会を良い方向に導いていくものです。選挙と同じような社会参加なのです。

◎幅広い知識、知恵を得て、活かす　〜 Learning！〜

　ファンダメンタル株式投資では、「財務分析」「ビジネスモデル分析」「バリュエーション」などを行います。そのためには知識が必要です。興味のある業界、興味のある企業について、ホームページを見たり、動画を観たりしながら、少しずつでいいから知識を増やしていきましょう。**株式投資は、生涯学習（Learning）**です。バフェットは90歳を超えても、なお学び続けています。

　株式投資で得た知識は、就職活動や経営企画などの仕事にも役立ちます。私自身、株式投資で得た知識は、自社の経営や中小企業の経営者への助言などに大いに役立っています。

　『公認会計士ひねけんの株式投資チャンネル』を運営する株式会社アクションラーニングの社名の由来は、ここにあります。

◎さまざまな投資スタイルがある

　本書では長期で行うファンダメンタル株式投資の方法を書いていますが、これ以外にもさまざまな投資スタイルがあります。

　例えば、株価チャートや板に注目した短期売買もありますし、その時々のテーマに乗って順張りしていく方法もあります。同じようにファンダメンタルズに注目していても、景気の局面に応じて食料品、医薬品などのディフェンシブな企業や、製造業など景気の影響を受けやすい企業などのセクターを選びながら投資するスタイルもあります。ひたすら低 PBR 企業に投資するスタイルもあります。

　私は、どのスタイルにも優劣はないと思っています。それぞれの投資家が自分の価値観や生活に合った方法を選べばよいと思います。**一番良くないのは、自分のスタイルを決めずにその時々の相場に合わせようとして安易にスタイルを変えること**です。株式相場は変化します。順張りがうまくいく時期もあれば、逆張りがうまくいく時期もあります。大型株が上がる時期もあれば、中小型株が上がる時期もあります。全部売られる時期もあります。猫も杓子も上がる時期もあります。相場環境の変化に応じて、適した投資手法も変化するのですが、その都度、投資手法を使い分けることはできません。なぜなら、それぞれの分野には卓越した投資家がいるからです。

　SNSなどを見ていると、いつも誰かが株式投資で儲かっている様子が目に入ります。これは当たり前です。それぞれの相場環境に適した投資手法を取っていた人が儲かるのです。相場環境の変化とともに儲かっている人も入れ替わりますが、いつも誰かが儲かっています。

　長期で行うファンダメンタル株式投資は、「優良な企業とじっくり長く付き合いたい、株式投資以外のことにも時間を使いたい」という方に合っています。

◎毎日株価を見なくてよい、パフォーマンスを比較しなく てよい

　長期で行うファンダメンタル株式投資は、毎日株価をチェックする必要がありません。仕事や趣味に打ち込みながら、時々投資先企業の業績をチェックすれば十分。そして、投資先企業が成長していくのを見て「ありがとう！」「がんばれ！」を伝えるのです。

　機関投資家は、常に評価の目にさらされています。他人のお金を運用しているのですから、そのパフォーマンスが常に問われます。一方、自分のお金を運用する私たち個人投資家は、誰からの評価も気にしなくていいのです。どんな企業に投資するのも自由です。

　インデックスやカリスマ投資家と自分のパフォーマンスを比較する必要もありません。パフォーマンスを人と比べ始めると、株式投資が楽しめなくなります。例えばジョギングするとき、「自分のタイムは、マラソン選手より遅い」ことを気にする人などいませんね。株式投資も同じです。せっかく大切な時間を使うのですから、他人とスコア比較するのではなく、楽しんで株式投資をしましょう。

　株式市場は懐が深く、多様な投資家を受け入れてくれます。投資家は自由な価値観で投資できます。**株式投資とは本来、とても自由なもの**なのです。

　私は、自由に楽しみながら時間軸をたっぷりとって、素晴らしい企業の経営者・従業員に「ありがとう！」「がんばれ！」と言える投資家でありたいと思っています。また、そういう個人投資家が増えることで社会が活性化し、新たなイノベーションが生まれたり、1人1人が自分の仕事に誇りをもって取り組めるような社会を実現できると思います。本書が読者のみなさんの資産を増やしつつ、活力ある社会を実現する一助になることを願っています。

第1章

その株価は割安か

「上昇する割安」と
「ずーっと割安」を見分ける方法

キーワード
....
◎1株価値　◎EPS（1株当たり純利益）
....
◎ BPS（1株当たり純資産）
....
◎ PER（株価収益率）
....
◎ ROE（自己資本利益率）
....

◎株価が割高か割安かを判断する方法

「ズバリ、この企業、いくらなら買い？」

　これが本章のテーマ、「1株価値」です。

　1株価値は、「適正株価」や「理論株価」といわれることもあります。1株価値がわかれば、今の株価が割安か、割高か、もわかるようになります。

　それでは、1株価値はどのようにして計算するのでしょうか？

　その計算方法は、いくつもあります。ここでは利益に倍率を掛ける方法を中心に紹介していきます。

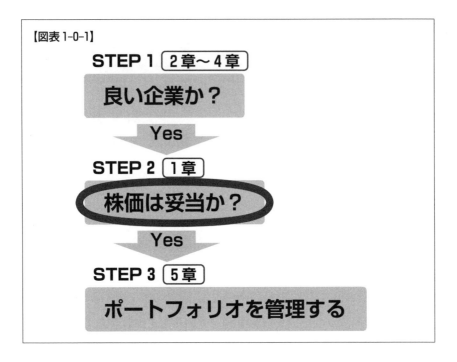

【図表1-0-1】

STEP 1 　2章～4章

良い企業か？

Yes

STEP 2 　1章

株価は妥当か？

Yes

STEP 3 　5章

ポートフォリオを管理する

1.「1株価値」とは？

◎1株価値とは？

　コンビニに行って、ペットボトルの水を買うとき、「100円くらいなら買ってもいいかなあ〜」という値ごろ感がありますよね。

　株式投資においても同じように「○○社の株式、○○円くらいなら買ってもいいなあ」という値ごろ感があります。ところが、ペットボトルの水はそれほど価格変動が大きくないですが、株式は価格が大きく変動します。なので、ペットボトルの水と比べると、この「○○円なら買ってもいいなあ」という感覚は個人差が大きくなってしまいます。また、そのときの気分に流されてしまうこともよくあります。

　株式には、理論的な価格があります。適正価格といってもよいでしょう。これがわかれば、その時々でなんとなく「○○円なら買ってもいいなあ」と感じていたものを、「○○円なら買い」というように客観的に判断することができます。

　株式の理論的な価格、適正価格のことを、本書では**1株価値**といいます。

　正確には「1株当たり株主価値」なのですが、文字数が多く、発音もしにくいので、これを短縮して「1株価値」といいましょう。

　1株価値を計算できれば、株式投資で必勝！　とまではいきませんが、大きな武器になります。

　株式投資においてはこの「価値（Value）」がとても大切な概念です。

　価値に注目して投資するということで**バリュー（Value）投資**という言葉があるほどです。「長期投資」や「ファンダメンタルズ投資」も、それぞれ似たニュアンスで使われます。

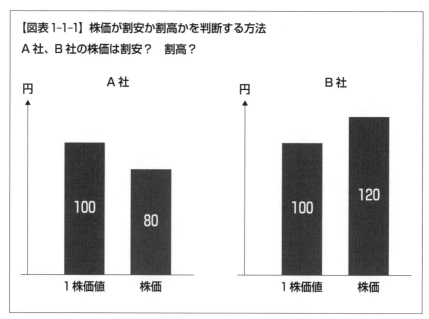

【図表1-1-1】株価が割安か割高かを判断する方法

A社、B社の株価は割安？ 割高？

答え　A社：割安、B社：割高

◎「割安」「割高」とは？

　1株価値がわかるようになったとして、これをどう利用するのでしょう？　今の株価と比較するのです。

　1株価値と比べて、今の株価が安ければ **割安** といいます。良い企業の株価が割安なときに株式を購入し、その後、ほかの投資家が「割安だ！　買いだ！」と気づいて購入し、株価が上昇して割高になったところで売却するのです。これが、長期投資において利益を得るための基本的な考え方です。株式を「安く買う」とは「割安な価格で買う」ということを意味しています。

　1株価値と比べて、今の株価が高ければ **割高** といいます。株価が割高なときは、買わずに見守ります。経済危機などが起こり、あらゆる株が売られる局面で買うことを狙います。

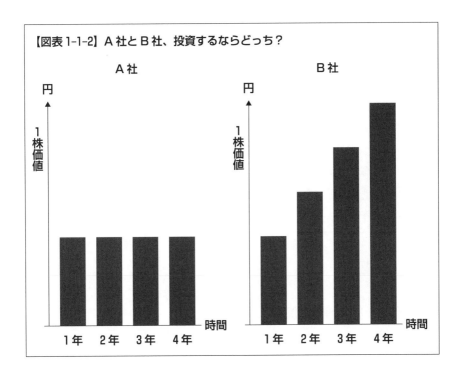

【図表1-1-2】A社とB社、投資するならどっち？

A社

円

1株価値

時間

1年　2年　3年　4年

B社

円

1株価値

時間

1年　2年　3年　4年

◎単なる割安株よりも、成長株を探そう

　割安株狙いの場合、2倍から3倍のリターンを狙いましょう。1株価値に対して現在の株価が1／2、1／3になっている株式を見つけて購入し、上昇するのをじっと待ちます。

　ところが、割安な株式は、割安なまま放置されることもあります。これはバリュートラップと呼ばれることがあります。将来の業績に不安がある、投資家からの認知度が低いなどが原因です。なんらかの要因（カタリスト）により、割安な状態が解消されることもありますが、ずっと割安なまま放置されることもあります。

　このように単純な割安株への投資は、報われない可能性もあります。何より将来の業績不安がある企業よりも、将来への期待にあふれている企業、投資家に認知されるために積極的にIR（Investor

Relations）している企業のほうが、将来株価が上昇する可能性が高そうです。

　そこで、1株価値の増加に注目しましょう。

　A社の1株価値が、現在、100円であるとします。企業は生き物ですから、1株価値は年々変化します。経営陣と従業員が有能で顧客の役に立っていれば、1株価値は年々増加していきます。このように1株価値が年々増加していく企業に投資することこそ、株式投資の醍醐味だと思います。

　長期投資においては、現時点で割安である（もしくは割高でない）ということも大切ですが、それ以上に、**1株価値が増加していくことが大切**なのです。

◎株価は1株価値に収れんしていく

　長期投資の前提は、「株価は1株価値に収れんしていく」ことです。すなわち、割安な株価はいつか上昇して割安でなくなるし、割高な株価はいつか下落して割高でなくなる、ということです。

　でも、現実は、そうでしょうか？

「割安」「割高」について学び、投資した経験があれば、「現実はそうとは限らない」と思われるでしょう。

　割安のまま放置され続けている株式もあれば、割高だ割高だといわれて空売り残高が積み上がっているのに、空売りの買い戻しでさらに上昇していく株式もあります。

　これはなぜかというと、投資家の期待が修正されるのには、時間がかかるからです。「割安」と思って買った株式が、その翌日、多くの投資家に見直されて、急上昇することなどめったにありません。業績の改善、増配・自社株買い、積極的なIRなどが合わさって、徐々に投資家の認識が変化し、割安が解消されていくのです。むろん、ときには株価が行き過ぎて割安だったのが、急に割高になるこ

ともあります。

「割高」な株式もそうです。多くの投資家が将来の成長期待に膨らませた夢は、そう簡単に失われるものではありません。成長期待に沿わない決算が繰り返し発表されるなかで、徐々に期待が修正され、株価が下落していくのです。

2.「1株価値」の計算方法

　ここでは、1株価値の計算方法を4つ紹介します。

　なぜ、価値の計算方法に、いくつも種類があるのでしょうか？

　それは企業が多面的なものだからです。例えば、ひとりの人間を見るときでも、身長・体重などに注目したり、知性に注目したり、体力に注目したり、人柄に注目したり、多面的な見方がありますよね。

　企業も同じで、「利益（とそれを生み出す事業）」「過去に獲得した資産」「配当金や株主優待」というように、いろいろな角度から見ることができます。投資家もさまざまであり、「利益」「資産」「配当」のどれを重視するかは、投資家によって異なります。おのずと1株価値の計算方法にも、いろいろなものが利用されるようになったのです。

◎① マルチプル法
（利益に倍率を掛けて1株価値を計算する方法）

　利益に一定の倍率を掛けて1株価値を計算することから、マルチプル法といわれます。「類似業種比準法」といわれることもあります。マルチプルには倍率（倍数）という意味があります。企業の利益に倍率を掛けたものが、1株価値だと考えます。

　ここで使う倍率は、「食料品の企業なら、だいたい利益の○倍の株価で売買されているよね。製造業なら△倍だよね」という、いわば世間相場です。

1株価値＝利益×倍率

「企業の価値は、主として事業にあり、事業の価値は利益に現れている」という見方がベースにあります。そもそも企業とは営利を目

【図表1-2-1】
1株価値（EPS ×倍率）のさまざまな計算方法

		重視するもの	コンセプト	メリット	注意点
1	マルチプル法（利益に倍率を掛ける方法）	利益、事業そのもの	利益×倍率	シンプルだが応用力もあり、多くの投資家が意識している。	奥が深く、使いこなすにはそれなりの知識と経験が必要。
2	純資産を補正する方法	純資産、過去のたくわえ	時価純資産	シンプル。時間をかければ客観性のある結論に到達する。暴落時の味方。	カタリスト待ちとなり、割安が解消されない可能性も。
3	配当利回りを比較する方法	配当金、配当利回り	配当利回りを比較	シンプル。	減配リスクの見極めが難しい。
4	DCF（ディスカウント・キャッシュ・フロー）法	将来CF	現在価値	理論的だが難しい。	

的として存在しているわけですから、利益をもとに1株価値を計算するのは、自然なことです。

　長所は、事業の良し悪しに応じて、1株価値を計算できることにあります。1株価値の計算方法も、基本はシンプルなもので、とっつきやすいです。しかし、実はとても奥が深いです。

　本書では、このマルチプル法を中心に説明していきます。詳しくは第4節以降で書いていきます。

◎② 純資産法
（純資産をベースに1株価値を計算する方法）

　純資産法は、企業が現に保有する純資産に注目して1株価値を計算する方法です。

1株価値＝1株当たり純資産（±補正）

「企業の価値は、主として純資産にある」という見方がベースにあります。利益を軽視しているわけではないのですが、利益は年によって変動しますし、ましてや将来どのようになるかなど予測が困難です。そのような不確実な利益に依拠するよりも、今、現にある純資産という確かなものに基づいて1株価値を計算しよう、という考え方です。慎重派のイメージです。

決算書を読み込む必要があるなど、多少の手間はかかりますが、長所は時間さえかければ、客観性の高い1株価値を算出できることです。

マルチプル法やあとに紹介するDCF（ディスカウント・キャッシュ・フロー）法は、どうしても主観的な要素が入り込むのですが、この純資産法は、そのような要素が少ないです。

客観性が高いということの最大のメリットは、相場全体が暴落したときに自信をもって買い進むことができる、ということです。これは非常に大きなメリットです。リーマンショックやコロナショックを経験したことがある投資家ならわかると思いますが、日本全体、世界全体の株価が暴落しているときは、私たちも冷静な判断ができなくなります。そんなときに、客観性が高い価値尺度というのはとても頼もしく、役に立ちます。何度計算しても、誰が計算しても、「客観的に割安」という結論を導けるからです。

デメリットは、純資産をベースにして判断したときに割安に見える株式は、得てして利益の成長性が低く、株価が万年割安のまま放置され続けてしまう可能性がある点でしょう。利益が毎年増加していく企業に投資していると、株価が上昇しなければ、どんどん割安度が高まっていきますから、いずれ市場がその割安さに気づいて、株価は上昇していくことになります。ところが、利益の成長性の低

い会社は、年々割安度が高まるわけではありませんから（高まると
してもそのペースは非常に緩やかですから）、結果として、万年割安
で放置され続ける可能性があるのです。

◎③ 配当利回りを比較する方法

　この方法は、1株価値を計算する方法ではありません。1株価値
という難しそうなものはさておき、株式が毎年どれだけの配当金や
株主優待をもたらしてくれるか、その利回りを計算します。その利
回りを他社と比較するのはもちろんのこと、債券やREITなど、株
式以外の金融資産とも比較することで、割安・割高を評価する方法
です（**配当利回り**について詳しくは第10節で取り上げます）。

　長所は、配当金は安定していることが多いので、見通しが立ちや
すく、投資方法として理解しやすい、シンプルである、ということ
です。また、株式投資初心者が新NISAを利用して購入する株式に
適しています。新NISAは、2024年から非課税枠が大幅に拡大され
た少額投資非課税制度で、株式の売却益と配当金が非課税になりま
す。配当金は安定しているので、新NISAを活用することで確実に
非課税のメリットを受けることができます。

　注意点については、第10節で詳しく説明しますが、減配・無配
転落のリスクをきっちりと見極めることです。

◎④ DCF法（キャッシュ・フローにより　　１株価値を計算する方法）

　DCF法（Discounted Cash Flow法）とは、企業が将来稼ぎ出す
キャッシュ・フローに注目して1株価値を計算する方法で、最も理
論的です。「企業価値は、将来キャッシュ・フローの現在価値であ
る」という見方がベースにあります。

　理論的ですが、そのロジックを理解するのが難解であるため、個

人投資家が実戦に使うのは難しいです。また、さまざまな仮定を置くため主観的な要素が大きな割合を占めます。私が大学で担当している授業ではDCF法を中心に講義していますが、学生の反応を見ても、やはり理解も実戦に使うのも難易度が高い、というのが率直な感想です。

3. EPS（1株当たり純利益）とBPS（1株当たり純資産）

◎会社全体　VS　1株当たり

　ここで「1株当たり」の考え方について見ておきたいと思います。

　新聞などで「トヨタ自動車　営業利益5兆円！」といった報道を目にしますが、この5兆円というのは、トヨタ自動車という会社が稼ぎ出した利益の総額を指しています。

　ところが、私たちが株式投資をする際には、会社全体を売買するわけではなく、あくまで100株単位（あるいは米国株なら1株単位）で行います。また、日頃見る「株価3300円」というのは、1株当たりの価格を指しています。つまり、株式投資においては「会社全体」ではなく「1株当たり」に注目しているのです。

　このように、テレビニュースや新聞などが企業業績について語るときは主として「会社全体」の金額が取り上げられます。株式投資に関連するニュースや投資家が企業業績について語るときは「1株当たり」についての金額が取り上げられます。株式投資においては、<u>「会社全体」のことなのか、「1株当たり」のことなのかを区別しなければなりません。</u>

◎1株当たり純利益（EPS）とは？

　会社が商品等を販売して得た利益から税金などを納めて、最終的に残った利益を 純利益 といいます（詳しくは第2章第2節参照）。このときの純利益は「会社全体」の金額ですよね。

　この純利益を株式数で割ったものが、1株当たり純利益 です。Earnings Per Share の頭文字を取って、EPS と略すことが多いです。Earnings は利益、Per Share は1株当たり、を意味します。

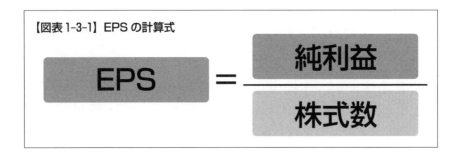

【図表1-3-1】EPS の計算式

$$EPS = \frac{純利益}{株式数}$$

この式を見るとわかるように、分子の純利益が増加すればEPSも増加し、純利益が減少すればEPSも減少します。

◎1株当たり純資産（BPS）とは？

会社の資産から負債を差し引いた残額を **純資産** といいます（詳しくは第2章第1節参照）。この純資産は「会社全体」の金額です。

この純資産を株式数で割ったものが、**1株当たり純資産** です。Book value Per Share の頭文字を取って、**BPS** と略すことが多いです。Book value は、簿価純資産を意味します。

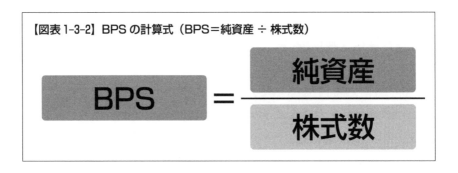

【図表1-3-2】BPS の計算式（BPS＝純資産 ÷ 株式数）

$$BPS = \frac{純資産}{株式数}$$

分子の純資産が増加すれば、BPSは増加し、純資産が減少すればBPSは減少します。

【計算してみよう】

Q. 会社全体の純利益 100 円、会社全体の純資産 800 円、株式
　　数 10 株

このとき、EPS、BPS は、いくらになるでしょうか？

A.

EPS = 100 ÷ 10 = 10 円

BPS = 800 ÷ 10 = 80 円

それでは、どのようなときに BPS は増減するのでしょうか？

　企業が利益を得たときには純資産が増加します。企業が配当金を
支払ったときや、後述しますが自社株買いを行ったときには純資産
が減少します。

◎EPS や BPS を見てみよう

　EPS や BPS については、いろいろなところに掲載されているの
で、自分で計算する必要はありません。

　例えば、トヨタ自動車の決算短信を見てみましょう（決算短信に
ついては、第 2 章第 10 節参照）。インターネットで「トヨタ自動車
決算短信」と検索すれば、ヒットします。

　トヨタ自動車の 2023 年 3 月期本決算の決算短信を見ると「基本
的 1 株当たり親会社の所有者に帰属する当期利益」と書かれていま
す（第 2 章第 2 節参照）。「1 株当たり純利益」とは表現が異なりま
すが、同じ意味合いと捉えましょう。表現が異なるのは、トヨタ自
動車が国際会計基準 IFRS を採用しているからです。日本基準の 1
株当たり純利益とは少し概念が異なるため違った表現になっていま
す。ただ、投資判断に影響するような大きな差異ではないため、気
にしなくて大丈夫です。トヨタ自動車の EPS は 179.47 円であるこ

とがわかります（図表 1-3-3 参照）。

【図表 1-3-3】トヨタ自動車の 2023 年 3 月期決算と EPS

2023年3月期　決算短信〔ＩＦＲＳ〕（連結）

2023年5月10日

上 場 会 社 名　　トヨタ自動車株式会社　　　　　　　　　　　　　　　　　　上場取引所　　　東・名

1．2023年3月期の連結業績（2022年4月1日～2023年3月31日）

（1）連結経営成績

（％表示は、対前期増減率）

	営業収益		営業利益		税引前利益		当期利益		親会社の所有者に帰属する当期利益		当期包括利益合計額	
	百万円	％	百万円	％	百万円	％	百万円	％	百万円	％	百万円	％
2023年3月期	37,154,298	18.4	2,725,025	△9.0	3,668,733	△8.1	2,492,967	△13.3	2,451,318	△14.0	3,320,681	△17.3
2022年3月期	31,379,507	15.3	2,995,697	36.3	3,990,532	36.1	2,874,614	25.9	2,850,110	26.9	4,017,742	21.9

	基本的1株当たり親会社の所有者に帰属する当期利益	希薄化後1株当たり親会社の所有者に帰属する当期利益	親会社所有者帰属持分当期利益率	資産合計税引前利益率	営業収益営業利益率
	円 銭	円 銭	％	％	％
2023年3月期	179.47	—	9.0	5.2	7.3
2022年3月期	205.23	205.23	11.5	6.1	9.5

拡大図

基本的1株当たり親会社の所有者に帰属する当期利益
円 銭
179.47
205.23

同様に決算短信で BPS について探すと、「1 株当たり親会社所有者帰属持分」と書かれているのが見つかります。「1 株当たり純資産」とは表現が異なりますが、やはり同じ意味合いと捉えましょう。

【図表 1-3-4】トヨタ自動車の 2023 年 3 月期決算の BPS

（2）連結財政状態

	資産合計	資本合計	親会社の所有者に帰属する持分	親会社所有者帰属持分比率	1株当たり親会社所有者帰属持分
	百万円	百万円	百万円	％	円 銭
2023年3月期	74,303,180	29,264,213	28,338,706	38.1	2,089.08
2022年3月期	67,688,771	27,154,820	26,245,969	38.8	1,904.88

拡大図

1株当たり親会社所有者帰属持分
円 銭
2,089.08
1,904.88

4. マルチプル法の利益には、何を使うか？

　マルチプル法の計算式「1株価値＝利益×倍率」の、利益には具体的にどのような数値を使うか、また、それに基づいて計算された1株価値にはどのような性格があるか、見ていきたいと思います（倍率については次の第5節で取り上げます）。

◎① 実績 EPS

　EPS というときは、この 実績 EPS を指すことが多いです。実績とは、予想ではなく決算で実際に確定した金額という意味合いです。

　例えば、現在が 2024 年 11 月としましょう。3 月期決算の企業において、前期にあたる 2024 年 3 月期決算の実績が 1 株当たり純利益 100 円としましょう。

　このとき、この 100 円が実績 EPS です。

　実績EPSの特徴は、実績値という客観的なものである、ということです。したがって、実績 EPS を使って計算した1株価値も客観性が高いといえます。

　ただし、**実際の株価形成は、進行期（2025 年 3 月期）や、それより未来の利益を予想して形成されるという傾向が強い**です。実績 EPS は、2024 年 11 月現在から見れば、8 か月も過去の情報になります。過去情報に基づいて計算した1株価値は、これからの株価形成にはそれほど関係がない可能性があります。

◎② TTM・EPS

　実績EPSでは、情報が古すぎるだろう、ということで考えられたのが、**TTM・EPS** です。米国企業の情報サイト（米国のYahoo!finance など）では、開示されている例が見られますので、TTM についても触れておきます。

TTM とは、"Trailing Twelve Months" の略で、直近の 12 か月間のデータや業績を意味します。例えば、2024 年 3 月期決算の企業が、その翌年の 2025 年 3 月期の第 2 四半期（2024 年 7 月 1 日～ 9 月 30 日）を終えて、11 月に第 2 四半期決算が発表されたとします。このときに、この 2024 年 7 月 1 日～ 9 月 30 日の四半期を含む、最近 12 か月（2023 年 10 月 1 日～ 2024 年 9 月 30 日）の EPS を示したのが TTM・EPS です。

　実績 EPS が 2023 年 4 月 1 日～ 2024 年 3 月 31 日の 1 年間の実績だったのに比べると、最新の四半期決算までが反映されるため、情報の鮮度が高くなっています。

　他方で、過去情報であり、将来のことは含まれていないという短所は実績 EPS と同じです。

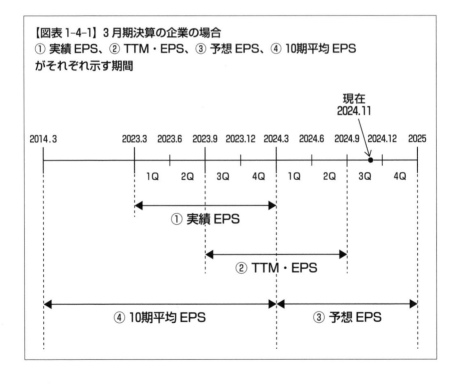

【図表 1-4-1】3 月期決算の企業の場合
① 実績 EPS、② TTM・EPS、③ 予想 EPS、④ 10 期平均 EPS
がそれぞれ示す期間

◎③ 予想 EPS

予想 EPS は、会社が発表している業績予想に示された EPS です。会社が現在進行している決算期にどれくらい売上や利益を上げるかを予想した「会社予想」は、決算短信に記載されています。例えば、2024 年 3 月期の決算短信には翌期 2025 年 3 月期の予想 EPS が示されています。**これを使って計算された 1 株価値は、将来の予想に基づいたものであるため、実際の株価形成と相関性が高い**という特徴があります。

他方で、会社の予想値に過ぎないため、客観性には劣ります。しかも、**業績予想については、保守的な予想を出して上方修正を繰り返す企業もあれば、高めの予想を出して結果的に未達となることが多い企業もあります。**このため、過去の業績予想の修正状況について確認しておく必要があります。

なお、『会社四季報』（東洋経済新報社）にも予想 EPS が掲載されていますが、会社予想をそのまま掲載している場合と、『会社四季報』による独自予想の場合があります。

また、米国企業は、業績予想をあまり発表していません。というのも、発表した業績予想が未達となった場合に、米国では経営責任を問われやすい文化的な風土があるからと考えられます。

◎④ 10期平均EPS

10期平均EPS とは、直近10年間の実績EPSの平均値です。例えば、現在が2024年11月であれば、2015年3月期から2024年3月期までの10年間の実績EPSの平均値です。

なぜ10期平均するかというと、**特に業績変動が大きい業界（例えば、鉄鋼業界や海運業界など）においては、単年度の業績だけでその企業の実力を測ることは困難だから**です。市況が良く、たまたま絶好調の決算の年もあれば、市況が悪く大赤字になる年もあります。このような企業においては、一定の期間における平均値を用いるほうが妥当であると考えられます。

例えば、図表1-4-2は**日本製鉄（5401）**の1994年5月以降の株価、売上高、EPSの推移です。赤字の年はEPSをゼロとして表記しています（以降のグラフも同様です）。2007年、2008年頃の業績も株価も好調なときを経て、その後、株価が大きく下落してしまって

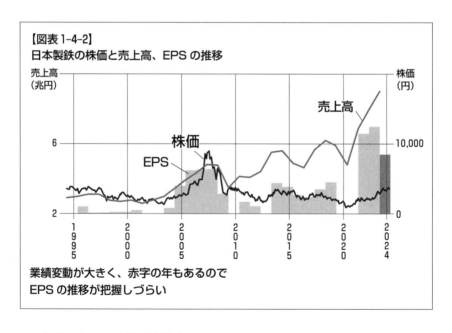

【図表1-4-2】
日本製鉄の株価と売上高、EPSの推移

業績変動が大きく、赤字の年もあるので
EPSの推移が把握しづらい

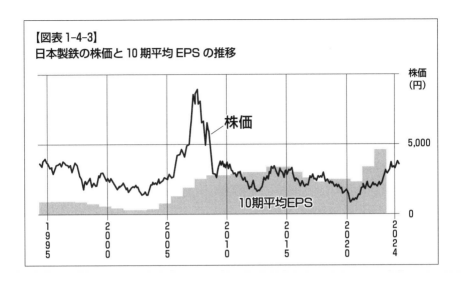

【図表 1-4-3】
日本製鉄の株価と 10 期平均 EPS の推移

株価
(円)

株価

5,000

10期平均EPS

0

1995 2000 2005 2010 2015 2020 2024

います。逆に 2013 年や 2020 年頃の業績も株価も不振なときを経て、その後、株価は大きく上昇しています。

　このように、業績の変動が大きい企業については、特定の 1 年だけの利益をベースに 1 株価値を計算して株式を購入・売却すると、結果として高値づかみしてしまったり、逆にお買い得な局面で投資チャンスを見逃したりしてしまいます。

　そこで図表 1-4-3 のように、10 期平均 EPS を使ってグラフを描いてみましょう。平均することによって市況の良し悪しがならされて、スムーズな形の棒グラフになっています。

　10 期平均 EPS は、景気循環の影響を受けやすい企業であっても、長期的な企業の実力を反映したものになるという特徴があります。2007 年、2008 年頃を見ると業績に比べて株価が上昇しすぎていることが見てとれますし、2013 年や 2020 年頃は実力に比べて株価が下がりすぎているとわかります。

　他方で、過去情報に過ぎないという短所があるのと、もうひとつは成長企業の場合、実際の価値よりもかなり過小評価することにな

ってしまうという短所が挙げられます。成長企業の場合、10期前と直近期とでは、まったく別の企業といってもいいくらいに企業規模が拡大し、顧客層も広がり、組織体制も強化されています。にもかかわらず1株価値の計算において、10年も過去の情報まで含めてしまうわけですから、おのずと過小評価になってしまいます。

　10期平均EPSを利用する際の留意点がもうひとつあります。それは、対象となる10期のなかで、莫大な額の特別損失や特別利益が発生し、大赤字、大黒字の年があった場合です。10期平均するなかにそのような異常値があると、結果として算出される10期平均の値も大きな影響を受けることがあります。

　そのような場合には、その異常値の年を除外するか、もしくは次に述べるように、特別損益を除外するか、いずれかの対応が必要になります。異常値の年を除外するほうが簡単です。

◎特別損益の取り扱いについて

　ここに挙げたいずれのEPSも、いわゆる特別損益という特殊要因を含んだものになります。

　例えば、たまたま不採算事業を整理した決算期においては、多額の特別損失が発生しますが、EPSはこれを含んでいます。またある年に莫大な含み益を有する固定資産を売却し多額の特別利益が発生していれば、EPSはやはりこれも含んでいます。これは、実績EPS、TTM・EPS、予想EPS、10期平均EPSのいずれも、同じです。

　このような特殊要因については除外したうえで **特別損益修正後EPS** を算出し、それによって1株価値を計算することも、ときには必要でしょう。

◎使い分け方

　結論としては、業績が安定している企業については「予想EPS」、

急成長企業で業績予想の確度が不明な企業については「実績EPS」、業績が景気循環の影響を受けやすいなど変動が大きい企業は「10期平均EPS」、特別損益が含まれている場合は「特別損益修正後EPS」が適しているでしょう。

企業によって、1株価値を計算する際に適したEPSが異なる、ということですね。1株価値計算の奥深さを感じます。

【図表1-4-4】各EPSの特徴比較

項目	長所	短所	使うのに適している企業
① 実績EPS	客観性高い	過去情報 情報がやや古い	成熟して業績が安定している企業
② TTM・EPS	客観性高い 情報が新しい	過去情報 計算が煩雑	ストック型ビジネスの成長企業
③ 予想EPS	将来予測である	会社によって精度や傾向が異なる	ディフェンシブな事業で成長企業
④ 10期平均EPS	客観性高い 好不調をならした実力を示す	過去情報 計算が煩雑	業績が循環的に変動する製造業
特別損益修正後EPS	異常値を排除した実力を示す	計算が煩雑	事業再編などの特別損益が発生したとき

5. マルチプル法の倍率に何を使うか。PERとは？

1株価値＝利益×倍率。

この倍率には、何を使えばよいのでしょうか？　株式投資の奥深さがこの倍率に凝縮されています。

この倍率を決める際のベースになるのが、PERです。そこでまずPERについて見てみましょう。

◎PERについて

PER（ピー・イー・アール：株価収益率）とは、株価とEPSの倍率です。Price Earnings Ratio の頭文字を取って、PERと略されます。

PER ＝株価÷EPS

＝時価総額÷純利益

「株価÷EPS」は1株当たりに注目した計算方法で、「時価総額÷純利益」は会社全体に注目した計算方法です。計算結果は、一致します。計算を通して、理解を深めましょう。

Q1.　株価3000円、EPS100円のとき、PERは何倍でしょう？

Q2.　時価総額5000億円、純利益500億円のとき、PERは何倍でしょう？

A1.　PER＝株価3000円÷EPS100円＝30倍

A2.　PER＝時価総額5000億円÷純利益500億円＝10倍

となります。

PERは、「EPS（純利益）に対して、何倍の株価（時価総額）がついているか？」を意味しています。別の見方をすると「何年分の利益で、株価の元が取れるか？」を意味しているともいえます。

Q. 毎年100円のお金をもらえるチケットがあります。
　　これを2000円で買ったら、何年で元が取れるでしょうか？

A. 20年

毎年100円のお金がもらえる＝EPS

購入金額2000円＝株価

というように考えてみてください。

PERは、この何年で元が取れる、と同じ意味合いです。

このPERは、同じ企業でもその時々の会社の状況や相場環境などで変化します。

なお、PERには、実績PERと予想PERがあります。**実績PER**は、株価を実績EPSで割って計算します。**予想PER**は、株価を進行期予想EPSで割って計算します。

株価は将来の利益を見据えながら変動するので、予想PERのほうが重要視されます。

◎PERはEPSの成長期待を反映する　～SHIFT　VS　大成建設～

理解を深めるために、**SHIFT（3697）**、**大成建設（1801）**のPERを比較してみましょう。

SHIFTは、ソフトウェアのテストやシステムインテグレーターとしてのサービスを提供する企業です。

大成建設は、いわゆるスーパーゼネコンの1社で、建設、土木を

幅広く手掛けています。

　それぞれまったく違う企業のようですが、IT業界と建設業界は、多くの人材を使う労働集約的な事業であり、**多重下請け構造**になっている（下請け・孫請けとつながる構造）という共通点があります。この多重下請け構造については、近年、いずれの業界でも問題になり解消を図ろうという取り組みが見られますが、一気には進みません。運送業においても同様の構造が指摘されています。

　業種は違いますが、ビジネスモデルは似ている両社のPERを比較してみましょう。

　SHIFTは2024年4月11日発表の第2四半期決算時点で、2024年8月期通期の予想純利益を前期比16.9％増益の73億円から60.1％増益の100億円の範囲内と見込んでいます。1株当たり利益（EPS）を計算すると、415.17円〜568.72円となり、その平均値491.9円で2024年4月19日時点の株価1万5350円を割ると、予想PERは約31倍となっています。

　右上の図表1-5-1が直近10年間のSHIFTの株価とEPSの推移です。

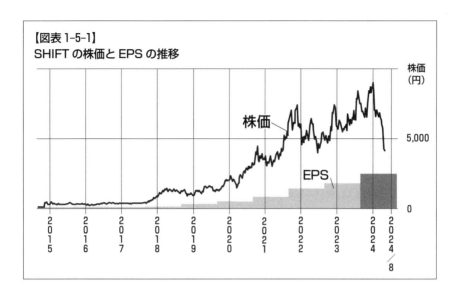

【図表1-5-1】
SHIFTの株価とEPSの推移

続いて、大成建設も同様に計算すると予想PER約21倍となっています。図表1-5-2の大成建設の株価とEPSの推移を見てみましょう。

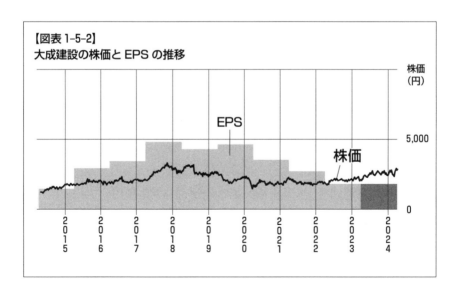

【図表1-5-2】
大成建設の株価とEPSの推移

なぜ、SHIFTと大成建設でこれほどPERが違うのでしょうか？

SHIFTはEPSが着実に増加していることがわかります。一方、大成建設のEPSは2015年以降、急激に改善したことで、図表にはありませんが1989年頃のバブル期のEPSを大きく上回っています。しかし、2020年以降は、コロナ禍や資源高の影響などで苦戦しています。同じく図表にはありませんが、SHIFTの売上高は順調に増加している一方、大成建設の売上高は1990年代初頭あたりからほぼ横ばいになっています。

端的にいうと、SHIFTは成長していくIT市場のなかで売上高・EPSともに着実に伸びている成長企業であるのに対して、大成建設は成熟している国内建設・土木市場のなかで売上高は横ばい、EPSは増加したり減少したりしている成熟企業である、という違いがあります。

両社の進行期の業績予想などを比較してみましょう（図表1-5-3参照）。

【図表1-5-3】

	SHIFT	大成建設
	2024年8月期	2024年3月期
予想売上高	1140億円（+29.5%）〜1220億円（+38.6%）	1兆6900億円（+2.9%）
予想純利益	73億円（+16.9%）〜100億円（+60.1%）	470億円（△0.3%）
予想EPS	415.17円〜568.72円	251.77円
株価（2024/4/19）	1万5350円	5227円
PER	約31倍（予想EPSの平均で計算）	約21倍

SHIFT は、売上高が約 30%増加し、純利益は 16.9% ～ 60.1%増加する予想となっています。これに対して大成建設は、売上高は約 3%の増加、純利益は微減する予想です。進行期の業績予想を見ても、業績推移のグラフを見ても、SHIFT は成長しており、大成建設は成熟していることがわかります。

　仮に、SHIFT の EPS が 500 円で着地し、来期、再来期も 30%のペースで増益が続けば、来期、再来期の EPS は、

来期の EPS = 500 円 × 1.3 = 650 円

再来期の EPS = 500 円 × 1.3 × 1.3 = 845 円

となります。

　もしも株価 1 万 5350 円のままなら、その時の PER は、

来期の予想 PER = 1 万 5350 円 ÷ 650 円 ≒ 24 倍

再来期の予想 PER = 1 万 5350 円 ÷ 845 円 ≒ 18 倍

となります。現在の予想 PER だけを見ると、SHIFT は割高なように見受けられますが、今のペースで利益成長すれば、2 年後には、大成建設と同水準の PER になります。つまり、**今の SHIFT の PER は将来の利益成長を織り込んでいる**、ともいえます。

　SHIFT のように今後も売上と EPS が増加していくことが期待できそうなら、高めの株価で買っておいてもよいだろうと考える投資家が多く、結果的に PER は高くなります。逆に、今後、売上高や EPS の増加をあまり期待できなさそうなら、安い株価でしか買わないと考える投資家が多くなり、結果的に PER は低くなります。

　このように **PER は EPS の成長期待を反映します**。大きな利益成長を期待できるなら、PER は高くなります。逆に利益成長を期待できないなら、PER は低くなります。

◎業種別 PER について

　では、個別企業の PER から視野を拡大して、業種別 PER を見てみましょう。

　右の図表 1-5-4 は東証のデータから著者が独自に作成した **業種別 PER の平均値（倍率）** です。業種別 PER は個別企業の PER を平均したもので毎月発表されます。これらの平均値を計算したものです。

　今後、みなさんがさまざまな企業の株価が割安か割高かを判断するとき、その企業の EPS にその企業が属する業種別 PER の平均値（倍率）を掛けた 1 株価値と株価を比較するといいでしょう。

　その意味では、とても重要な倍率ですので、企業分析の際には振り返って業種別 PER を確かめてください。

　業種別 PER は、個別企業の PER を合成したものです。

　例えば、情報・通信業という業種のなかには、携帯キャリアの **ソフトバンク（9434）** のように今後大きな成長が期待できないため、予想 PER が 20 倍に満たない企業もあれば、SHIFT のように今後も大きく成長することが期待でき、予想 PER が 30 倍を超える企業もあります。同じ業種のなかでも企業によって PER はさまざまですが、やはり業種によって傾向はあります。**業種によって成長性や業績の安定性に特徴がありますから、PER の傾向も異なる**のです。

【図表1-5-4】PER の傾向と業種別 PER の平均値

業種見取り図

（東証1部、連結、単純 PER。146か月平均）2024/4/30 現在
※ 0 ＜ PER ＜ 50 を計算対象としている（異常値を除く目的）

	製造業	流通・情報通信	不動産・建設	金融	その他
ディフェンシブ ↑	食料品 23 医薬品 24	情報・通信業 24			水産・農林業 17 電気・ガス業 19
	パルプ・紙 23 金属製品 16 その他製品 23	倉庫・運輸関連業 16 陸運業 19 小売業 25	不動産業 17	保険業 17	サービス業 24
景気循環	石油・石炭製品 10 ガラス・土石製品 18 繊維製品 21 化学 18 輸送用機器 16 ゴム製品 14 非鉄金属 18 機械 19 電気機器 25 精密機器 22	卸売業 13 空運業 14	建設業 14	銀行業 10 その他金融業 12	
	鉄鋼 17	海運業 11		証券、商品先物 取引業 13	鉱業 16

（東証のデータより著者が独自に作成）

　以上まとめると、**PER は、基本的に成長性と業界特性（業績の安定性）とで決まる**、といってよいでしょう。

◎PER に影響する、それ以外の要因

　それ以外の要因も PER に影響します。それは、投資家心理です。例えば、2011年頃、日本の株式市場は低迷していました。リーマンショック、そして東日本大震災が発生し、投資家の投資マインドは大きく減退していました。ですから、毎年10%のペースで売上・利益が成長している企業でも PER が 10 倍というように、とても低い

水準でした。

このように投資家の心理もPERには大きく影響しており、ほかの投資家の心理が大きく悪化しているときこそ、実は投資のチャンスでもあるのです。

とはいえ、ほかの投資家の投資マインドが減退しているとき、すなわち、ほかの投資家が「今どき株式投資なんて考えられへんわ！」と思っているときに、あえて自分は株式を買うわけですから並大抵のことではありません。しかし、こういった状況のときに買うほど大きなリターンが得られますし、また投資先の企業からも喜ばれるわけです。「ほかの投資家がどんどん投げ売りするなかでさっそうと現れる個人投資家！」。そのような投資を行うためにはやはり確かな知識と事実に基づいた判断が必要です。

◎業種別PERを使って1株価値を計算する

それでは1株価値を計算するための倍率をどのように決めるかといえば、**私は業種別PERの平均値を使います**。

それに多少、自分なりの要素を加味してもよいでしょう。成長性の高い企業には、＋5といった形です。しかし、これはあまりお勧めできません。どんどん基準が甘くなるからです。

それではマルチプル法による1株価値の計算をケーススタディしてみましょう。企業の実態に応じて、EPSを使い分けていきます。

(1) ディフェンシブな事業を行う大企業の場合

本書の冒頭で紹介した**日清食品ホールディングス（2897）**について考えてみましょう。日清食品ホールディングスは、景気の良し悪しに大きな影響を受けない即席麺などの製造販売を主な事業としています。業績は比較的安定していると考えられ、実際のEPSの推移も安定しています。しかも、売上高が7000億円を超える大企業で

あり、大企業の業績予想は精度が高いことが多いです。過去の業績予想と実績値を比較しても、それほど大きな乖離はありません。

このような企業は予想EPSの精度が高いと考えられるため、1株価値の計算には予想EPSを使います。冒頭の部分では説明を省きましたが、背景にはこのような考え方がありました。では計算してみましょう。

1株価値＝予想EPS ×業種別PERの平均値（食料品）
　　　　＝ 180円× 23倍＝ 4140円

となります。

(2) 景気循環の影響を受けやすい事業を行う企業の場合

次は**日本製鉄（5401）**を見てみましょう。実績EPSは596.59円（2024年3月期）、予想EPSは326.00円（2025年3月期）です。これだけを見ても、鉄鋼業は<u>EPSが大きく変動する事業であり、単年度の業績だけで1株価値を計算するのが難しい</u>ことがわかりますね。

こういうときが、10期平均EPSの活用場面です。過去10年間の純利益を見てみると、次のように推移しています。

2015.3 期	2142 億円
2016.3 期	1454 億円
2017.3 期	1309 億円
2018.3 期	1950 億円
2019.3 期	2511 億円
2020.3 期	△ 4315 億円（赤字）
2021.3 期	△ 324 億円（赤字）
2022.3 期	6373 億円
2023.3 期	6940 億円
2024.3 期	5493 億円

あらためて利益の変動の大きさを確認できます。ここで単純に10年の純利益を合計するのもひとつの考え方です。

2020年3月期に注目してみましょう。△4315億円と大幅な赤字になっています。企業や業態にもよるのですが、驚くほどの大赤字になることもあります。

ただし、日本製鉄の△4315億円くらいの赤字であれば、大赤字というほどではないと思いますが、10年分の利益を吹き飛ばすくらいの大赤字が発生し異常値になることもあります。

このような**異常値を除外するために、赤字の年を除いて純利益を合計し、10で割って純利益の平均値を求めます。**

純利益の10年平均値（赤字除く）＝各年の純利益（赤字除く）の合計÷10年

= 2兆8172億円÷10年 = 2817億円

となります。

株式数（2024年3月末時点）は、

株式数＝発行済株式数950,549,305株－自己株式数29,510,730株

= 921,038,575株

ですから、

10期平均EPS = 2817億円÷921,038,575 = 305円

となり、1株価値は、

1株価値＝10期平均EPS 305円×業種別PERの平均値（鉄鋼）17倍 =5185円

と計算できます。

（3）成長企業の場合

冒頭で紹介した**ベクトル（6058）**で考えてみましょう。本書の冒頭では2025年2月期の予想EPS106.58円を使って1株価値を計算しました。これは、ベクトルの事業はリテナー契約（一定期間の継

続的な業務を行う契約）に基づくストック売上がベースになっていることから、業績予想の精度が比較的高いだろうと考えたためです。

　ここで決算説明資料（2024年2月期決算）を見てみると、中期利益計画が示されています。

2024年2月期　営業利益（実績）　69億円

2026年2月期　営業利益（計画）100億円

　2026年2月期には、2024年2月期よりも、営業利益が31億円（45%）増えるというのです。そうであるならば、EPSも45%程度、増えるのでしょう（実際には特別利益、特別損失などの影響もあるため、そこまで単純にはいかないのですが、ここでは営業利益とEPSは完全に比例すると単純化しておきます）。

　2024年2月期の実績EPSは98.12円ですから、2026年2月期のEPSは142円（98.12円×1.45）となります。

1株価値＝中期利益計画から推測した予想EPS142円×業種別PERの平均値（サービス業）24倍＝3408円

　このように**中期経営計画などで示された利益を使って1株価値を計算することもできます**。

　ベクトルの場合は、冒頭で書いたようにPR事業と捉えて倍率は10倍が妥当と考えることもできますし、広告会社と捉えて倍率は20倍が妥当と考えることもできます（業種別PERよりも、PR業界のPER10倍や広告業界のPER20倍のほうが、より実態に即していると考えられます）。

　ベクトルをPR会社と捉え、なおかつ中期利益計画は信頼できないと考えるならば、

1株価値＝予想EPS106.58円×10倍＝1065円

　広告会社と捉えて、中期利益計画は実現できると考えれば、

1株価値＝中期利益計画から推測した予想EPS142円×20倍＝2840円

となり、非常に大きな幅がありますね。

　1株価値の計算は、EPSや倍率を「あーでもない、こーでもない」とつぶやきながらシミュレーションしていくところにおもしろみがあります。

　2024年4月30日終値の株価は1331円ですから、株式市場はベクトルをPR会社と捉えており、それほど利益は成長しないと見ていると予想できます。この予想が良い意味で外れれば、すなわち、マーケットの見方が「成長性のないPR業界の会社」から「巨大な市場を有する広告会社」へ変われば、倍率が変化します。もしも、これにEPSの成長が組み合わされば、

1株価値＝利益×倍率

　の<u>「利益」も「倍率」も共に上方修正され、両者の掛け算により株価は大きく上昇する</u>ことになります。

　さて、どうなるか、数年後に振り返ってみましょう。なお、ベクトルは性質の異なる複数セグメントを有しているため、より精度の高い分析も可能です。セグメントごとに株主価値を計算し、それらを合計するという手順になります。

6. ROE とは？

◎ROE の計算式と意味

ROE（アール・オー・イー：自己資本利益率）はとても大切な指標です。Return On Equity の頭文字を取って、ROE です。ROE は、その企業が保有する自己資本を使って、毎決算期にどれだけの純利益を上げているかをパーセンテージで表したものです。

ROE ＝純利益÷自己資本× 100（%）

（自己資本≒純資産と考えます）

例えば、ROE が 10% の企業は、保有する自己資本を使ってその期に自己資本の 10% 分の純利益を稼ぎ、自己資本を増やします。翌年には 10% 増えた自己資本を使って、さらに 10% 分の純利益を稼ぎ、自己資本を増やします。このように、複利の効果を発揮しながら年々、純利益と自己資本が増えていきます。そのため、ROE はその企業の 1 株価値が毎年どれぐらいの利回りで増えていくか、1 株価値の増加スピード を示します。したがって、

ROE が高い

＝ 1 株価値の増加スピードが速い

＝株価が上昇しやすい

といえます。

もっとも、割高な株価で購入してしまうと、さらに上昇するとは限りません。ただ長期的には ROE の比率で、株価の上昇に期待できるといえます。

【計算問題】ROE を計算してみよう。

自己資本 100、純利益 10 のとき、ROE は何%になるでしょう？

答え．ROE ＝純利益 10 ÷自己資本 100 × 100 ＝ 10%

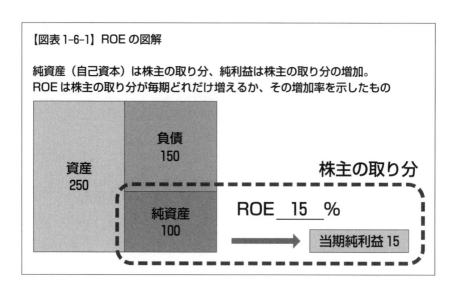

【図表1-6-1】ROE の図解

純資産（自己資本）は株主の取り分、純利益は株主の取り分の増加。
ROE は株主の取り分が毎期どれだけ増えるか、その増加率を示したもの

資産 250

負債 150

純資産 100

株主の取り分

ROE ___15___ ％

当期純利益 15

◎株式投資における ROE の意味

　では、ROEがなぜ1株価値の増加スピードになるのか、モデルケースで考えてみましょう（右上の図表 1-6-2 参照）。

　前提として、

○ROE は 10%で一定

○配当金・自社株買いによる株主還元はなし

○現在の自己資本が 100

○1 株価値はマルチプル法により実績 EPS の 20 倍として計算する

　とします。

【図表 1-6-2】 ROE10%企業の 1 年〜 10 年後の 1 株価値の増加率

	ROE	10%									
	現在	1 年後	2 年後	3 年後	4 年後	5 年後	6 年後	7 年後	8 年後	9 年後	10 年後
期首 BPS		100	110	121	133	146	161	177	195	214	236
EPS		10	11	12	13	15	16	18	19	21	24
期末 BPS	100	110	121	133	146	161	177	195	214	236	259
前期比		10.0%	10.0%	10.0%	10.0%	10.0%	10.0%	10.0%	10.0%	10.0%	10.0%
倍率	20	20	20	20	20	20	20	20	20	20	20
1 株価値		200	220	242	266	293	322	354	390	429	472
前期比			10.0%	10.0%	10.0%	10.0%	10.0%	10.0%	10.0%	10.0%	10.0%

現在：自己資本が 100 です。

1 年後：

純利益＝自己資本 100 × ROE10%＝10

1 株価値＝純利益 10 × 20 ＝ 200

自己資本＝ 100 ＋ 10 ＝ 110 （前年比＋ 10%）

2 年後：

純利益＝自己資本 110 × ROE10%＝11

1 株価値＝ 11 × 20 ＝ 220 （前年比＋ 10%）

自己資本＝ 110 ＋ 11 ＝ 121 （前年比＋ 10%）

3 年後：

純利益＝自己資本 121 × ROE10%＝12.1

1 株価値＝ 12.1 × 20 ＝ 242 （前年比＋ 10%）

自己資本＝ 121 ＋ 12 ＝ 133 （前年比＋ 10%）

このように、ROEが10%で一定ならば、純利益も、1株価値も、自己資本も10%のスピードで、しかも複利で増加していきます。つまり、ROEは1株価値の増加スピードを意味しているのです。

上記の計算は、理解しやすいよう1株当たりで行いましたが、会社全体で考えても同様の結論になります。

なお、1株価値を利益×倍率で計算するならば、1株価値も同じスピードで増加していくことがわかりました。1株価値を簿価純資産で計算しても同じことがわかります（1株価値を簿価純資産で計算する方法については、第7節で紹介します）。

◎バークシャーのBPSとリターンの関係について

でも、本当に、1株価値の増加と比例するように株価も上昇していくのでしょうか？　ウォーレン・バフェットが会長を務める世界有数の資産運用会社の**バークシャー・ハサウェイ（BRK）**は、配当を行わず、近年までは自社株買いも行いませんでした。すなわち、上記の仮定のように、配当も自社株買いも長年行ってこなかったのです。

バークシャー・ハサウェイは2018年のアニュアルレポートまで、バークシャー・ハサウェイの簿価純資産の増加スピードと時価総額の増加スピードを、米国株の代表的株価指数S&P500と対比する形で示してきました（2019年以降はバークシャー・ハサウェイとS&P500の時価総額の増加スピードの比較のみ公開）。

右上の図表1-6-3にその原文を示したので見てみましょう。

【図表1-6-3】
バークシャー・ハサウェイの薄価純資産と時価総額の増加率と S&P500 の時価総額の増加率の比較（2000年～）

Berkshire's Performance vs. the S&P 500

Year	Annual Percentage Change		
	in Per-Share Book Value of Berkshire	in Per-Share Market Value of Berkshire	in S&P 500 with Dividends Included
2000	6.5	26.6	(9.1)
2001	(6.2)	6.5	(11.9)
2002	10.0	(3.8)	(22.1)
2003	21.0	15.8	28.7
2004	10.5	4.3	10.9
2005	6.4	0.8	4.9
2006	18.4	24.1	15.8
2007	11.0	28.7	5.5
2008	(9.6)	(31.8)	(37.0)
2009	19.8	2.7	26.5
2010	13.0	21.4	15.1
2011	4.6	(4.7)	2.1
2012	14.4	16.8	16.0
2013	18.2	32.7	32.4
2014	8.3	27.0	13.7
2015	6.4	(12.5)	1.4
2016	10.7	23.4	12.0
2017	23.0	21.9	21.8
2018	0.4	2.8	(4.4)
Compounded Annual Gain – 1965-2018	18.7%	20.5%	9.7%
Overall Gain – 1964-2018	1,091,899%	2,472,627%	15,019%

（www.berkshirehathaway.com/2018ar より引用。図表中の1964-1999年の数字は省略）

　バークシャー・ハサウェイの1965年～2018年の薄価純資産の増加スピードが平均18.7％、時価総額の増加スピードが20.5％となっています。薄価純資産よりも時価総額の増加スピードのほうがやや速いものの、近い水準であることがわかります。つまり長期的には、（一定の仮定のもとで）ROE（＝純利益の増加スピード＝自己資本の増加スピード）が株価の上昇スピードに近似する、ということです。

　純資産にしても時価総額（＝株価）にしても、同じ期間のS&P500の時価総額の平均増加スピード9.7％の2倍前後です。バークシャー・ハサウェイがいかに効率的に純資産を増やして、株価の上昇につなげているかがわかります。

◎配当金がある場合

　それでは、配当金がある場合は、どうでしょうか?

　企業が配当金を支払うと、その分、企業からは資金が流出し、自己資本が減少します。企業が成長するためのビジネスチャンス（投資の機会）がたくさんあるならば、配当金を支払うよりも、そのビジネスチャンスに投資して、事業を育成すれば長期的にはより大きな利益を期待することができます。

　つまり、配当の支払いは、企業の成長に対してマイナスの影響を与える可能性がある、ということです。

　配当を増やして手元資金が減少し、その結果、設備投資などの魅力的なビジネスチャンスへの投資に躊躇するくらいならば、配当しないほうが最終的な株主の取り分（＝株価）は増加します。

　逆に、ビジネスチャンスがなければ、たくさん配当金を支払っても成長に対してマイナスにはなりません。企業の手元に潤沢な余裕資金があっても仕方がないですから、積極的な配当や自社株買いによる株主還元を期待したいところです。

7. 純資産法について

ここまでは「①マルチプル法」について書いてきましたが、ここからは「②純資産法」を取り上げます。

この方法はさらに、

簿価純資産法
時価純資産法
ネットキャッシュ法（次節参照）

に分けられます。

これらの方法の共通点は、決算書の貸借対照表を活用する、という点です（決算書や貸借対照表については、第2章で詳しく書きますが、貸借対照表の概要についてまったくわからない、という方は、第2章第1節を先に読んでいただくと理解が進むと思います）。

◎① 簿価純資産法（簿価純資産から1株価値を計算する方法）

貸借対照表の純資産に注目します。

純資産とは、会社の資産から負債を引いた残額をいいます（第2章第1節参照）。決算書には、「純資産　〇〇百万円」という形で明示されています。これを 簿価純資産 といいます。

簿価純資産とは、決算書の貸借対照表に載っている通りの金額です。決算書は、会計帳簿をもとに作成されます。このため帳簿価格（簿価）に従って計算された1株当たり純資産、ということで、「簿価純資産」といわれます。

簿価純資産法（簿価純資産から1株価値を計算する方法）では、

1株価値＝1株当たり簿価純資産

と考えます。投資家によっては、

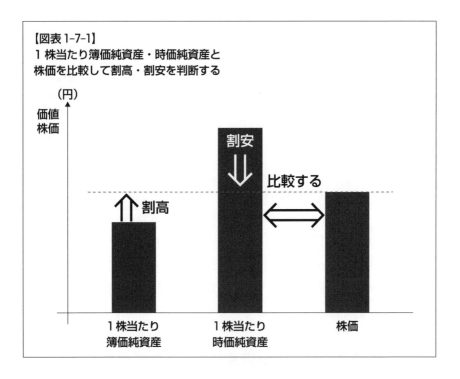

【図表1-7-1】
1株当たり簿価純資産・時価純資産と
株価を比較して割高・割安を判断する

(円)

価値
株価

割安

比較する

割高

1株当たり
簿価純資産

1株当たり
時価純資産

株価

1株価値＝1株当たり簿価純資産×〇%

　のように掛け目を使って、保守的に（少なめに）計算するケースもあります。

　1株当たり簿価純資産は、第3節で見たBPSのことです。決算短信や投資情報サービスなどにも示されているので、簡単にその金額がわかるのが良いところです。

　例えば、1株当たり簿価純資産が100円のとき、これを1株価値と考えます。これに対して株価が70円ならば株価は割安、と判断します。**非常にシンプルな方法**です。

◎PBRについて

　PBRとはPrice Book-value Ratioの略で、日本語では株価純資産

倍率といいます。時価総額÷純資産、もしくは、株価÷1株当たり純資産（BPS）で算出されます。

PBR ＝時価総額÷純資産
　　　＝株価÷1株当たり純資産（BPS）

　ここでいう純資産とは、いま説明した簿価純資産を指しています。図表1-7-2で具体例を見てみましょう。

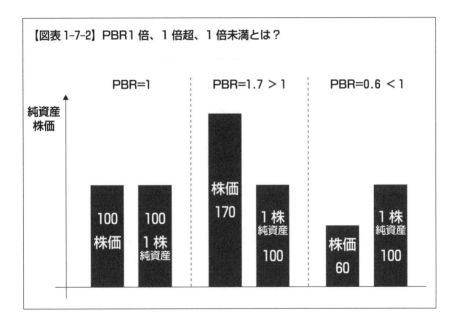

【図表1-7-2】PBR1倍、1倍超、1倍未満とは？

　株価100円、BPS100円のとき、
PBR ＝株価100円÷BPS100円＝1.0（倍）
　となります。株価とBPSが等しいということです。すなわち、簿価純資産法から見ると、株価＝1株価値であり、適正株価といえます。
　株価170円、BPS100円のとき、

PBR ＝株価 170 円 ÷ BPS100 円 ＝ 1.7（倍）

となります。簿価純資産法から見ると、株価＞BPSであり、株価は割高といえます。

株価 60 円、BPS100 円のとき、

PBR ＝株価 60 円 ÷ BPS100 円 ＝ 0.6（倍）

となります。簿価純資産法から見ると、株価＜BPSであり、株価は割安といえます。

以上のことからわかるように、簿価純資産法によれば、「PBR 1倍割れ（株価＜ BPS）ならば割安」といえます。

◎② 時価純資産法（時価純資産から 1 株価値を計算する方法）

ところが、この 1 株当たり簿価純資産が、実態を表すとは限りません。というのも、貸借対照表は 取得原価主義 に基づいて作成されているため、実際の価値と大きく乖離していることもあります。現代の会計基準では、なんでも時価評価するイメージがありますが、棚卸資産や事業に使っている固定資産などについては、取得原価（購入したときの価格）で評価するのが原則です。

代表的な例は、土地です。社歴の長い企業だと、大昔に 100 万円で購入した土地が、今の価値（時価）だと 100 億円、というようなことがあります。それでは、この土地が貸借対照表にいくらで計上されているかというと、100 万円なのです。取得原価での計上を原則としているのです。

会社によっては、貸借対照表にはそれほど資産がないのに、実は多額の含み益がある、ということがありえます。

このような資産の含み益を考慮し、時価で純資産を評価し直したものが、時価純資産 です。

◎ケーススタディ　～三井不動産～

　好例が下の図表1-7-3に示した**三井不動産（8801）**が保有する不動産の時価情報です。2023年3月期の決算説明資料の「賃貸不動産の規模と含み益の推移」より、同社が保有する賃貸不動産の簿価と時価の差額を紹介します。

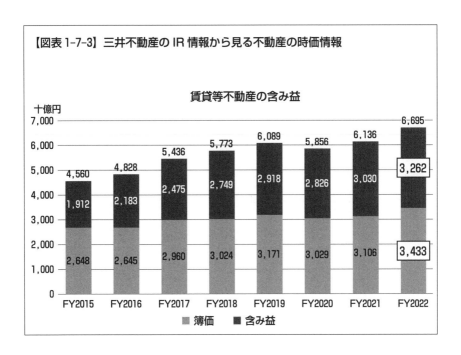

【図表 1-7-3】三井不動産の IR 情報から見る不動産の時価情報

　賃貸不動産の簿価が3兆4330億円であるのに対し、時価は6兆6950億円であることが示されています。含み益が3兆2620億円もあります。

　このような賃貸不動産の含み益の状況を決算説明資料に明記している企業もありますが、大半の企業は決算書の 注記 という部分に書いています。

8. ネットキャッシュ法

　純資産法は、企業の純資産に注目しましたが、この純資産は資産から負債を引くことによって計算されます。そこで、純資産の構成要素である資産、そのなかでも特に現預金に注目して投資する方法もあります。

【問題】
現預金を 100 億円持っている企業があります。業績は毎年 1 億円の黒字です。この企業の時価総額が今、70 億円です。
あなたに資金があれば、この企業を買収しますか？

　毎年 1 億円の黒字企業です。きっと貯金が大好きで、現預金を貯めこんだのでしょうね。現預金が多く積み上がって、時価総額を超えるまでになっています。

　しかし、ひとつ疑問に思うことがあります。「現預金 100 億円といっても、銀行からたくさん借り入れしているだけなんじゃないの？」。

　そこで問題の条件を追加しましょう。

【条件】
銀行からの借入金（有利子負債）は 10 億円あるとします。

　現預金がたくさんあるのは、銀行からたくさん借り入れをしたからではないかと疑いましたが、実際には 10 億円しか借入金はありませんでした。

　手元の現預金 100 億円から、借入金 10 億円を返済したとしても 90 億円残ります。

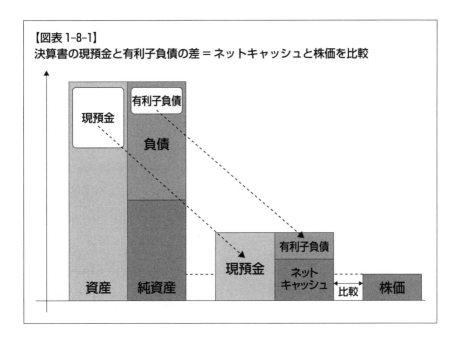

【図表1-8-1】
決算書の現預金と有利子負債の差＝ネットキャッシュと株価を比較

現預金
有利子負債
負債
資産
純資産
現預金
有利子負債
ネットキャッシュ
比較
株価

　どう考えてもお得なように思えますよね。例えていうなら「90億円入った金庫があります。お金は毎年1億円ずつ増えます。この金庫を70億円で買えます。あなたなら買いたいですか？」。

　買いたいですよね（笑）。株式市場には、こういう企業が転がっています。

◎ネットキャッシュとは？

　現預金をたくさん持っていても、それが借入金（有利子負債）によるものだとお得感がないことから差し引きしました。これを ネットキャッシュ といいます。

【ポイント】
ネットキャッシュ＝現預金－有利子負債

ネットキャッシュについては、企業の決算書から自分で計算しなければなりません。決算書の知識が必要になります（第2章参照）。有利子負債については第2章第4節で触れています。

　ネットキャッシュ法では、ネットキャッシュと時価総額を比較して、割安かどうかを判断します。簿価純資産法よりも項目を絞っているため、割安であることがより確からしいといえます。

　なお、決算書をよく見てみると、現預金という項目以外に、「長期性預金」など、ほかにも現預金と同等の換金性の高い資産を保有している場合もあります。これらも含めてネットキャッシュを計算することも合理的です。

◎ケーススタディ　〜NKKスイッチズ〜

　NKKスイッチズ（6943）は、産業用小型スイッチの製造販売を専業で行う企業です。2024年3月期の貸借対照表を見てみると、現預金は50億円あります。これに対して有利子負債3億円（借入金はゼロ、リース債務が3億円）です。よって、

ネットキャッシュ＝現預金50億円−有利子負債3億円＝47億円

　となります。

　一方、時価総額は、2024年5月時点で45億円です。

ネットキャッシュ47億円＞時価総額45億円

　となっています。

　NKKスイッチズの事業は、景気の影響を受けやすく、赤字になる年があるものの、長期的に見れば黒字です。45億円出せば、ネットキャッシュ47億円と黒字の事業が手に入る。そんな株価であることがわかります。

◎バリュートラップとそれを解消する動き

　ネットキャッシュが時価総額より大きい、つまり明らかに割安で

あるにもかかわらず、株価が上がらないこともあります。明らかに割安なまま株価が放置される状況を バリュートラップ ということがあります。

　例えば、経営陣が株式を大量に保有しており、その立場が安泰な場合です。株価が割安なとき、アクティビストなどがその株式を買い集め、大株主となって、自社株買い、増配などによる株価対策を要求することがあります。経営陣は、これに応じなければ、株主総会で次の取締役に選任されないなどの可能性があります。これがきっかけとなり株価が上昇するシーンは今やよく見かけられるようになりました。

　ところが経営陣やその一族が大量に株式を保有しており、50％超の議決権を有していれば、アクティビストが何を言おうとも、どのような株主提案をしてきても、これを否決することができます。立場が安泰ということです。このような場合には、アクティビストに関心を示されず、それを察するほかの投資家からも関心を示されず、ずっと株価が割安なまま解消されないことがあります。

　以前から、せっかく上場した企業の株価が割安で放置されている状況は問題視されてきました。**2023年3月には、東京証券取引所がPBR1倍割れの企業に対しPBRの改善を要請しました。これが上場企業の株価に対する意識に大きな影響を与えた**と思います。上場企業が自ら割安な株価を解消しよう、という機運が高まっています。

9. 株式数と自社株買いについて

　EPS の計算は、下記のような式で行いました。

1株当たり純利益（EPS）＝純利益÷株式数

　この分母の株式数に注目したいと思います。

◎自社株買いと分母の株式数について

　企業は、株式を発行しています。この発行した株式の数を 発行済株式総数 といいます。分母は、この発行済株式総数を使えばよいかというと、少し違います。

　というのも、上場企業は 自社株買い をするからです。

　自社株買いというのは、その名の通りで、上場企業が自社の株式を買うということです。例えば、トヨタ自動車がトヨタ自動車の株式を買うことを自社株買いといいます。自己株式の取得といわれることもありますが、同じ意味です。

　そもそも企業は、会社を設立したときや、その後、資金が必要なときに、株式を発行して資金調達をします。株式を発行することによって得た資金は、銀行からの借入金と違って返済する必要がありません。なので、特にリスクが高い事業に使う資金を調達するときなどに、株式を発行します。リスクの高い多額の M&A のための資金を株式発行により調達するのが良い例です。

　企業は投資家に向けて株式を発行し、その代わりに資金を受け取ります。

　ところが、その逆に企業が投資家に資金を渡し、投資家から株式を返却してもらうこともあります。

　これが自社株買いです。

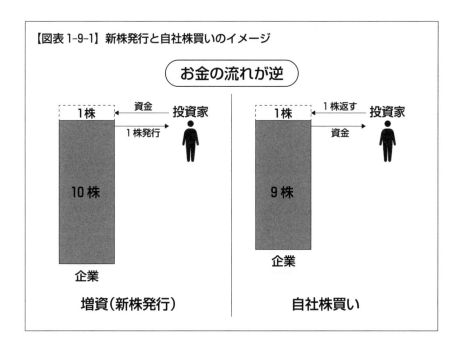

【図表1-9-1】新株発行と自社株買いのイメージ

お金の流れが逆

増資（新株発行）　　　　　自社株買い

　なぜ自社株買いをするかというと、大きな理由は**手元に資金が余っている**からです。事業が軌道に乗り利益を生むことで、資金が余るというぜいたくな状況になることがあります。このようなときに、社内で資金をずっと保有していても仕方がないですから、自社株買いという形で株主に返金するのです。

　株主のなかにも、「この企業はまだまだ成長するから、今の株価では売りたくない」という人もいれば、「もう十分株価が上がったから、このあたりで売却して、ほかの企業の株を買いたい」という人もいます。企業が自社株買いを発表すると、そろそろ売りたいと思っていた株主は「ちょうど良い機会」ということで株式を売却します。売りたいと思っていた株主から自社株買いを行うと、株価の下落圧力を吸収することができます。

　このように企業から見れば、**自社株買いは株式の払い戻し**といえ

ます。このため、EPSを計算する際には、自社株買いにより払い戻した自己株式数を引いて、分母の数とするのです。

> 株式数 = 発行済株式総数 − 自己株式数

◎モデルケース

モデルケースで理解を深めてみましょう

【図表1-9-2】自社株買い後のBPS、EPS

	当初	自社株買い後
自社株買い数		1
単価		100
自己資本	1,000	900
当期純利益	100	100
株式数	10	9
BPS	100	100
BPS の増減		0.0%
EPS	10	11.1
EPS の増減		+11.1%

当初、会社全体の自己資本が1000、純利益が100、株式数が10株としましょう。このとき、BPSは100（1000 ÷ 10）、EPSは10（100 ÷ 10）です。

ここで、企業が1株100円で自社株買いをしたとしましょう。自社株買いは、前述の通り資本の払い戻しですから、自己資本が100

減って 900 となります。一方、純利益には変化がありません。株式数は 9 株となりました。このとき、

BPS = 900 ÷ 9 = 100（変化なし）

EPS = 100 ÷ 9 = 11.1（増加）

となります。

自社株買いにより、EPS が増加したことがわかります。

当初は、100 の利益を 10 株の株主で分け合っていたのが、自社株買い後は 100 の利益を 9 株の株主で分け合うので、**1 人当たりの取り分が増加する**わけです。その結果、**利益に倍率を掛けて計算する1 株価値も増加します。**

◎自社株買い　オリックスのケース

オリックス（8591）は、2019 年以降、毎年 500 億円程度の自社株買いを継続しています。それが、オリックスの株式数と 1 株価値にどのように影響してきたかを見てみましょう。

【図表 1-9-3】オリックスの自社株買いの状況

期間	自社株買い株数	金額	自社株買い後の株式数
当初			12 億 8178 万株
2019.11.1 〜 2020.5.8	3406 万株	558 億円	12 億 4772 万株
2020.11.9 〜 2021.1.8	2823 万株	442 億円	12 億 1949 万株
2021.5.17 〜 2021.12.16	2412 万株	500 億円	11 億 9536 万株
2022.5.18 〜 2022.12.15	2225 万株	500 億円	11 億 7310 万株
2023.5.17 〜 2023.12.13	1896 万株	500 億円	11 億 5421 万株

オリックスは自社株買いによって、当初の 12 億 8178 万株から 11億 5421 万株まで、実に 1 億株以上も株式数が減少しています。

それがEPSにどのように影響するか、見てみましょう。わかりやすくするために、当初12億8178万株のときに、会社全体の純利益が同じく12億8178万円だったと仮定しましょう。このとき、

EPS = 12億8178万円 ÷ 12億8178万株 = 1円

となります。その後、2019年から2023年にかけての自社株買いにより、株式数は11億5421万株へと減少しました。このとき、会社全体の純利益が変わりなく12億8178万円だったら、EPSはいくらになるでしょうか？

EPS = 12億8178万円 ÷ 11億5421万株 = 1.11円

になります。つまり自社株買いにより、EPSが0.11円（11%）増加した、ということです。

自社株買いがEPSを増やす効果を実感していただけたと思います。このような自社株買いが、長期投資の期間、5年、10年、20年と継続すれば、どれだけEPSを押し上げる効果があるか、想像してみてください。

◎自己株式の消却について

自社株買いにより取得した株式は、そのまま保有し続けることが、現在の会社法においては認められています。保有し続けている自己株式のことを **金庫株** と呼ぶことがあります。大切に金庫に保管している株式、というニュアンスです。アメリカ企業の決算書を見ると自己株式のことを「treasury stock」と表現されていることがあります。まさに金庫株ですね。

この自己株式（金庫株）は、必要に応じて利用することができます。自己株式を第三者に売却して、改めて資金調達することも可能ですし、M&Aの際に売り手に対して交付することも可能です。このような第三者への売却や交付は、結果として、流通する株式数が増加しますから、EPSを減少させる効果があります（ **希薄化** とい

います。「希釈化」といわれることもあります）。

　自社株買いによるEPSの上昇と、ちょうど逆の流れが働いてEPSが減少します。

　このような希薄化に対する懸念を払拭するために、自己株式を消却することがあります。その名の通り、自己株式を消し去って、使えなくするのです。

　これにより、自己株式を活用した資金調達やM&Aによる希薄化に対する懸念を払拭するのです。

　もっとも、自己株式を消却したところで、本当に資金調達が必要になったときには、新たに新株発行による増資を行いますから、あくまで希薄化の懸念が低下する、というのが正確なところです。

　なお、オリックスは、取得した自己株式について積極的に消却も行っています。
2020年5月29日：10,674,148株
2021年1月29日：28,230,500株
2022年1月20日：27,447,393株
2023年1月20日：23,427,745株
2024年1月19日：19,888,288株

　投資家としては、このような株式の消却について、好意的に受け止めてよいと思います。「株主のみなさん。当社は、自己株式を活用することによる希薄化について、みなさんが懸念していることを重々承知しております。当社としては、大型のM&Aなどが必要な際にも自己資金や有利子負債の活用により資金調達するつもりであり、自己株式の利用は考えておりません。その決意を明確にするために、自己株式を消却し、使えなくしてしまいたいと思います」という声が、自己株式消却のIR文章の行間から聞こえてきます（あくまで私の想像です）。

10. 配当利回りを比較する方法

◎配当利回りとは？

`配当利回り` とは、株価と、それに対してもらえる配当金との割合を数値にしたものです。配当金だけでなく、株主優待も含めて計算することもあります。

配当金を支払うかどうかは、経営陣が決めます。株主総会で決める場合もありますが、その場合でも議案は経営陣が作成しますので、実質的には経営陣が決めているといえるでしょう。例えば、**ソフトバンク（9434）** の 2024 年 3 月末の株価は 1951 円でした。配当金は 2024 年 3 月期の 1 年間に 86 円だったので、配当利回りは、

配当利回り＝ 86 円 ÷ 1951 円 × 100 ＝ 4.4%

となります。

配当金は、1 年に 1 回支払う企業、2 回支払う企業、4 回支払う企業があります。時期は、例えば 3 月期決算の企業であれば、6 月、9 月、12 月、3 月といった具合です。アメリカの上場企業は年に 4 回配当する企業が多いですが、日本では年に 1 回か 2 回という企業が多いです。

例えば、**GMO フィナンシャルホールディングス（7177）** は、2023 年 12 月期において 4 回の配当を実施しています。1 株当たり、第 1 四半期は 10 円 10 銭、第 2 四半期は 5 円 70 銭、第 3 四半期は 9 円 80 銭、第 4 四半期は 7 円 20 銭、合計 32 円 80 銭の配当を実施しています。日本企業では珍しい、年に 4 回の配当です。

最近では、日本でも `累進配当政策` を取る企業が増えてきているように思います。累進配当とは、減配せずに配当水準を維持し、または利益成長に合わせて増配し続けることをいいます。「○年間連続増配」を意識した配当政策です。アメリカでは以前からそのよう

な累進配当政策を取る企業が散見され、そのような企業を集めたインデックス「**S&P500 配当貴族指数**」もあります。S&P500 配当貴族指数は、S&P 500（アメリカの大企業 500 社で構成される株価指数）のなかから、過去 25 年以上にわたって毎年配当を増やし続けた時価総額 30 億ドル以上の企業が選ばれています。

　日本においても「**日経平均高配当株50指数**」などのインデックスがあり、日経平均株価の構成銘柄のうち、予想配当利回りの高い 50 銘柄が選ばれています。

◎配当利回りによる株価形成

　配当利回りに注目すると、株式をほかの金融資産、例えば国債などの債券や REIT と比較することもできます。

　例えば、利回りが 1％の日本国債（債券）があるとしましょう。この国債を保有すれば、毎年 1％の利息がもらえます。満期には元本が返ってきます。

　これに対して、ソフトバンクの株式を保有すれば、4.4％の配当金がもらえます。ただし、国債との違いは、満期がないこと、配当金が固定額ではなく、増える可能性も減る可能性もあること、会社が倒産して元本がパーになってしまう可能性もあることなどです。

　ひとことでいえば、株式のほうがリスクは高いわけです。ですから特に配当や利息による収益を重視する投資家は、株式に対する配当について、債券の利子よりも高いものを求めます。

　このように配当利回りに着目して投資する場合は、その利回りとリスクを天秤にかけながら投資判断することになります。比較対象も、単に株式だけでなく、債券や REIT など、幅広い金融商品となります。

◎配当性向とは？

　高配当株に投資する際に気をつけることは、配当性向と業績の安定感、将来性などです。ここで大切なのが 配当性向 です。配当性向とは、純利益のうち、いくらを配当に使ったかを表す指標です。

> **配当性向（％）＝配当金÷純利益**

　例えば、2024年3月期の純利益が100億円、その後2024年6月に開催される株主総会で決定される2024年3月期の配当金が30億円。ならば、

配当性向＝30億円÷100億円＝30％

が配当性向になります。

　企業によって配当性向が高い、低いがあるのはなぜでしょう？

　配当金を支払うと、当然のことながら、企業の現預金が減ります。それによって純資産も減ります。

　ですから、例えば、多額の設備投資を計画している企業にしてみれば、配当するよりも、それを設備投資に回したいのです。配当金に回した結果、手元資金が足りなくなってしまえば、その分は、銀行から借り入れるなどして調達する必要が生じます。

　端的にいえば、設備投資のチャンスがあふれている成長企業は、配当性向を低くしたいと考え、そういったチャンスが少ない成熟企業は配当性向を高めても構わない、と考えます。

◎高配当企業への投資の注意点　～減配、無配のリスク～

　高配当企業に投資する主な目的は、やはり配当金をもらうことです。ですから、配当金が減らされてしまっては、元も子もありません。配当金を減らすことを 減配、配当金がゼロであることを 無配 といいます。減配や無配にならない企業を選ぶように気をつけましょう。

減配・無配のリスクをどのように見極めればよいかというと、①どれくらい配当余力があるか、②長期的な業績の維持・拡大を期待できるか、の2点に注目します。

配当性向が高ければ、利益の多くを配当に回しており、それ以上の配当余力が少ないといえます。なんらかの要因で減益になったときには、従来の配当額を維持することが難しくなります。

また、**配当の原資は利益ですから、長期的には少なくとも今の水準の利益を維持できなければ、配当の維持も難しい**でしょう。

あおぞら銀行（8304）は、配当利回りが高く、配当金狙いの投資家に人気です。2023年12月末時点では、期待された配当額は年間154円で、株価は3063円でしたから、期待された配当利回りは5.0％でした。ところが、2024年2月1日に減配を発表し、配当額は年間76円に変更されました。その結果、株価は急落しました。

当初の業績予想では、予想EPSが205.51円、年間配当予定額が154円でしたから、配当性向は74.9％とかなり高い水準でした。業績が悪化すれば、減配は免れない水準といえるでしょう。

◎ケーススタディ　～配当性向が高い～

武田薬品工業（4502）を例に見てみましょう。

武田薬品工業の2023年3月期決算におけるEPSは204.29円でした。これに対して配当金は180円。配当性向は88％にもなります。つまり、EPSのうち88％を配当金に回しているということです。また、2024年3月期決算における予想EPSは59.45円と大幅に落ち込んでいます。これに対して配当金の計画は188円ですから、配当性向は実に316％にもなります。EPSの3倍超を配当金として支払う計画ということです。

このような高い配当性向は、長期間維持することが難しいと考えられます。EPSを増やすか、配当金を減らすか、どちらかの対応が

必要になると考えられます。

　配当利回りを期待して投資する際には、このような点にも留意が必要です。

◎総還元性向について

　総還元性向 とは、企業が株主に対して純利益のうちどれだけの割合を還元したかについて、配当金支払額と自社株買い額を合計して算出したものをいいます。

> 総還元性向（%）＝（配当金支払額＋自社株買い額）／純利益

　配当性向との違いは、分子に自社株買い額が含まれる点です。なお、配当金はすべての株主に対して平等に支払われるのに対し、自社株買いは株主のなかで持ち株を売却した株主だけに資金が渡される点で異なります。

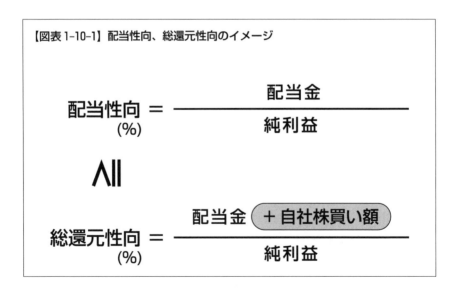

【図表 1-10-1】配当性向、総還元性向のイメージ

$$\text{配当性向(\%)} = \frac{\text{配当金}}{\text{純利益}}$$

$$\text{∧∥}$$

$$\text{総還元性向(\%)} = \frac{\text{配当金} \boxed{\text{＋自社株買い額}}}{\text{純利益}}$$

決算書・指標を読もう

"上昇 or 下落" をどう「事前察知」するか

キーワード......................
◎損益計算書......................
◎貸借対照表......................
◎回転期間分析......................
◎キャッシュ・フロー計算書

◎良い企業かどうかを判断する方法

第2章は、決算書と指標がテーマです。

第1章で1株価値を評価するときに使ったEPSやBPSは、決算書がもとになっています。決算書を読めるようになると、EPSやBPSを使いこなすことができます。

また、第3章、第4章は、売上高や利益率をテーマにしています。決算書を読めるようになると、売上高や利益率を読み解いて、企業の強みを理解できるようになります。

ファンダメンタルズ投資には、決算書が必須アイテムです。

メディアに華々しく取り上げられている企業でも、実は業績をともなっていないことがあります。逆に、無名の企業でも、業績が絶好調ということがあります。決算書を読めるようになって、1株価値の評価や企業の強みを見極めましょう！

【図表2-0-1】

STEP 1 〔2章〜4章〕

良い企業か？

Yes

STEP 2 〔1章〕

株価は妥当か？

Yes

STEP 3 〔5章〕

ポートフォリオを管理する

1. 決算書を株式投資に活用する

◎3つの決算書は、株式投資にどう役立つか？

第1章で見てきた1株価値の算定には決算書の知識が役立ちます。いざ、現実の企業に当てはめて1株価値を計算しようとすると、「あれ、これはどうしたらいいんだろう？」といろいろな疑問が出てきます。そのような疑問を解決し、精度の高い1株価値を計算するには、決算書の知識が不可欠です。

株式投資に使う決算書は、3つあります。損益計算書、貸借対照表、キャッシュ・フロー計算書です。それぞれ使う目的が違いますから、ひとつずつ見ていきましょう。

◎損益計算書は、利益を見る。成長性を見る

損益計算書（Profit and Loss statement、PL）は、その名の通り企業の損益を計算した書類です。損とは損失、益とは利益です。

損益計算書の主な目的は、ある期間において事業を行った結果、損失となったのか、利益を獲得できたのかを明らかにし、それを投資家に報告することにあります。投資家はこれを分析して、**企業の稼ぐ力を把握**します。また、**1株価値を計算するマルチプル法は、損益計算書の純利益をベース**にした方法でした。

損益計算書は、その期間が「3か月」「6か月」「9か月」「12か月（1年）」のいずれかです。

なお、米国企業では、「Statement of Income」「Statements of Operations」などと表記されます。

それでは、損益計算書（簡略版）を見ていきましょう。実際の損益計算書から重要な項目を抜き出してグラフ化しました（次ページの図表2-1-1参照）。損益計算書にはさまざまな情報が記載されて

いますが、特に注目すべきは、売上高と利益です。利益は特に重要ですから、いくつかの段階での利益が示されます。

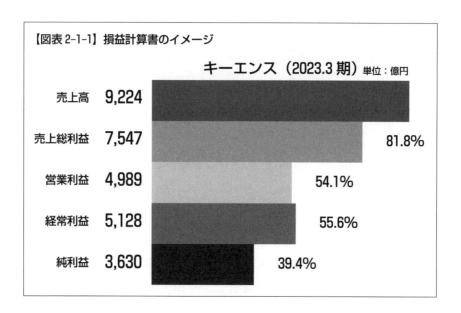

【図表 2-1-1】損益計算書のイメージ

キーエンス（2023.3 期）単位：億円

売上高	9,224
売上総利益	7,547　81.8%
営業利益	4,989　54.1%
経常利益	5,128　55.6%
純利益	3,630　39.4%

　売上高 は、顧客に対して商品・製品・サービス等（以下、「商品等」といいます）を販売した金額です。売上高は、企業によって「営業収益」など、違う呼び方をすることがあります。

　売上総利益 は、取り扱っている商品等が生み出す利益です。粗利^{あらり}といわれることもあります。

　売上総利益を売上高で割ったものが **売上総利益率** です。粗利率^{あらりりつ}といわれることもあります。

　営業利益 は、本業で獲得した利益です。

　営業利益を売上高で割ったものが **営業利益率** になります。

　経常利益 は、営業利益に支払利息などの金融損益などを含めた、毎期コンスタントに発生する利益です。

　経常利益を売上高で割ったものが **経常利益率** になります。

純利益は、すべての収益や費用、税金などを差し引いたあとに残る利益です。**株主の取り分**です。第 1 章で紹介した ROE は、株主の取り分である純利益を分子にして計算しましたね。

　純利益を売上高で割ったものが 純利益率 になります。

　図表 2-1-1 に示した、工場自動化のためのセンサーなど検出・計測制御機器で世界的な**キーエンス（6861）**だと、2022 年 4 月 1 日から 2023 年 3 月 31 日の 1 年間の売上高は 9224 億円。売上総利益 7547 億円、売上総利益率 81.8%。営業利益 4989 億円、営業利益率 54.1%。経常利益 5128 億円、経常利益率 55.6%。純利益 3630 億円、純利益率 39.4%となっています。

　決算書を見慣れない人は、この利益率を見ても「ふ〜ん。だから何？」としか思いません。ところが、見慣れてくると「この企業すごい！」とか「すごく利益率が高いなあ〜」といった感想を持てるようになります。**利益率を見て感想を持てる、というのが決算書を読める、ということ**です。

　損益計算書について、詳しくは第 2 〜 3 節で触れます。

◎貸借対照表は、財務健全性を見る

　貸借対照表 （Balance Sheet、BS）は、資産、負債、純資産について書かれています。その目的は、その企業の財務健全性を見ることと、不測のリスクを予測することにあります。

　1 株価値を計算する純資産法は、貸借対照表の純資産をベースにした方法でした。

　貸借対照表は、米国企業でも「Balance Sheet」と表記されます。

　それでは、貸借対照表を見てみましょう。実際の貸借対照表から重要な項目を抜き出してグラフ化したものが次ページの図表 2-1-2 です。

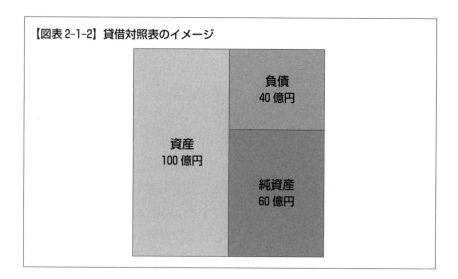

【図表 2-1-2】貸借対照表のイメージ

負債
40 億円

資産
100 億円

純資産
60 億円

資産 とは、企業が所有する財産を意味します。

負債 とは、企業が将来支払わなければならない債務をいいます。

純資産 とは、資産から負債を差し引いた残額をいいます。

詳しくは第 4 〜 5 節で書きます。

◎CF 計算書は、ビジネスモデルを見る。お金の流れを見れば、ビジネスモデルがわかる

キャッシュ・フロー計算書 (Cash Flow Statement、CS) は、その企業のビジネスモデルを的確に捉えるうえで役に立ちます。(以下、キャッシュ・フローのことを CF と表すことがあります)

営業活動による CF、投資活動による CF、財務活動による CF からなります。

米国企業では「Statements of Cash Flows」などと表記されます。

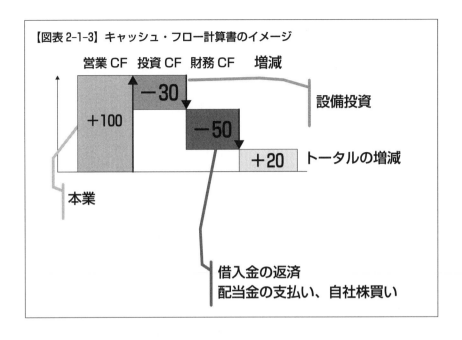

【図表2-1-3】キャッシュ・フロー計算書のイメージ

営業活動によるCF とは、本業によって得た CF です。

投資活動によるCF とは、主に設備投資に使った CF です。

財務活動によるCF とは、銀行や株主など、資金の出し手との間での CF のやりとりです。

それを表現したのが上の図表2-1-3 です。詳しくは第8節で説明します。

◎収益と収入の違い　～なぜCF計算書が必要か？～

収益と収入とは、言葉の印象が似ていて、同じように使う人もいますが、実は意味が違います。収益は損益計算書で使われる概念であり、収入は CF 計算書で使われる概念です。

例えば、9月に100万円の商品を顧客に納品・検収してもらい、10月にその代金を受け取ったとしましょう。

このとき、収益は9月の売上として100万円認識されます。しか

し、まだ代金を実際に受領したわけではないので、収入はゼロです。9月は収益100万円、収入ゼロ円です。

10月になり、100万円の代金が入金されました。このとき収入が100万円となります。しかし、収益はすでに9月に認識されているので、10月の収益はゼロです。よって10月は収益ゼロ円、収入100万円です。

このように、収益と収入とは会計の世界では異なる概念なのです。

だからこそ、損益計算書（収益を示す決算書）とCF計算書（収入を示す決算書）が必要になります。なお、費用と支出も同様で、費用は損益計算書で使われる概念、支出はCF計算書で使われる概念です。

◎連結と単体（個別）

実際に企業の決算書を見ると、「連結」や「単体（個別）」といった言葉が目に付きます。これはどのような意味でしょうか？

上場企業の多くは、子会社を有しています。例えば、親会社A社と、子会社が3社あるとします。株式市場に上場しているのはA社の株式であり、子会社3社の株式は、A社が所有しています。このとき株式市場で投資家が売買しているのは、A社の株式です。

A社と子会社はそれぞれ別の会社ですから、別々の決算書があり、別々の株主総会を開催します。A社の株主となった投資家が参加するのは、あくまでA社の株主総会のみです。

それでは、投資判断（株式を買う、売る）をする際、A社の決算書だけを見ればいいのでしょうか？　それとも子会社の決算書も見たほうがいいのでしょうか？

投資家であれば、当然、子会社の決算内容も気になりますよね。かといって、子会社はあくまで別の会社ですから、A社の株主が直接その決算情報などを入手できません。また企業グループによって

は、100社を超える子会社があるため、仮に子会社の決算書を入手できたとしても、数が多すぎて投資家がすべてを完全に理解することなどできません。

そこで、企業は 連結決算 を行い、親会社＋子会社の決算書、すなわちグループ全体での決算書を作っています。これが「連結」の意味するところです。

子会社がある上場企業は、連結決算が義務付けられており、連結決算と単体決算（個別決算ということもあります）の両方を公開します。株式投資においては、連結決算の情報を使います。

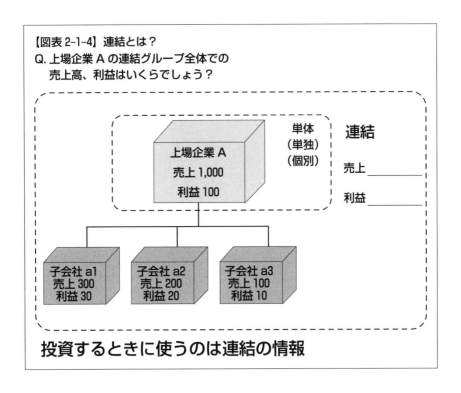

【図表2-1-4】連結とは？
Q. 上場企業Aの連結グループ全体での
売上高、利益はいくらでしょう？

単体
（単独）
（個別）

連結

上場企業A
売上 1,000
利益 100

売上 _____
利益 _____

子会社 a1
売上 300
利益 30

子会社 a2
売上 200
利益 20

子会社 a3
売上 100
利益 10

投資するときに使うのは連結の情報

図表2-1-4のような上場企業Aの場合、連結グループ全体での売上は1600（1000＋300＋200＋100）、利益は160（100＋30＋

20 + 10）となります。

　連結決算を行った損益計算書は **連結損益計算書**、貸借対照表は **連結貸借対照表**、キャッシュ・フロー計算書は **連結キャッシュ・フロー計算書** といいます。連結貸借対照表については、国際会計基準を採用している企業は「連結財政状態計算書」といいます。

　なお、本書では単体と連結を総称して損益計算書、貸借対照表、キャッシュ・フロー計算書と表記します。

2. 損益計算書の読み方

　実際の損益計算書には、前節で紹介した売上高、売上総利益、営業利益、経常利益、純利益を中心としつつ、さらに詳しい情報が記載されています。次ページの図表2-2-1の任天堂の損益計算書を例に、理解を深めていきましょう。

　任天堂は、「Nintendo Switch」というゲーム機と、そこで利用されるソフトウェアを自ら開発・提供しています。また他社もそのプラットフォームを利用して、ソフトウェアを提供しています。スーパーマリオブラザーズのシリーズは、今や日本を代表する **IP**（Intellectual Property、知的財産）のひとつとなりました。

　決算書を見ると、2期分の情報が並んでいることがわかります。右側に「当連結会計年度」とあります。これはその時点での最新情報であり、投資家の関心はまさにここにあります。その左側には「前連結会計年度」とあります。当連結会計年度の前年度ということです。これを併記することによって、投資家が「当年度は前年度と比べてどう変化したか？」を読み取れます。

　当連結合計年度の下に「自　2022年4月1日　至　2023年3月31日」とあるのは、2022年4月1日から2023年3月31日までの1年間合計の売上高や利益について報告されているということです。

◎売上高から売上総利益まで

　売上高は、「Nintendo Switch」などのゲーム機本体やソフトウェアの販売額などです。

　売上原価 とは、販売した商品等を生産するのにかかった費用のことです。Switchの生産コストなどがここに含まれます。

　売上総利益は、売上高から売上原価を差し引きした金額です。

　世界中の人たちが、Switchとソフトウェアを購入して、遊んでい

【図表 2-2-1】任天堂の 2023 年 3 月期の損益計算書

（2）連結損益計算書及び連結包括利益計算書

連結損益計算書

（単位：百万円）

	前連結会計年度 （自 2021年4月1日 至 2022年3月31日）	当連結会計年度 （自 2022年4月1日 至 2023年3月31日）
売上高	1,695,344	1,601,677
売上原価	749,299	716,237
売上総利益	946,044	885,440
販売費及び一般管理費	353,283	381,065
営業利益	592,760	504,375
営業外収益		
受取利息	3,317	25,499
持分法による投資利益	26,672	26,599
為替差益	45,626	39,720
その他	3,169	5,514
営業外収益合計	78,786	97,333
営業外費用		
支払利息	281	122
有価証券売却損	42	121
投資有価証券評価損	－	362
その他	409	30
営業外費用合計	733	637
経常利益	670,813	601,070
特別利益		
固定資産売却益	1	48
投資有価証券売却益	347	20
受取和解金	3,300	－
特別利益合計	3,648	68
特別損失		
固定資産処分損	73	382
特別損失合計	73	382
税金等調整前当期純利益	674,389	600,757
法人税、住民税及び事業税	200,469	180,110
法人税等調整額	△3,794	△12,153
法人税等合計	196,674	167,957
当期純利益	477,714	432,800
非支配株主に帰属する当期純利益	22	32
親会社株主に帰属する当期純利益	477,691	432,768

る姿が目に浮かびます。

◎営業利益

　売上総利益から次に差し引くコストは、**販売費及び一般管理費**（以下、「販管費」といいます。英語では Selling, General, and Administrative Expenses であり、「SGA」と略されることもあります）です。販管費とは、人件費（営業部門、管理部門など）、広告宣伝費、研究開発費、減価償却費（営業、管理に関連するもの）、オフィスの賃料などです。

　任天堂においては、テレビ CM の費用などが広告宣伝費、新たな技術や新たなハードの開発などに使った費用が研究開発費になっていると考えられます。

　売上原価は、販売する商品等を生産するのにかかった費用であるのに対し、販売費及び一般管理費は、その商品等を販売するのにかかった費用や、会社全体を管理するための費用です。

　人件費でも、製造部門の人件費は売上原価となり、営業部門・管理部門の人件費は販管費となります。

　営業利益は、売上総利益から販管費を差し引きした金額です。

　ここまでが、企業が本業でどれだけ稼げるかを示しているので、損益計算書のなかでも特に重要な部分となります。

◎経常利益

　営業外収益とは、本業以外から得られる収益をいいます。主な項目は、受取利息、受取配当金、為替差益など金融的なものです。

　受取利息とは、銀行預金などから得られる利息です。

　為替差益とは、保有している外貨建資産などについて、為替変動により発生した利益です。任天堂は海外にたくさんの外貨建資産を保有しているため、円安になると為替差益が発生します。

持分法による投資利益とは、投資先企業（株式を20％以上50％以下所有する）の利益を意味します。例えば、投資先（20％保有）が1億円の利益を得たならば、そのうちの20％、すなわち2000万円が持分法による投資利益となります。

　営業外費用とは、本業以外で生じる費用をいいます。主な項目は支払利息、為替差損など金融的なものです。

　支払利息とは、銀行からの借入金や社債の利息です。

　有価証券売却損は、有価証券を売却したことによって発生した損失です。

　投資有価証券評価損は、投資有価証券に発生した含み損です。

　売却損は、いわゆる実現損であるのに対し、評価損は含み損であるという点で異なります。

　これらはいずれも、任天堂の本業（ゲームを開発、製造、販売する）とは異なる活動から生じた収益・費用なので、営業外収益・営業外費用とされます。

　経常利益は、営業利益に営業外収益を加算し、営業外費用を減算することで計算されます。

◎税金等調整前当期純利益

　特別利益・**特別損失**とは、臨時的かつ多額の利益・損失をいいます。これを営業利益や経常利益に含めてしまうと、本業の利益や経常的な利益がわからなくなってしまうので、特別利益・特別損失として区分します。特別というだけあって項目は多種多様であるため、よく見かけるものだけ紹介します。

　固定資産売却益とは、固定資産を売却したときに発生する利益をいいます。

　固定資産処分損とは、固定資産を廃棄したときに発生する損失をいいます。

税金等調整前当期純利益 は、経常利益に特別利益を加算し、特別損失を減算することで計算されます。

◎純利益

　法人税、住民税及び事業税 とは、税金等調整前当期純利益に対してかかる法人税などをいいます。基本的には、税金等調整前当期純利益の○％（税率）という形で計算されるため、税金等調整前当期純利益が多ければ、法人税、住民税及び事業税も比例して多くなります。

　法人税等調整額 とは、企業会計と税務会計の差異を調整する項目になります。難解な部分なので詳細は省きますが、その下の項目である **法人税等合計** が、税金等調整前当期純利益にかかる正味の法人税などである、と捉えましょう。

　当期純利益 は、税金等調整前当期純利益から法人税等合計を差し引いたものになります。

◎親会社株主に帰属する当期純利益

「まだ続きがあるの？」と思われる方もいるかもしれませんが、続きがあります。やや専門的になるのですが、個人投資家に人気の企業である**イオン（8267）**などの損益計算書を読むうえでは不可欠の知識なので説明します。

　上場企業が子会社を有する場合をイメージしてみましょう。子会社の株式を100％保有している場合もあれば、なんらかの理由で100％保有していない場合もあります。

　A社が上場しており、売上1000、純利益200としましょう。投資家は、このA社の株式を売買します。このA社には1社だけB社という子会社があり、B社は売上500、純利益100です。A社はB社の株式を90％保有し、残りの10％はX社が保有しています。

このとき、A社はB社の株式を50%超保有していますから **支配株主** といいます。逆にX社はB社の株式を10%しか保有しておらず、B社を支配していませんから、B社の **非支配株主** といいます。

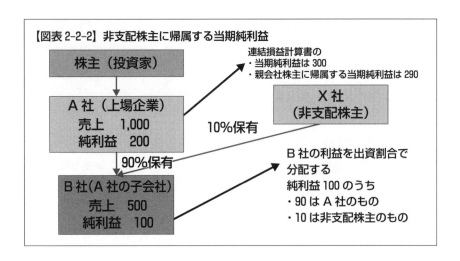

【図表2-2-2】非支配株主に帰属する当期純利益

　A社は、B社との連結決算を行います。連結売上は1000＋500＝1500となります。では、連結純利益はどうなるでしょう？

　連結純利益は、200＋100＝300となります。

　しかし、B社の純利益100のうち10（＝100×10%）は、X社のものです。これが **非支配株主に帰属する当期純利益** です。将来、配当などの形でX社が取得するものであって、A社は取得できません。当然A社の株主も取得できません。

　それではA社の株主の正味の取り分はいくらかといえば、当期純利益300から非支配株主に帰属する当期純利益10を引いた、290となります。これを **親会社株主に帰属する当期純利益** といいます。ここでいう親会社とはA社であり、親会社株主は我々投資家になります。

3. 損益計算書を分析する

　損益計算書を分析してみましょう。

　決算書の分析については、たくさんの方法があり、WEB、書籍などで、さまざまなものが紹介されています。それらを片っ端から見ていっても株式投資には、なかなか活用できません。というのも、目的に応じた分析手法を選ばなければならないからです。なので、まずは決算書の分析によって何を知りたいのかが大切です。そのためには、決算書の向こうに実在する企業についてイメージを膨らませましょう。

◎売上高の規模感

　損益計算書でまず見るべきは、売上高です。

　売上高を見て、その企業の規模について、イメージを持ちましょう。10億円なのか、100億円なのか、1000億円なのか、1兆円なのか、10兆円なのか？　それをつかんで企業に対するイメージを膨らませます。

　例えば、**トヨタ自動車（7203）**は、売上高45兆円です（2024年3月期）。**アップル（AAPL）**の売上高が57兆円（3832億ドル。2023年9月期）です。売上高10兆円を超える、<mark>超巨大グローバル企業</mark>をイメージしましょう。

　味の素（2802）は、売上高1兆4392億円です（2024年3月期）。**花王（4452）**は1兆5325億円です（2023年12月期）。日本国内においてBtoCビジネスを行っているトップブランドで、グローバル展開している企業が、売上高1兆円超えの<mark>巨大グローバル企業</mark>というイメージです。

　ハウス食品グループ本社（2810）は、売上高2996億円です（2024年3月期）。国内においては有名なブランドで、海外にも事業展開し

ている 大企業 のイメージです。

【図表 2-3-1】売上の規模感

売上高	イメージ	従業員	例
10 兆円超	超巨大グローバル企業	数十万人	トヨタ自動車 アップル
1 兆円超	巨大グローバル企業	数万人	味の素 花王
1000 億円超	大企業	数千人	ハウス食品 グループ本社
100 億円超	中堅企業	数百人	丸千代山岡家
10 億円超	中企業	数十人	ROBOT PAYMENT
10 億円以下	小企業	数十人	

　丸千代山岡家（3399）は、売上高 264 億円です（2024 年 1 月期）。日本国内でラーメン店をチェーン展開しており、183 店舗あります（2024 年 1 月末現在）。中堅企業 です。

　企業間のお金の請求管理業務をクラウドで行える IT サービスを提供する ROBOT PAYMENT（4374）は、売上高 22 億円です（2023 年 12 月期）。中企業 です。ただ、中企業といっても、上場企業のなかでは、ということであり、非上場企業の中で売上高 10 億円を超えるといえば大企業です。

　このように売上の規模感を把握するのは、意外に大切です。なぜなら、**長期的に成長できる企業に投資したい場合、現時点ですでに大きすぎる企業だと、成長余地があまり残されていないかもしれないからです**。その点、**中小規模の企業なら、例えば CM がヒットするとか、商品がブーム化するなど、ちょっとしたきっかけで業績が**

急拡大することがあります。このため、まず規模感を把握して、その企業に対するイメージを膨らませることが大切です。

◎ケーススタディ　損益計算書の比較
　キーエンス（6861）とパナソニックホールディングス（6752）を比較してみましょう。

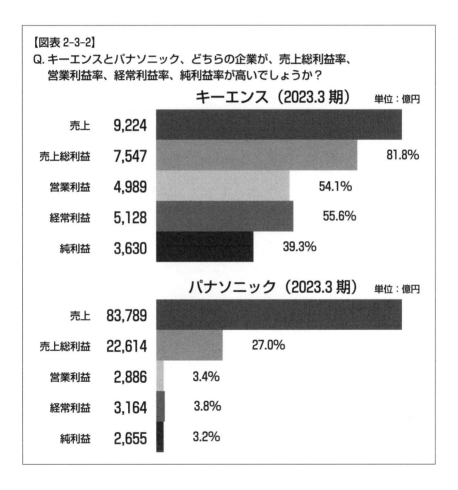

【図表 2-3-2】
Q. キーエンスとパナソニック、どちらの企業が、売上総利益率、営業利益率、経常利益率、純利益率が高いでしょうか？

キーエンス（2023.3 期） 　単位：億円

売上	9,224	
売上総利益	7,547	81.8%
営業利益	4,989	54.1%
経常利益	5,128	55.6%
純利益	3,630	39.3%

パナソニック（2023.3 期） 　単位：億円

売上	83,789	
売上総利益	22,614	27.0%
営業利益	2,886	3.4%
経常利益	3,164	3.8%
純利益	2,655	3.2%

　こうしてみると一目瞭然ですね。念のため、表形式にすると、図

表 2–3–3 のようになります。

【図表 2-3-3】

	キーエンス	パナソニック
売上総利益率	81.8%	27.0%
営業利益率	54.1%	3.4%
経常利益率	55.6%	3.8%
純利益率	39.3%	3.2%

いずれもキーエンスのほうが高くなっています。

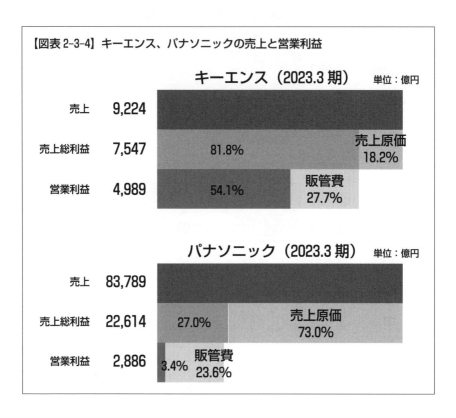

【図表 2-3-4】キーエンス、パナソニックの売上と営業利益

キーエンス（2023.3 期）　単位：億円

売上	9,224
売上総利益	7,547	81.8%	売上原価 18.2%
営業利益	4,989	54.1%	販管費 27.7%

パナソニック（2023.3 期）　単位：億円

売上	83,789
売上総利益	22,614	27.0%	売上原価 73.0%
営業利益	2,886	3.4%	販管費 23.6%

こうして比較してみると、売上高に対する売上原価の割合はキーエンス 18.2％に対してパナソニックは 73.0％と、キーエンスのほうが圧倒的に低くなっています。

　同じモノづくり企業ではあるものの、キーエンスが製造原価に対して非常に高い利益率で製品を販売することに成功していることがわかります。

　これはパナソニックが自社の工場で製品を生産しているのに対して、キーエンスが自社工場を持たない ファブレス企業 であることが影響している、という意見もあります。

　ただし、キーエンスも完全なファブレスというわけではなく、またパナソニックもファブレスでやっている部分もあり、白黒ハッキリしているわけではありません。

　キーエンスを分析する際には、パナソニックという他社と比較することで、「なぜ、高い利益率で製品を販売できるのか？」がポイントになりそうだということがわかります。

4. 貸借対照表の読み方

　貸借対照表を読む目的は、財務健全性をチェックし、倒産するリスクが高いかどうかを見極めることが第一です。次いで、不測の損失が発生しないかなど、その他のリスクの見極めやビジネスモデルの見極めにも活用できます。

　資産は、流動資産と固定資産に分けられ、負債は流動負債と固定負債に分けられます。純資産は、株主資本、その他の包括利益累計額、非支配株主持分に分けられます。

　それでは、貸借対照表の主要な項目について見ていきましょう。

◎流動資産

　流動資産とは、現預金もしくは1年以内に現預金になると期待される資産です。売掛金や棚卸資産のように仕入・販売などの事業活動のなかで生まれる資産は、流動資産となります。

　売掛金とは、商品等を売ったものの、未回収の代金のことです。例えば、月末締・翌月末回収といった条件で商品等を販売したとき、月末時点では未回収の代金があり、これが売掛金になります。このような掛取引は対企業のときに行われるのが一般的です。

　棚卸資産とは、いわゆる在庫のことです。商品を仕入れて売るビジネスなら、仕入れたけれどまだ販売していないものが棚卸資産です。製造業なら、完成したけれどまだ販売していない製品や、原材料、仕掛品（生産途中のもの）などが棚卸資産です。不動産販売業ならば、仕入れた土地や建設途上の建物などが棚卸資産となります。

【図表 2-4-1】任天堂の 2023 年 3 月期の貸借対照表（資産の部）

（1）連結貸借対照表

（単位：百万円）

	前連結会計年度 （2022年3月31日）	当連結会計年度 （2023年3月31日）
資産の部		
流動資産		
現金及び預金	1,206,506	1,263,666
受取手形及び売掛金	141,087	119,932
有価証券	504,385	615,699
棚卸資産	204,183	258,628
その他	70,147	56,822
貸倒引当金	△98	△236
流動資産合計	2,126,212	2,314,513
固定資産		
有形固定資産		
建物及び構築物（純額）	42,571	45,451
工具、器具及び備品（純額）	4,498	5,229
機械装置及び運搬具（純額）	1,477	1,520
土地	35,337	40,995
建設仮勘定	1,280	6,311
有形固定資産合計	85,164	99,509
無形固定資産		
ソフトウエア	10,241	10,205
その他	7,073	8,390
無形固定資産合計	17,315	18,595
投資その他の資産		
投資有価証券	312,663	276,253
退職給付に係る資産	8,597	8,911
繰延税金資産	87,996	103,670
その他	24,434	32,830
投資その他の資産合計	433,692	421,666
固定資産合計	536,172	539,770
資産合計	2,662,384	2,854,284

◎固定資産

　固定資産 とは、土地・建物・機械装置など、それを活用して事業を行うためのものであり、使用期間が 1 年を超えるものです。

　固定資産はさらに、有形固定資産、無形固定資産、投資その他の資産に細分化されます。

◎有形固定資産

有形固定資産 とは、土地、建物、機械装置などのことを指します。企業はこれらを活用して、営業活動を行ったり、製品を生産したりします。

◎無形固定資産

無形固定資産 とは、形のない、目に見えない資産のことをいいます。例えば、任天堂の貸借代照表（資産の部）にはないですが、「のれん」が該当します。

のれん とは、M&Aのときに発生するもので、買収された企業が持つブランドや特許など無形の資産価値です。

◎投資その他の資産

投資その他の資産 とは、取引先との持ち合い株式や、店舗を借りるときに差し入れる保証金などです。

◎流動負債

流動負債 とは、1年以内に支払わなければならない負債です。買掛金や短期借入金などが該当します。

買掛金 とは、商品等の仕入代金で、未払いのものをいいます。

短期借入金 とは、銀行からの借入金で借入期間が3か月、6か月、12か月など1年以内で、期限がきたら一括弁済するものです。

◎固定負債

固定負債 とは、1年超先に支払わなければならない負債です。

長期借入金 とは、銀行からの借入金で借入期間が3年、5年、7年などの長期にわたり、月々分割返済していくものが多いです。

リース債務 とは、リース契約の未払残高になります。リース契約

期間にわたって、分割して支払っていくことになります。

　社債とは、借入金のようなものですが、社債という債券を発行します。銀行借入に比べて、多数の投資家から資金を出してもらうことが可能です。

　短期借入金、長期借入金、リース債務、社債などは、期間に応じて支払利息が発生する負債であるため、有利子負債といわれることがあります。

【図表 2-4-2】任天堂の 2023 年 3 月期の貸借対照表（負債の部）

(単位：百万円)

	前連結会計年度 （2022年3月31日）	当連結会計年度 （2023年3月31日）
負債の部		
流動負債		
支払手形及び買掛金	150,910	149,217
前受金	131,139	160,758
賞与引当金	5,459	4,219
未払法人税等	99,520	82,550
その他	153,696	136,734
流動負債合計	540,726	533,480
固定負債		
取締役報酬引当金	−	133
退職給付に係る負債	25,063	23,084
その他	27,284	31,119
固定負債合計	52,347	54,337
負債合計	593,074	587,818

【図表 2-4-3】任天堂の 2023 年 3 月期の貸借対照表（純資産の部）

純資産の部		
株主資本		
資本金	10,065	10,065
資本剰余金	15,041	15,079
利益剰余金	2,198,706	2,392,704
自己株式	△220,343	△271,049
株主資本合計	2,003,469	2,146,798
その他の包括利益累計額		
その他有価証券評価差額金	33,199	28,028
為替換算調整勘定	32,373	91,406
その他の包括利益累計額合計	65,573	119,435
非支配株主持分	266	232
純資産合計	2,069,310	2,266,466
負債純資産合計	2,662,384	2,854,284

◎株主資本

株主資本とは、株主の取り分を意味します。具体的には、資本金、資本剰余金、利益剰余金、自己株式からなります。

資本金は、株主が会社に対して拠出したお金になります。通常、投資家が市場で株式を売買するときは、投資家同士でお金のやりとりをするだけであり、会社にお金は入りません。しかし、会社を設立するときや増資をするときなど、特別な場合だけは投資家が出したお金が会社に入ります。これが資本金です。**資本剰余金**もその一部です。

利益剰余金は、会社が創業以来稼いできた純利益の合計金額です。**配当金を支払った場合は、利益剰余金が減少します。利益剰余金が多いのは、会社が創業以来、たくさんの純利益を獲得してきたこと**を意味します。利益剰余金を**内部留保**と呼ぶことがあり、利益剰余金がたっぷりあると「内部留保が厚い」ということがあります。

自己株式は、会社が自社株買いをした金額になります。当初にいくらで株式を発行したかは関係なく、あくまでいくらで自社株買いをしたか、という金額が示されています。**自社株買いは資本金の払い戻しという性格がありますから、貸借対照表においては「△（マイナスの意味）」をつけて株主資本の控除項目とされます。**

任天堂の場合、資本金が約100億円、資本剰余金が約150億円ですから、株主が払い込んだお金は合計で約250億円です。それに対して自己株式が2710億円ありますから、株主が払い込んだお金よりはるかに大きな金額を株主に払い戻している、ということになります。

◎その他の包括利益累計額

その他の包括利益累計額とは、いわゆる含み損益になります。

その他有価証券評価差額金は、投資有価証券の含み損益（売却し

た場合の税金考慮後）を意味します。

　為替換算調整勘定 は、海外子会社に関連して発生します。子会社を設立したあと、円安になればプラスの為替換算調整勘定（貸方）が発生し、円高になればマイナスの為替換算調整勘定（借方）が発生します。海外子会社に関連する為替の含み損益といえます。

◎非支配株主持分

　非支配株主持分 は、第2節で紹介した非支配株主が有する持分を意味します。

5. 貸借対照表を分析する

◎財務健全性を見る

　ここまで貸借対照表の各項目について説明してきましたが、株式投資において大切な着眼点はどこにあるでしょう？　まずは **財務健全性** です。経営体力、財務基盤などと表現されることもあります。

　財務健全性は、企業の倒産しにくさを意味します。

　そもそも倒産とはどうなることでしょうか？　日常生活のなかで、実際に倒産に出くわすことは、あまりないですよね。倒産にもいろいろな形があるのですが、上場企業の倒産は「民事再生」「会社更生」といわれるものが多いです。企業を経営しているなかで、資金繰りのめどが立たなくなり、銀行への借入金返済が困難になり、仕入先への支払いも滞ることが予想される。従業員への給料の支払いも難しくなることが予想される。そのようなときに、経営陣は苦渋の判断として、倒産を選択します。

◎日本航空（JAL）の倒産

　私たちに身近な企業で倒産した企業といえば、**日本航空（9201）**が挙げられます。「日本航空（JAL）って倒産したんだっけ？　今も利用できるよね」と思われるでしょう。実は、2010年1月に会社更生法を申請し、グループ全体で2兆円を超える負債を抱えて倒産したのです。今、株式市場で売買されているJALの株式は、一度倒産したあとに再生し、再上場した株式です。

　上場企業のなかでも、特に規模が大きい企業は、ブランド、幅広く長期的な顧客基盤、優秀な従業員、組織体制、技術、ノウハウなどを保有していることが多いです。ただ、過去の経営判断の失敗などにより、資金繰りが厳しくなり、やむなく倒産してしまうという

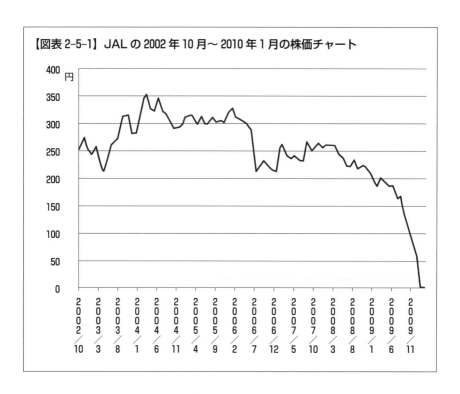

【図表2-5-1】JALの2002年10月〜2010年1月の株価チャート

ことがあります。そのようなときに、企業を全部つぶしてしまう
と、もったいないですよね。そこで、スポンサーが名乗り出て、資
金を提供します。その結果、企業は生き残ります。

　では、そのとき株主はどうなるかというと、その持ち株はいった
ん無価値（＝1円）になってしまうのが一般的です。株式が無価値
になることを 紙切れになる と表現することがあります。いったん
既存の株主が保有する株式を無価値にしたうえで、スポンサーが改
めて資金提供をするのです。

　ですから、企業が倒産を発表すると、株価は1円を目指して急降
下します。株主は持ち株を売りたくても株式市場において買い手が
現れないため、連日のストップ安となります。その結果、二束三文
の株価で売却するか、あるいは売らずに持ち続けたとしても結局は

無価値になってしまいます。

　このような事態を避けるためには、**倒産するリスクが高そうな企業への投資を控える**、もしくは**投資するにしてもそのリスクを承知のうえで投資する、少額の投資にとどめておく**、といった対応が望ましいと思います。

　それでは、何を見れば、そのリスクを見極められるかというと、自己資本比率と流動比率です。

◎自己資本比率

　自己資本比率 とは、企業の財務健全性を示す指標です。

自己資本比率＝株主資本÷総資産

　上場企業の自己資本比率の平均は、**約30％**です。東京証券取引所が決算短信集計結果をホームページ上で公開しており、そのデータが示されています。ほかにもROE、営業利益率、配当性向などが業種別に記載されているので、一度、見てみてください。

　なお、株主資本と純資産は、少し異なる概念なのですが、本書では、同じものとして取り扱います。

　自己資本比率は高いほど財務健全性が高い、低いほど財務健全性は低い、ということを意味します。

　それでは、自己資本比率は高ければ高いほど良いかというと、ことはそう単純ではありません。企業は毎年、利益を積み重ねていくと自己資本比率が高くなっていきます。一方で、次の成長のために、積極的に設備投資を行い、足りない資金を銀行借入などで調達していくと、負債額が増加するため、結果として自己資本比率は低下していきます。

　つまり、**保守的な経営姿勢だと自己資本比率は高くなり、積極経営だと自己資本比率が低くなる傾向がある**、ということです。

また、自己資本比率が高い＝企業の手元資金が潤沢である、ということですから、潤沢な手元資金が経営の緊張感をなくす、という意見もあります。一方で、手元に潤沢な資金があるからこそ短期的には損失覚悟の施策を実行でき、長期的な目線で経営できる、という意見もあります。

◎流動比率

　流動比率とは、短期的な支払い能力を示す指標です。

流動比率＝流動資産÷流動負債

　流動比率が 100％のときは、流動資産＝流動負債、になります。すなわち、現預金や 1 年以内に現預金になる資産である流動資産と、1 年以内に支払わなければならない流動負債とが同額ということです。これは実務的には、資金繰りがかなりタイトな状況です。**100％を切ると資金ショートが起こりうる、つまり、倒産する可能性のある危険な水準**です。一般的には**200％以上あれば、健全な状態である**といわれます。

　JAL が倒産する直前の 2009 年 3 月期の貸借対照表の概要を見てみましょう（次ページの図表 2-5-2 参照）。この貸借対照表から倒産リスクは読み取れるでしょうか？

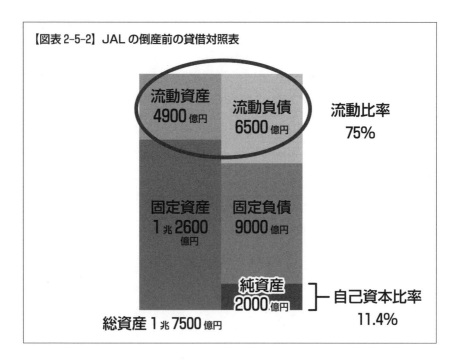

【図表2-5-2】JALの倒産前の貸借対照表

まず、自己資本比率は何％でしょう？

自己資本比率 = 2000 億円 ÷ 1 兆 7500 億円 = 11.4%

流動比率はどうでしょう？

流動比率 = 4900 億円 ÷ 6500 億円 = 75%

いずれの水準も低くなっており、危険な状況だったことがわかります。特に流動比率が100％を大幅に割り込んでいるのは、非常に危険な状況であるといえます。

大企業だから倒産しない（too big to fail）という予想は、必ず当てはまるわけではない、と覚えておきましょう。

6. PL と BS を関係づける指標

次に損益計算書と貸借対照表それぞれの数値を組み合わせて算出する指標について見ていきます。これらの指標は第3章、第4章の内容を理解するときに役立ちます。

◎デュポン分析

長期株式投資において ROE は1株価値が増加するスピードを意味するので大切ということを第1章で取り上げました。この ROE を多面的に理解するのに役立つのが **デュポン分析** です。

ROE を3つの要素に分けて表現したものです。

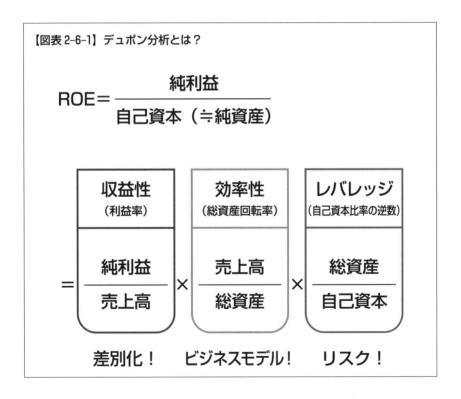

【図表 2-6-1】デュポン分析とは？

それぞれの項目の分子・分母を消し合うと、

ROE ＝純利益／株主資本

という元の式に戻ります。

では、この３つの要素について見ていきましょう。

要素１　純利益／売上高＝利益率：収益性を表す（本章第１節にて紹介）

他社の商品等と差別化したり、参入障壁を築くことで高くなります。

要素２　売上高／総資産＝総資産回転率：効率性を表す

総資産回転率 は、総資産を使ってどれだけの売上を得たかを表す指標で、**<u>資産をどれだけ効率的に活用したか</u>**を示します。

総資産回転率（回）＝売上高÷総資産

例えば、総資産 100 億円で、200 億円の売上高を生み出しているとき、

総資産回転率＝売上高 200 億円÷総資産 100 億円＝ 2 回転

となります。どのようなビジネスモデルを採用するかによって変化します。**<u>少ない資産でたくさんの売上を得ているほうが効率が良い</u>**、と考えます。総資産回転率は 1.0 を目安にしていますが、業種によって傾向があります。

要素３　総資産／自己資本＝自己資本比率の逆数：レバレッジを表す

借入金などの負債を活用して、大きなビジネスを展開することを「 レバレッジ （Leverage、テコ）をきかせる」といいます。自己資本が少なくても、レバレッジをきかせることによって多くの負債を活用して、多額の資産を取得し、大きなビジネスを展開できます。

レバレッジをきかせると、負債が多くなるため、自己資本比率は

低くなります。逆に、レバレッジをきかせないと自己資本比率は高くなります。

レバレッジをきかせる→自己資本比率が低い→要素3は大
レバレッジをきかせない→自己資本比率が高い→要素3は小

　デュポン分析の式を言葉で表現するなら、

ROE ＝　収益性（利益率）　×　効率性　×　レバレッジ

となります。すなわち、

要素1　収益性（利益率）が高ければ ROE は高くなる

要素2　効率性が高ければ（少ない資産でたくさん売り上げれば）ROE は高くなる

要素3　レバレッジをきかせれば ROE は高くなる

ということです。

◎利害調整としての ROE

　近年、ROE を重視した経営についてよくいわれるようになりました。ROEを語るときには、株主至上主義が暗黙の前提とされていることが多いように思います。ROE は「1株価値を何％増やすか？」を示す指標ですから、**「ROE を高くせよ」ということは、すなわち「株主の資産をもっと増やせ」ということと同義**なのです。

　いわゆる 伊藤レポート（正式名称は「持続的成長への競争力とインセンティブ〜企業と投資家の望ましい関係構築〜」。一橋大学の経営学者・伊藤邦雄氏を座長にした経済産業省のプロジェクトの報告書）が2014年に発表され、上場企業の ROE についての問題意識が一気に高まりました。そのなかで、上場企業は最低限 ROE8％を目指すべき、という目安が示されたこともあり、投資家にも経営者

にも印象に残りました。

　これを投資家の立場に当てはめると、上場企業は1株価値を1年に8%増やし、株価も8%上げるべし、株主の資産を1年に8%増やすべし、ということを意味します。

　最低限ROE8%を目指すべきという意見に、私は基本的に賛成です。投資家の出資を受けて事業を行っている以上、そのリスクに見合ったリターンを提供できるよう、経営者は努めるべきだと思います。

　しかし、ROEが高ければ高いほど良いかというと、それは違うと思います。というのも、上記のデュポン分析からわかることは、ROEを高めるためには、

要素1　純利益÷売上高　収益性（利益率）を高める

要素2　総資産÷自己資本　レバレッジを高める

　ことが必要です。

　では、利益率はどのようにして高められるか？　理想的なのは、顧客に提供する商品等の価値を高めて差別化し、顧客が喜んで高い単価を支払うという形です。それにともなって、従業員にはこれまでより多くの給料を支払い、仕入先にはたくさんの仕事を提供し、しかも利益率が高まるなら素晴らしいです。

　しかし現実には、利益率を上げるために、人件費を削減したり、仕入先からの仕入単価を買い叩いたりすることもあります。関係者を不幸にした結果の利益率上昇なのであれば、心ある投資家の望むところではないでしょう。

　同様にレバレッジを高めることによるROEの上昇も、企業の倒産リスクを高めるようなものであれば、投資家としては不満が残るでしょう。

　このように、**ROEは単に高ければ良いというものではなく、顧客、従業員、仕入先、株主の利害を調整した結果の着地点の数値で**

もあるのです。

◎ROI とは？

ROI（Return On Investment）は、**投下資本利益率**とも呼ばれます。

> ROI ＝利益÷資産

この利益には、プロジェクトの利益、営業利益、セグメント利益、純利益など、さまざまなものが使われます。

資産も同様に、プロジェクトへの投下資産、セグメント資産、総資産など、さまざまなものが使われます。

分子と分母で対応関係があることが大切です。

決算説明資料などで時々見かけますし、株式投資において大切な指標なので覚えておきましょう。

7. 回転期間分析でビジネスモデルを理解し異常を察知する

◎回転期間分析とは？

　 回転期間分析 とは、何か月分の売上に対応する売掛金、何か月分の売上原価に対応する棚卸資産が貸借対照表に計上されているかを計算し分析する方法をいいます。

　例えば、棚卸資産の回転期間が2か月ならば、2か月分の在庫が倉庫や工場に眠っています。極端にいえば、2か月間は仕入れしなくても出荷できる、ということです。売掛金の回転期間が2か月ならば、2か月分の売上代金が未回収の状態です。2か月間は、何も売らなくてもお金が入ってくる、ということです。

　まず、棚卸資産の回転期間について見てみましょう。

棚卸資産の回転期間＝棚卸資産÷1か月あたりの売上原価

という式で計算されます。計算問題に挑戦してみましょう。

【計算問題】

C社は、2024年3月末の貸借対照表に計上されている棚卸資産が300億円でした。

一方、2024年3月期（2023年4月1日〜2024年3月31日の1年間）の損益計算書に計上されている売上原価は1200億円でした。

① 売上原価が毎月同額であると仮定して、1か月あたりの売上原価を計算してください。

② 棚卸資産の金額を1か月あたりの売上原価で割って、棚卸資産の回転期間を計算してください。

【答え】

① 1か月あたりの売上原価＝ 1200 億円÷ 12 か月＝ 100 億円

② 棚卸資産の回転期間＝ 300 億円÷ 100 億円＝ 3 か月

　C社では、棚卸資産が3か月分、倉庫や工場などに眠っている、ということがわかります。ここでいう棚卸資産には、商品・製品のほか、仕掛品や原材料なども含まれます。

◎回転期間を分析する

　計算方法がわかったら、次に回転期間を分析してみましょう。

（1）回転期間からビジネスモデルをイメージする

　棚卸資産の回転期間が3か月ということは、3か月分の棚卸資産を保有するビジネスモデルということです。例えば、小売業であれば、店舗や倉庫に3か月分の商品があるということですから、「ちょっと長くないか？　1か月分もあれば十分ではないか？」と考えます。「もしかしたら、売れない在庫が溜まっているのではないだろうか？」「いや、逆に、多品種の在庫を保有することによって、顧客に即納できる体制を構築しようとしているのではないだろうか？」というように、その企業の事業についてイメージします。そして、決算説明資料などを見ながら、少しずつビジネスモデルについて理解していくのです。

　回転期間には、業種によって傾向があります。

　例えば、不動産業であれば、棚卸資産の回転期間は長くなります。不動産を仕入れて、時間をかけて開発し、売却するのですから、自然と棚卸資産の回転期間は長くなります。

　逆にサービス業ならば、棚卸資産はありませんから、回転期間はゼロになります。このように回転期間を把握することを通して、企

業に対する理解が深まっていきます。

　なお私は、**4か月を目安**としています。4か月を超えたからといって、即、問題というわけではないのですが、4か月を超えると何か企業に問題が起こっていないか、慎重に検討します。

（2）長期化傾向には注意する

　回転期間が長期化している場合には、特に注意が必要です。例えば、前年の回転期間は2か月だったのに、当年の回転期間は4か月になっている、というような場合です。

　新たな事業を始めた、ビジネスモデルを転換したなどのほか、粉飾決算を行っている、といった良くない兆候を示す場合もあります。

　粉飾決算により実際の業績よりも良い見かけになっている上場企業が、時々現れます。そもそも上場企業の決算書については、監査法人が監査しているため、粉飾はないはずですし、仮にあったとしても、監査法人が見つけられないものを個人投資家が発見することは不可能です。

　ただ、決算書を見ているなかで、何か良くないことが起こりそうな予兆を感じ取ることは可能です。

① 棚卸資産の場合

　棚卸資産のなかの不良品、陳腐化品（例えば、新モデルが出たときの旧モデル製品）については、その評価を切り下げるなどといった会計処理をしなければなりません。評価を切り下げなければ、結果として、棚卸資産の金額がどんどん増えていくことになります。

　棚卸資産に不良品や陳腐化品が含まれている兆候は、棚卸資産の回転期間分析により把握することができます。

② 売上債権の場合

　売上の粉飾は、基本的には売上債権（売掛金や受取手形、電子記録債権のことです）に現れます。売上の粉飾は入金をともなわない

ことが一般的だからです。その結果、売上債権が積み上がっていきます。そこで、売上債権の回転期間分析が有効になります。

売上債権の回転期間＝売上債権÷１か月あたりの売上高

という式で計算されます。

　粉飾決算でなくても、無理に売上を拡大していくと、売掛金にひずみが出てきます。無理に売上を拡大するというのは、例えば、仲の良い得意先にお願いして、翌月分の発注を当月中に実施してもらう、といったことです。３月期決算の会社であれば、本来、４月に受注、発送するはずの注文について、得意先にお願いして、３月中に発注、発送してしまうのです。ただし、支払いは遅くなってもいいよ、という条件で。そういう取引が常習化、組織化していくと、売上債権がどんどん積み上がっていくことになります。

　このように売掛金が積み上がり、売上債権の回転期間が長期化するのはビジネスがうまくいっていない兆候といえます。

◎グレイステクノロジーの事例

　産業機械向けのマニュアル作成や翻訳サービスを行っていたものの、2022年に売上の粉飾決算を行った結果、上場廃止になったグレイステクノロジーの売上債権回転期間を見てみましょう。

【図表 2-7-1】グレイステクノロジーの売上債権回転期間

	2018 年 3 月期	2019 年 3 月期	2020 年 3 月期	2021 年 3 月期
売掛金（千円）	354,771	430,649	839,229	616,253
売上（千円）	1,314,414	1,524,427	1,903,678	2,691,171
1 か月当たり 売上（千円）	109,535	127,036	158,640	224,264
売上債権の 回転期間（か月）	3.2	3.4	5.3	2.7

　2018 年 3 月期から順に 3.2 か月、3.4 か月と推移し、2020 年 3 月期に 5.3 か月と急上昇しています。まさにここが粉飾決算によるひずみが大きくなったポイントでした。架空の売上を計上すると、その売上債権に対する入金がないため、売上債権回転期間が長期化するのです。

　ただ、グレイステクノロジーの場合は、非常に特殊なケースで、その翌年に売上債権回転期間は 2.7 か月へと減少しています。なんと、経営者が自己資金を使って得意先からの入金を装い、売上債権の回収を仮装していたのです。売上債権が数億円の小規模企業だからこそできる粉飾決算の手口でした。経営陣が自己資金で売上債権の入金を仮装するという稀有な粉飾決算でした。

　それでも回転期間分析ができれば、「何かおかしい」と事前に察知できたはずです。

8. キャッシュ・フロー計算書の読み方

　次は、キャッシュ・フロー計算書の読み方についてです。

　キャッシュ・フロー計算書は、第1節で紹介したように、営業活動によるCF、投資活動によるCF、財務活動によるCFという3つの区分に分類されます。

　セブン＆アイ・ホールディングス（3382）のキャッシュ・フローを参考にしながら、詳しく見ていきましょう。

◎営業活動によるキャッシュ・フローとは？

　営業活動によるキャッシュ・フロー（以下、「営業CF」といいます）とは、商品等を売ることによって得られる収入から、仕入・人件費などに要する支出を引いて残った金額のことを指します。

　本業によって得たCFであり、3つのCFのなかで最も重要なCFです。特に重要であるため、3期連続で営業CFがマイナスの場合は、原則として、「継続企業の前提に疑義の兆候がある」とされます。継続企業の前提というのは、通常、上場企業は来年も再来年も、半永久的に企業が継続することを前提としているということです。それに疑義（疑い）の兆候がある、というのですから、端的にいえば、「近々、倒産する可能性がありますよ」ということです。決算書の注記部分に、継続企業の前提に疑義の兆候があるかどうか記載されます。

　営業CFがいかに重要な経営数値であるかがわかりますね。

　では、次ページの図表2-8-1の2023年2月期決算短信のセブン＆アイ・ホールディングスの営業CFを見てみましょう。9284億円のプラスとなっています。フランチャイズ先から受け取るロイヤリティ、商品の販売代金などから、仕入代金、人件費などを控除した結果、9284億円のキャッシュが残った、ということです。

【図表2-8-1】セブン＆アイHDの2023年2月期のキャッシュ・フローの状況

（3）連結キャッシュ・フローの状況

	営業活動による キャッシュ・フロー	投資活動による キャッシュ・フロー	財務活動による キャッシュ・フロー	現金及び現金同等物 期末残高
	百万円	百万円	百万円	百万円
2023年2月期	928,476	△413,229	△270,373	1,674,787
2022年2月期	736,476	△2,505,566	937,077	1,414,890

◎投資活動によるキャッシュ・フローとは？

投資活動によるキャッシュ・フロー（以下、「投資CF」といいます）とは、主に設備投資に使ったCFを意味します。

企業は事業を成長させていくために、設備などへの投資を行います。よって投資CFは、基本的にマイナスとなります。

セブン＆アイ・ホールディングスでは、△4132億円とマイナスになっています。「4000億円も投資活動に使って大丈夫なのかな？そもそもいくらくらいまでなら投資活動に使ってよいのだろう？」という疑問が湧いてきます。

◎フリー・キャッシュ・フロー（FCF）とは？

ここで大切な概念が **FCF**（Free Cash Flow、フリー・キャッシュ・フロー）です。

FCF ＝営業CF － 投資CF

本業で稼ぎ出した営業CFから投資に使ったCFを差し引いた残り、を意味します。この **FCFがプラスかどうかが、営業CFと投資CFのバランスを見るうえでの目安**です。

FCFがプラスということは、営業CFの範囲内で無理のない規模の設備投資を行っている、ということです。逆に、FCFがマイナスということは過大な設備投資を行っている、という懸念を生みます。

もっとも業種や企業規模にもよりますが、設備投資というのは毎

年同額を実行するという性格のものではありません。少ししか設備投資しない年もあれば、新工場建設など多額の設備投資をする年もあります。巨額M&Aを実施する年もあるでしょう。このため、FCFを見るときは、単年度だけ見るのではなく、数年間の通算で見るほうが妥当です。

　セブン＆アイ・ホールディングスでは、営業CF9284億円、投資CF△4132億円ですから、

FCF ＝ 9284 億円 － 4132 億円 ＝ 5152 億円

　のプラスとなります。2023年2月期においては、営業CFの範囲内で設備投資していることがわかります。

◎財務活動によるキャッシュ・フローとは？

　財務活動によるキャッシュ・フロー（以下、「財務CF」といいます）とは、銀行からの借入金（収入）や返済（支出）、社債による資金調達や社債の償還にともなう支出、配当金の支払いや自己株式の取得による支出などを指します。いずれも、銀行や株主など、資金の出し手との間でのお金のやりとりです。

　財務CFは、大きな設備投資のある年は、そのために必要な資金を調達するのでプラスとなり、それ以外の年は設備投資にともなって借り入れた資金の返済を行うためマイナスになることが多いです。

　セブン＆アイ・ホールディングスの財務CFを見てみましょう（次ページの図表2-8-2参照）。2703億円のマイナスとなっています。具体的な使い道は、キャッシュ・フロー計算書を見れば書いてあります。

【図表2-8-2】セブン＆アイHDの2023年2月期の財務CF

（単位：百万円）

	前連結会計年度 （自　2021年3月 1日 至　2022年2月28日）	当連結会計年度 （自　2022年3月 1日 至　2023年2月28日）
財務活動によるキャッシュ・フロー		
短期借入金の純増減額（△は減少）	△479,923	3,718
長期借入れによる収入	832,298	163,652
長期借入金の返済による支出	△261,954	△262,650
コマーシャル・ペーパーの発行による収入	81,872	―
コマーシャル・ペーパーの償還による支出	△81,872	―
社債の発行による収入	1,192,710	―
社債の償還による支出	△231,768	△60,000
非支配株主からの払込みによる収入	337	2,368
自己株式の取得による支出	△22	△16
配当金の支払額	△87,490	△89,762
非支配株主への配当金の支払額	△7,348	△7,803
連結の範囲の変更を伴わない子会社株式の取得に よる支出	△1,821	△975
その他	△17,941	△18,904
財務活動によるキャッシュ・フロー	937,077	△270,373

　配当金の支払いに897億円、社債の償還（お金を返すこと）に600億円使っていることがわかります。また、銀行などからの長期借入金を2626億円返済する一方、新たに1636億円借り入れていることもわかります。

　これまでCF計算書に関しては、決算短信の表紙に記載されている概要を中心に説明してきました。というのも、CF計算書本体、なかでも営業CFの部分は難解であり、説明するためには相当の紙幅を要するためです。一方で、投資CFや財務CFの部分は、理解しやすいので、ぜひ一度、実際のCF計算書を見てみてください。

9. キャッシュ・フロー計算書を分析する

　良い損益計算書は、黒字で利益率が高いもの。良い貸借対照表は自己資本比率が適切な水準であるもの。それでは、良いキャッシュ・フロー計算書とは、どのようなものか？　キャッシュ・フロー計算書の分析をしていきましょう。

　キャッシュ・フロー計算書は、3つの区分の組み合わせが重要です。

【図表2-9-1】CF計算書の各CFの組み合わせ

	パターンA	パターンB	パターンC
営業CF	＋	＋	−
投資CF	−	−	−
財務CF	−	＋	＋
	○	△	×

◎良いCF計算書　パターンA（＋−−）

　良いCF計算書は、

・営業CF　プラス　　・投資CF　マイナス　　・財務CF　マイナス

・3つの合計がプラス

という組み合わせになっています。

このような組み合わせは、**本業で十分な CF を稼ぎ出し、それを成長のための設備投資に使い、さらに借入金などの返済に充てたり株主への配当金支払いに充てたりしても、まだ余剰がある**ということです。

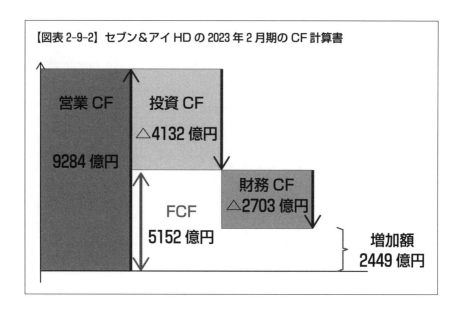

【図表 2-9-2】セブン＆アイ HD の 2023 年 2 月期の CF 計算書

営業 CF
9284 億円

投資 CF
△4132 億円

FCF
5152 億円

財務 CF
△2703 億円

増加額
2449 億円

◎注意が必要な CF 計算書　パターン B（＋－＋）

この組み合わせは、**営業 CF がプラスであるものの、多額の投資を行っており、足りない資金を財務 CF で補っている**ことを意味します。リスクを取って、成長のための巨額投資を行うこと自体は、決して悪いことではないのですが、経営リスクが高まっていることに注意しなければなりません。

例えば、武田薬品工業が 2018 年にアイルランドの製薬会社大手シャイアー社を買収した年の CF 計算書を見てみましょう。巨額の M&A によりさらなる成長を目指すこと自体は、素晴らしいことだ

と思います。一方で、CF計算書を見ると、経営リスクが高まった様子が見てとれます。

　営業CF3284億円に対して、△2兆8356億円もの投資CFを使っており、FCFは大幅なマイナスになっています。単純計算して、9年分弱の営業CFに相当する資金を投資に使ったといえます。そして、そのための資金は、長期借入金や社債などの財務CFによりまかなったということもわかります。

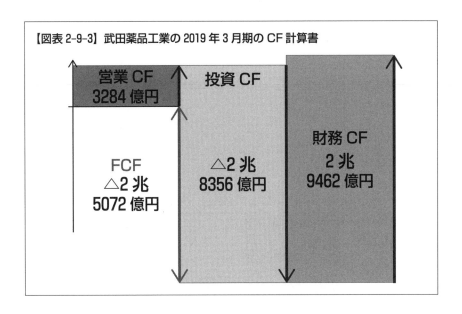

【図表2-9-3】武田薬品工業の2019年3月期のCF計算書

営業CF
3284億円

投資CF

財務CF
2兆
9462億円

FCF
△2兆
5072億円

△2兆
8356億円

　決して悪いことではありませんが、今後の経営状況に細心の注意を要するCF計算書といえるでしょう。

◎悪いCF計算書　パターンC（－＋＋、－－＋）

　悪いCF計算書は、
・営業CFがマイナス、特に3期以上連続でマイナス
・足りない資金を財務CFで毎期補う

というものです。

営業 CF のマイナスが続くと資金が足りなくなります。そこで、銀行借入や社債の発行、新株式の発行などにより資金調達を行うので財務 CF はプラスとなります。

例えば、2008年に倒産してしまったのですが、過去の上場企業でアーバンコーポレイションという不動産会社がありました。損益計算書を見れば、毎期増収増益の絶好調企業のように見えましたが、CF 計算書の営業 CF は、毎期大幅なマイナスで、それを財務 CF のプラスで補っていました。

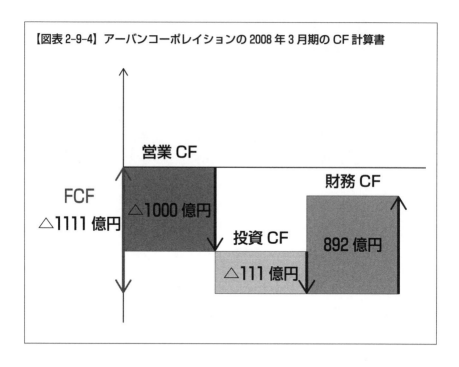

【図表 2-9-4】アーバンコーポレイションの 2008 年 3 月期の CF 計算書

毎期営業 CF がマイナスであっても、銀行などがお金を貸してくれる限り、事業は継続できます。ところがアーバンコーポレイションの場合は、リーマンショックにより金融環境が急激に悪化したこ

とで、突如として財務CFによる資金調達が困難になり、倒産に至ったのです。

◎なぜ、成長企業は黒字でも資金が足りなくなるのか？

　ビジネスモデルにもよりますが、成長企業は、黒字であっても資金が足りなくなることがよくあります。なぜか？

　売上が伸びているとき、経営陣はさらに成長していくイメージを抱きます。10%増収、20%増収、といった未来を見ています。当然ながら、10%増収を達成するには、それまでよりも10%多くの商品を販売しなければなりません。10%多く仕入れて、10%多く売るわけです。それにともない、在庫（棚卸資産）も増えます。

　在庫が増えるだけではありません。さらなる成長を目指せば、店舗を増やす、工場を増やす、機械を増やす、というように設備投資も必要になってきます。

　このような設備投資にもお金がかかります。特に設備投資については金額が多額になり、なおかつ元を取るのに何年もかかります。10年以上かかることもざらです。

　つまり、**成長していくためには、多額の資金が必要**です。

　そのために必要な資金の一部は、上場したときに調達した資金を使い、足りない部分は銀行から借りたり、社債を発行したりして調達します。

　このような資金調達が円滑に進んでいるうちは良いのですが、例えばリーマンショックや新型コロナウイルスの感染拡大のようなことが起こると、突如として銀行が融資姿勢を変更したり、社債による資金調達が困難になったりします。

　そのようなときに、成長企業は突然、資金不足に陥ります。つい直前期まで増収増益、利益もしっかり出ていたのに、支払資金がなくなり、資金ショートして倒産、ということがあるのです。

10.　決算情報の収集方法

　本章では決算書の読み方を取り上げてきました。その決算書はどこで入手できるのでしょうか？

◎1.　気になる企業を見つける

　まず、決算書を探すより前に、投資する企業の候補を見つけたいですよね。

　そのために、特別なことをする必要はありません。自分の身の回りを見まわしてみてください。注意して見ると、上場企業の商品、サービスであふれかえっています。

　あなたが着ている服は？　ユニクロですか？　しまむらですか？

　その企業が上場しているかどうか、調べてみましょう。調べ方は簡単です。「ユニクロ　株価」「しまむら　株価」のように検索して、株価が表示されれば、その企業は上場しています。

　もっとも、ユニクロのように私たちが慣れ親しんだブランド名と企業名が異なる場合があります。そのような場合も検索エンジンは賢いですから、ユニクロを運営しているファーストリテイリングという上場企業の正式名称を検索結果に表示してくれます。そのときはAIに聞いてみましょう。「ユニクロって、社名はファーストリテイリング？」

　きっと、教えてくれるはずです。

　有名なファンドマネージャーである **ピーター・リンチ** は、投資する企業を見つけるために、「ウォールストリートではなく、メインストリートを歩こう」と言ったそうです。ウォールストリートという金融街を歩いていても良い企業は見つからない、それよりも町のメインストリートを歩いて繁盛している店、通りを歩く人たちの様子を観察することで、良い企業を見つけられる、という意味合いです。

日本風・現代風にいうならば「兜町を歩いたり、SNSで株式投資の耳より情報を探すのではなく、街中を歩いてみたり、スーパーの店内を観察したり、郊外をドライブしてみよう」です。そこにたくさんの投資のヒントがあるはずです。

◎2．気になる企業の決算情報を収集する

　気になる企業を見つけたら、その企業の決算情報などを集めていきましょう。企業研究をするための情報は、近年、大幅に改善しています。

　まずは企業が自ら発信している情報を見てみましょう。YouTubeなどのSNSや、掲示板などの情報を見たくなりますが、それよりも企業が自ら発信する情報を見るほうが良いです。その企業のことをきちんと知ることができるからです。

　企業が発信する情報はさまざまです。まずは「会社名　IR」で検索すると、投資家向け情報のページにたどり着くことができます。

① 個人投資家説明会　資料＆動画

　これがあれば、ラッキーです。公開している企業はそれほど多くありませんが、大企業を中心に広がりつつあります。

　その企業のことを知らない個人投資家向けに、「当社はこんな企業ですよ」という紹介をするのが 個人投資家説明会 です。個人投資家にも、事業の基本をわかりやすい言葉で説明してくれます。資料だけでなく動画も公開されていれば、ぜひチェックしましょう。

② 決算説明資料＆動画

　次にとっつきやすいのは、決算説明資料 とその説明動画です。社長を中心とした経営陣が、直近の決算内容について説明したものです。業績のポイント、大きな出来事について説明があるほか、将来

の業績見通しや中期経営計画などについても説明されることがあります。決算短信と同日に企業のホームページで公開されることが多いです。

　ただし、決算説明資料を公開していない企業も存在します。また、決算説明動画についてはまだ公開していない企業も多く、公開していても四半期ごとではなく年に1回などの企業も散見されます。すべての上場企業が、個人投資家に向けてわかりやすく情報発信してくれるようになってほしいものです。

③ 決算短信

　決算短信 は、証券取引所から四半期ごとの作成が義務付けられている資料であり、上場企業は必ず作成します。文章が中心で、ややとっつきにくいです。本章で紹介した決算書は、この決算短信に記載されています。

　決算発表日に、証券取引所のホームページと企業のホームページで公開されます。速報性があります。

④ 有価証券報告書

　有価証券報告書 は、金融庁から作成が義務付けられている資料であり、上場企業は年に1回、必ず作成します。文章が中心でとっつきにくいですが、詳細な情報が記載されているため、企業を詳しく研究したい投資家には役立ちます。

【図表 2-10-1】企業が自ら発信する情報

名称	内容	頻度	難易度
個人投資家説明会 資料＆動画	個人投資家向けのわかりやすく基本的な内容	年1回程度	やさしい
決算説明資料＆動画	個人投資家向けに直近の決算を説明	四半期ごと〜年1回	普通
決算短信	すべての投資家向けの、決められた様式の資料	四半期ごと	難しい
有価証券報告書	すべての投資家向けの、決められた様式の詳細な資料	年1回	難しい

◎上場企業以外が発信する情報

上場企業以外が発信する情報もあります。

①『会社四季報』（東洋経済新報社）

各社の情報がコンパクトにまとまっており、便利です。

② 証券会社が提供する情報

ネット証券を中心に、口座開設者に対して情報提供しています。

③「バリュートレンド」

著者が運営しているポータルサイトです。決算説明動画も多数掲載しています。

コラム　日本基準と国際会計基準の違い

　日本の上場企業は、決算書を作成するための会計基準を選択することができます。日本基準、国際会計基準、米国会計基準です。米国会計基準については、国際会計基準へと統合されていく方向ですので、実際には、日本基準か国際会計基準のいずれかを採用している企業が大半です。

　会計基準による差異は、細かな部分ではいろいろとあるのですが、基本的な部分ではほとんどありません。

　ただ、個人投資家泣かせなのが、名称です。日本基準と国際会計基準とでは考え方に差異があり、利益などの名称が異なるのです。

　例えば、日本基準では「親会社株主に帰属する当期純利益」に対して、国際会計基準では「親会社所有者に帰属する当期利益」という具合です。ちょっとした名称の差異なのですが、投資家にとっては「同じなの？　違うの？」と疑問に感じるポイントです。

　表現を統一すれば、個人投資家にとっては、より株式投資が身近になると思います。

　名称の違いについては慣れてしまえば、大したことはないのですが、もうひとつ大きな差異があります。それが、「のれん」の取り扱いです。

　本章でも書いた通り、のれんはM&Aのときに発生します。純資産が10億円の会社を100億円で買収したとしましょう。純資産が10億円しかないのに100億円もの値段で買収するのは、その企業に目に見えない価値があるからです。このとき10億円と100億円の差額90億円がのれんとして貸借対照表に計上されます。ここまでは日本基準と国際会計基準で同じです。

　ところが、日本基準ではのれんを一定の期間にわたって償却して

いくのに対し、国際会計基準では原則として償却しません。

　仮に日本基準に従って10年で償却するとしましょう。このとき、90億円ののれんを10年間で償却するわけですから、1年間当たり9億円の償却費が発生します。それだけ営業利益が減少します。

　これに対して国際会計基準を採用している企業は償却しませんから、営業利益は減少しません。

　ということは、同じM&Aを実施したとしても、日本基準を採用している場合と、国際会計基準を採用している場合とで、営業利益に9億円もの差が生じるのです。しかも10年間です。

　このため、**M&Aを積極的に活用したい企業は、国際会計基準を採用したいと考える**でしょう。

　ここで困るのが投資家です。実態は同じなのに会計基準が違うと営業利益が違ってくる。これでは客観的な投資判断などできません。そこで登場するのが EBITDA（エビダ／イービットディーエー／イービットダー、Earnings Before Interest, Taxes, Depreciation, and Amortization）です。

　EBITDAは、営業利益にのれん償却費などを加算したものです。つまり、仮にのれんを償却していたとしても、それがなかったものとして利益を再計算し、それを同業他社比較に利用するのです。

　のれん処理の違いもまた個人投資家泣かせですね。どちらかに統一してほしいものです（私は、日本基準の立場に賛成です）。

第 3 章

成長市場・巨大市場で
売上を伸ばす

企業の「伸びしろ」を
"戦略"から算出するには

キーワード

◎顧客人口　◎商品のライフサイクル

◎1人当たり年間消費金額

◎ストック型売上、フロー型売上

◎シェア　◎事業ポートフォリオ

◎売上高の見方とは？

　EPSが長期的に増加するには、売上高の成長と利益率の維持・向上が必要です。

　そこで本章では、売上高をテーマにします。

　売上高が成長する企業とは、どのような企業なのでしょうか？

　ひとつは、成長する業界で事業を行っている企業です。例えば、医薬品や介護に関連する業界は、高齢化する日本において成長していく業界です。

　もうひとつは、その業界のなかでシェアをアップしていけるような顧客価値を提供している企業です。

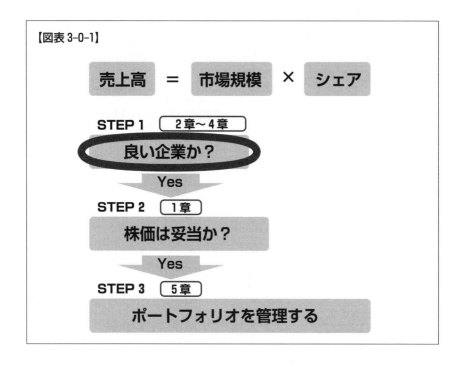

【図表3-0-1】

売上高　＝　市場規模　×　シェア

STEP 1　2章〜4章
良い企業か？
　　Yes
STEP 2　1章
株価は妥当か？
　　Yes
STEP 3　5章
ポートフォリオを管理する

1. 売上高を時系列で見てみる

EPS が長期的に増加する企業とはどのような企業でしょうか？

EPS ＝（売上高×純利益率）÷株式数

　純利益率と株式数が一定ならば、売上高が増加するほどEPSは増加します。このため、**売上高が将来どのように推移するか**は、長期投資においてとても大切なポイントになります。

　それでは、将来の売上高が増えるのかどうか、どのようにすればわかるのでしょう？　正確に予測することは難しいですが、傾向を判断することは可能でしょう。

　着眼点は2つあります。ひとつは**「過去から現在にかけて、売上高が増加トレンドにあるのか、横ばいなのか、減少トレンドにあるのか？」**です。もうひとつは**「市場規模とシェアが将来、どのように推移するか？」**です。

　売上高の話に入る前に、時系列分析について触れます。

◎時系列分析：ひとつの企業について時系列で経年変化を見る

　損益計算書を分析するうえで大切なのが、ひとつの企業を時系列で比較し、経年変化を見ることです。増加基調にあるのか、減少基調にあるのかが着眼点になります。これを 時系列分析 といいます。

　例えば、学生のときであれば学力、成人してからは健康診断などで経年変化を観察すると思います。株式投資においても同様に売上高や営業利益などの経年変化を見ることによって、企業やその企業が属する業界の動向などを知ることができます。

◎ファーストリテイリングと NTT を比較

それでは、ファーストリテイリング（9983）と NTT（9432）の2社を比較してみましょう。

ファーストリテイリングは「ユニクロ」を世界に展開している企業です。NTT は、私たちの通信インフラを構築・維持している企業で、正式名称は日本電信電話株式会社です。英語では「Nippon Telegraph and Telephone Corporation」と書くことから NTT と呼ばれています。

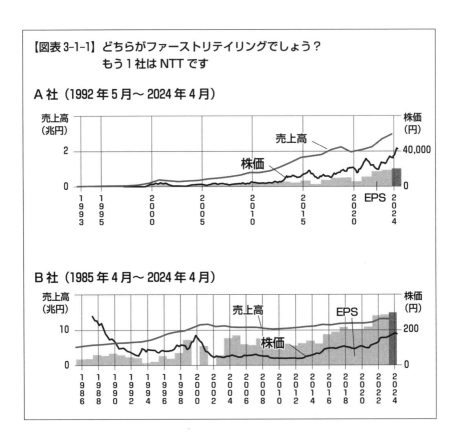

【図表3-1-1】どちらがファーストリテイリングでしょう？
もう1社は NTT です

A 社（1992年5月〜2024年4月）

B 社（1985年4月〜2024年4月）

A 社は 1993 年の売上高が、現在と比べて少額ですが、2023 年に

は約3兆円まで増加しています。また利益については増減がありながらも、長期的には大幅に増加しています。株価もそれにともなって大幅に上昇しています。

B社は1986年の売上高が5兆円、2023年には13兆円を超えています。利益については、長期的に増加しています。株価は上場直後の1987年の最高値をまだ超えていません。

ということで、答えは、A社がファーストリテイリング、B社がNTTです。それでは、ファーストリテイリングとNTT、それぞれの成長の軌跡を見てみましょう。

◎ファーストリテイリングの軌跡

ファーストリテイリングは、山口県宇部市にあった小郡商事<ruby>小郡<rt>おごおり</rt></ruby>から始まり、現社長の柳井正さんが世界的なアパレル企業にしました。1984年にユニクロを立ち上げて以来、国内のカジュアルウェア市場で圧倒的なシェアを獲得しました。1994年7月に広島証券取引所に株式を上場しました。

2001年には海外進出を開始し、2005年には、グループの中核事業としてグローバルブランド戦略を発表しました。これは、ユニクロをはじめとする自社ブランドをグローバルに展開するというもので、海外での店舗数や売上高を大幅に増やすことを目指しました。2016年には、売上高が約1兆7000億円に達し、世界3位のアパレル企業になりました。2023年8月期の売上高は2兆7665億円、純利益は3151億円になりました。世界1位はスペインのインディテックス社（主なブランドは「ZARA」）です。世界2位のスウェーデンのH&M社にはファーストリテイリングが肩を並べるほどに迫っています。時価総額は一時、15兆円に達しました。柳井正さんはジャパニーズドリームの実現者といってよいでしょう。

柳井さんの著書『一勝九敗』には、ファーストリテイリングが数

多くの失敗をし、そこから学んでまた失敗し、それでも諦めずひたむきに世界一を目指す姿が描かれています。数多くの失敗を乗り越えて、売上高は大きく拡大し続けています。

　株式投資の楽しさは、このような強烈な輝きを放つ経営者に出会えること、企業の挫折と成長という物語をともに経験できることにあると思います。株主という特等席で世界を変革していく企業の物語に参画できるなんて、素晴らしいです。

◎NTT の軌跡

　NTT は、ファーストリテイリングに比べれば緩やかではありますが、やはり着実に成長を続けてきました。

　NTT 西日本、NTT 東日本に代表される通信インフラの構築・維持、携帯キャリアである NTT ドコモの展開。さらに近年では、世界各地にデータセンターの建設・運営などを行い、海外進出を進めています。2023 年 7 月には株式を 25 分割して、個人投資家でも投資しやすいように株価を大幅に引き下げました。

　これらの結果として NTT もまた成長を続けてきたのです。

　このように 20 年、30 年というスパンで見たときに、売上高が著しく成長している企業もあれば、緩やかに成長している企業もあり、なかには減少している企業もあるということがわかります。この期間に廃業した企業も数多くあるのです。

◎売上高に影響する要素は？

　それでは**ファーストリテイリングが、なぜこれだけ成長できたのか？**　売上高を違った観点から見てみましょう。

　ファーストリテイリングは、日常的な衣料品であるカジュアルウェアを国内において販売していました。つまり、カジュアルウェア市場をターゲットとし、そこでシェアを獲得・増加させながら成長

【図表 3-1-2】1994 年とその 30 年後の 2023 年の比較

	1994 年 （ファストリが上場した年）	2023 年
ファースト リテイリング	1994 年 8 月期 売上高　　　333 億円 営業利益　　 32 億円 純利益　　　 13 億円	2023 年 8 月期 売上高　　2 兆 7665 億円 営業利益　　 3810 億円 純利益　　　 3151 億円
NTT	1994 年 3 月期 売上高　7 兆 438 億円 営業利益　　 3902 億円 純利益　　　 854 億円	2023 年 3 月期 売上高　13 兆 1361 億円 営業利益　1 兆 8289 億円 純利益　　1 兆 2131 億円

してきたといえます。

> 売上高＝市場規模×シェア

さらに、市場規模は次のように分解できます。

> 市場規模＝顧客人口×1 人当たり年間消費金額

市場規模 とは、企業が取り扱う商品等が 1 年間に販売される金額をいいます。

シェア とは、その市場のなかで当該企業の売上が占める割合をいいます。第 4 章で説明します。

顧客人口 とは、その企業の商品等を利用する人口をいいます。第2 節、第 3 節で説明します。

1 人当たり年間消費金額 とは、顧客人口がその商品等を 1 年間に平均的に消費する金額をいいます。第 4 節で説明します。

売上高をこれらの要素に分解し、これまでなぜ売上高が増えてきたのか、また将来はどのように推移するのかを考えます。

2. 顧客人口 ～「誰に」売っているのか？～

　ファーストリテイリングは、**国内外の消費者に、カジュアルウェアを、リアル店舗と EC で売っている**といえます。まずは顧客人口について見ていきましょう。

売上高＝市場規模×シェア
市場規模＝ 顧客人口 × 1 人当たり年間消費金額

◎誰に？　一般の消費者に

　ファーストリテイリングは主に数多くの一般消費者に衣類を販売しています。顧客の年齢層は、若い人から年配の人まで幅広いです。今でこそ、ファーストリテイリングはユニクロブランドを中心にグローバルな事業展開を行っていますが、過去には国内のみで事業を展開していました。

　それでは、国内人口の推移を見てみましょう。 国連 (the United Nations) が定期的に発表している「World Population Prospects」という報告書には、世界・国・地域別、年齢別、性別の過去の人口データ及び将来推計データが記載されています。次ページ以降の図表3-2-1、3-2-2、3-2-4は、このデータによっています。将来推計については、低位推計、中位推計、高位推計と 3 パターンの予測が行われており、日本の人口については低位推計、世界の人口については中位推計を採用しました。なお、日本においても 国立人口問題研究所 が、将来の人口推計を試算・公表しています。

　人口推移は、 年少人口 (0 ～ 14 歳)、 生産年齢人口 (15 ～ 64 歳)、 老年人口 (65 歳以上) と区分されています。それでは、ファーストリテイリング（ユニクロ）がターゲットとしているのは、どの

層でしょうか？　ユニクロの顧客は、若い人から年配の方まで、全人口をターゲットにしているといってよいでしょう。

　次ページの図表3-2-1に示したように、ファーストリテイリングが上場した1994年当時と2023年を比べると、総人口では、ほとんど違いがないものの、生産年齢人口は大きく減少し、年少人口も大きく減少していることがわかります。つまり、総人口をターゲットにしていれば、市場は大きく変化しなかったと考えられますが、生産年齢人口や年少人口をターゲットにしていれば、市場は縮小していったと考えられます。

　また将来、それぞれの人口がどのように推移するかも、この人口推移を見ることによって、ある程度予測できます。この先、全人口が減少していきますが、中でも生産年齢人口、年少人口の減少は大きく、老年人口はそれほど減少しないと予想できます。

**　このように誰をターゲットにした商品であるかによって、企業の長期的な成長性、特に売上高の見込みが異なります。**

　衣料品のなかでも、子ども（年少人口）をターゲットにした**西松屋（7545）**もあれば、スポーツをする人たちをターゲットにした**ゴールドウイン（8111）**もあります。年少人口は減少していますが、スポーツ人口は増加しています。このように衣料品といっても、「そのターゲットが誰か？」によって、市場は異なりますし、今後の成長性も異なります。

　それでは、総人口が増加しないなかで、ファーストリテイリングは、どのようにして売上を拡大してきたのでしょうか？

　2つの要因が考えられます。国内のシェアを高めたことと、海外の新たな市場に展開したことです。

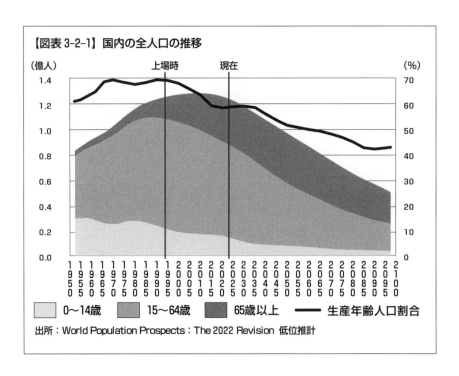

【図表 3-2-1】国内の全人口の推移

(億人)

出所：World Population Prospects：The 2022 Revision 低位推計

- 0〜14歳
- 15〜64歳
- 65歳以上
- 生産年齢人口割合

◎新たな市場への挑戦による売上増

　ファーストリテイリングは、過去には日本国内のみでの販売でしたが、徐々に海外での売上高を増やし、近年では海外売上のほうが大きくなっています。ターゲットとする顧客を国内から海外に広げることにより、顧客人口は一気に増大しました。

　世界の人口の推移を見てみましょう（図表 3-2-2 参照）。日本の人口とは異なり、100 億人を超える水準まで長期的に増加していくことが予想されます。カジュアルウェアは、例えば日本でしか着られない着物と違って世界中の人たちが身につけます。また、例えばスーツと違ってあらゆる年齢層・職業の人たちが身につけます。つまり、ユニクロの商品は世界中の人が身につける可能性のある商品であり、世界人口の増加イコール顧客人口の増加であるといえます。

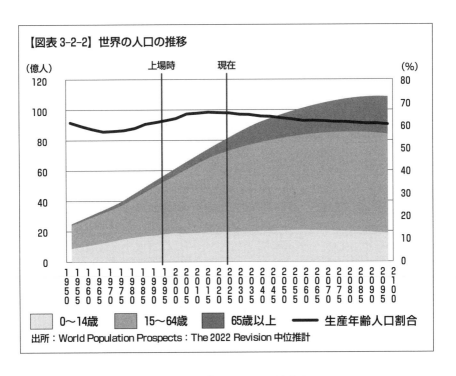

【図表3-2-2】世界の人口の推移

（億人）　　　　　　　　上場時　　　現在　　　　　　　　　　　（%）

- 0～14歳
- 15～64歳
- 65歳以上
- 生産年齢人口割合

出所：World Population Prospects：The 2022 Revision 中位推計

◎ターゲットとする市場を知ることが大切

　このように**誰に、何を売っているかがわかれば、どのような市場が存在するか、イメージが湧きます**。IRに積極的な企業であれば、市場セグメントについて、わかりやすく図解してくれています。

　ファーストリテイリングの場合、ターゲットを国内から海外へと拡大しなければ、今の成長はなかったでしょう。なぜ、国内から海外に展開できたかといえば、扱っている商品が世界中で共通して利用されるカジュアルウェアだからです。

　仮にハイブランドな衣料品であったらどうでしょうか？　確かにイメージは良いかもしれませんが、カジュアルウェアに比べれば市場規模が小さいと考えられます。また、海外展開する際には欧米のブランドと戦わなければなりません。例えば、ルイ・ヴィトンのような最高級ブランドと戦うのは大変です。それよりもカジュアルウ

ェアで、ブランド力よりも着心地などの品質が重視されるジャンル
にこそ勝機を見出したのだと思います。カジュアルウェアなら世界
一になれる、と。**カジュアルウェア市場をターゲットにしているか**
らこそ、長期的に売上高を成長させることができたといえます。

　ファーストリテイリングのセグメントのうち国内ユニクロセグメ
ントと海外ユニクロセグメントの売上の推移を見てみましょう。

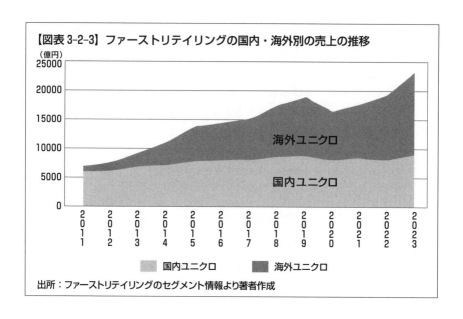

【図表3-2-3】ファーストリテイリングの国内・海外別の売上の推移

出所：ファーストリテイリングのセグメント情報より著者作成

　国内ユニクロ、海外ユニクロともに売上は増加していますが、海
外ユニクロの伸びが顕著です。ファーストリテイリングの売上高の
増加を牽引してきたのが、海外ユニクロであることがわかります。

◎日本における成長市場　医療関係

　日本の人口のグラフをよく見ていると、総人口は減少しているも
のの、65歳以上人口がそれほど減少していないことに気づきます。
その部分だけを拡大し、さらに65歳以上75歳未満と75歳以上（後

期高齢者）に分解して見てみましょう。

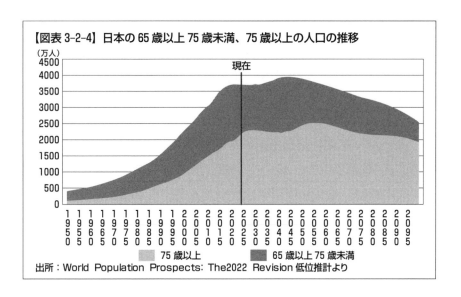

【図表 3-2-4】日本の 65 歳以上 75 歳未満、75 歳以上の人口の推移

（万人）

出所：World Population Prospects: The2022 Revision 低位推計より

65 歳以上の老年人口が高止まりしていることがわかります。さらに **75 歳以上の人口はこの先も増加していく**ことがわかります。ここから想像できるのは、医療費・介護費用の増加です。

日本国内では、**働いて税金や社会保険料を納める生産年齢人口（いわゆる現役世代）が減少する一方なのに老年人口は増加するので、現役世代の負担が大きくなる**ことが社会問題として、よく報じられます。実は、ここにビジネスチャンスがあります。社会問題のあるところ、ビジネスチャンスありです。

ひとつは医療費・介護費用の増加を抑制するようなビジネスです。例えば、**JMDC（4483）**は、健康保険組合や医療機関などから、匿名化した健診データやカルテデータを入手し、このデータを解析しやすいようにクレンジングしたうえで、健康保険組合や製薬会社などに提供するサービスを行っています。

健康保険組合は、なぜそのようなデータが欲しいのでしょうか？

糖尿病や腎臓病などになる可能性がある人を早期に発見し、生活習慣の見直しなど予防的行動を促すことで、病気になるのを予防したり、その時期を遅らせることができます。それによって、医療費を抑制できるだけでなく、本人も健康で幸せな生活を続けやすくなります。**オリンパス（7733）**のAIを実装した内視鏡もガンの早期発見を通して医療費の削減に貢献しています。このように医療費を抑制するためのサービスには大きなビジネスチャンスがあるでしょう。なにせ、医療分野は年間何十兆円にもなる巨大市場です。100億円、1000億円のサービスで、医療費を1兆円削減できるといったことがあれば、政府は飛びつくでしょう。

　医療や介護にかかわる無駄なコストを減らすために、業務を効率化するサービスにもビジネスチャンスがあります。**ソフトウェア・サービス（3733）**が提供する電子カルテなどはその好例です。また、病院の医薬品在庫を効率的に管理する**シップヘルスケアホールディングス（3360）**のサービスなども効率化に役立ちます。

　さらに生産年齢人口の減少で、人手不足になることが想像されます。そのため、医療や介護に関する人材サービスや、これまで病院でやっていた最期の看取りを在宅や施設で行うためのホスピスサービスなどを提供する**アンビスホールディングス（7071）**などの事業にもビジネスチャンスがあります。

　このような医療や介護に関する市場は、人口動態から予測しやすく、また大規模かつ長期的な変動となり、一過性の流行では終わりません。 メガトレンド といってもよいでしょう。

　このようなメガトレンドは、生産年齢人口の減少をITソリューションなどでカバーする物流業界や建設業界にも起こっています。成熟している日本の経済にも、実はビジネスチャンスがたくさんあり、それに目をつけて動いている企業もたくさんあるのです。株主としてそのような企業に参画できるのが株式投資の魅力です。

3. 商品のライフサイクル

◎ターゲットが増加していても市場が縮小することはある

　それでは、顧客人口が増えていれば、その企業は安泰かというとそうではありません。ターゲットとする顧客人口が増加していても、市場が縮小することがあります。例えば、VHSビデオ、ガラケーなどが象徴的です。

　技術革新により、これまでの製品を画期的に上回るものが登場すると、既存製品の市場が急速に縮小することがあります。その商品に対して顧客がお金を使わなくなってしまい、1人当たり年間消費金額 が減少してしまうのです。

市場規模＝顧客人口×1人当たり年間消費金額

　このため、「何を」売っているかも、大切なのです。

◎製品のプロダクト・ライフ・サイクル理論

　どんな商品等にも導入期、成長期、成熟期、衰退期があります。これを プロダクト・ライフ・サイクル（PLC）といいます。

　10年以上の時間軸をイメージしてください。

導入期：その商品等が市場に投入された初期の段階です。ごく一部のユーザーのみが利用しています。

成長期：その商品等が多くの人に認知され、急速に利用が広がります。

成熟期：その商品等が多くの人に行き渡った状態です。

衰退期：その商品等を利用する人口が減少したり、その商品等に代わる次世代の商品等が登場するなどして、徐々に、もしくは急速にその商品等が利用されなくなります。**人口の減少にともなう衰退の**

場合はそのペースは緩やかですが、次世代の商品等が登場した場合は急速にその商品等が利用されなくなります。

　例えば、VHS ビデオが好例でしょう。急速に広がりましたが、DVD やハードディスクレコーダーの登場とともに、急速に衰退していきました。

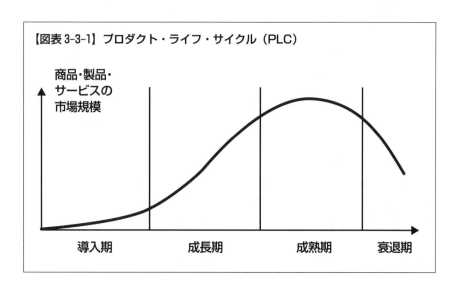

【図表 3-3-1】プロダクト・ライフ・サイクル（PLC）

商品・製品・サービスの市場規模

導入期　　成長期　　成熟期　　衰退期

◎ライフサイクルの長い食料品

　他方、食料品のような商品等だと、非常に長いサイクルになります。典型的な例が**コカ・コーラカンパニー（KO）**が提供する「コカ・コーラ」でしょう。何十年も愛され続けています。企業は、商品のライフサイクルをできるだけ長くするように努力します。

　例えば、日本の企業ではカップヌードルの**日清食品ホールディングス（2897）**です。右の図表 3-3-2 に示した 1985 年から 2024 年に至る売上高と EPS の推移を見てみると、長期にわたって成長していることがわかります。これは、**商品に流行り廃りがなく、商品ライフサイクルが非常に長い**ことを示しています。

また、日清食品ホールディングスがターゲットとしているのは、日本だけでなく世界の人々であるため、世界の人口が増加を続けていることにともない、**市場も成長を続けている**ことが示唆されています。

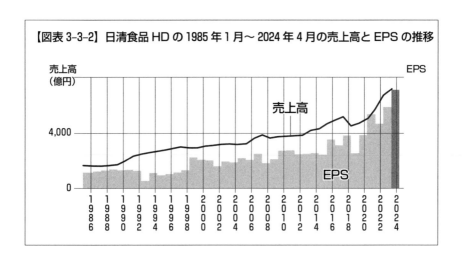

【図表 3-3-2】日清食品 HD の 1985 年 1 月〜 2024 年 4 月の売上高と EPS の推移

◎潜在市場（TAM）を考える

　ファーストリテイリングのカジュアルウェアや日清食品ホールディングスのカップヌードルであれば、すでに広く市場で認知されているため、その市場規模も把握しやすいです。顕在化している市場といえるでしょう。大きな市場ですから、さまざまな機関がその市場規模についてのレポートを発行していたりもするでしょう。

　しかし、株式投資においては、各企業の商品の認知度が低いため、市場規模も把握しにくい、ということがよくあります。

　例えば、携帯電話が世に登場したとき、「携帯電話は企業の経営者など一部の人が利用するにとどまるだろう」と考えた人もいるでしょうし、「携帯電話は 1 人 1 台保有する時代が来るだろう」と考えた人もいるでしょう。新しい商品については、その市場がどこまで

拡大するのか、予想しなければなりません。

これを示すのが、TAM（Total Addressable Market：総潜在市場。タム）です。ある商品等が対象とする顧客の全体像や規模を示すもので、市場の成長性を把握するために重要な指標です。東証グロース市場の上場企業の決算説明資料で示されていることがあります。

例えば、**マネーフォワード（3994）**の決算説明資料を見てみましょう。マネーフォワードが注力している、バックオフィス SaaS サービスについて、TAM が試算されています。中堅企業向けについては、ターゲットとしている規模の中堅企業数が約 13 万社あり、ひとつの企業がすべてのプロダクトを導入すると年間約 1500 万円の課金が発生するという仮定を置いています。そのうえで両者を掛け合わせることで中堅企業 TAM は約 1.85 兆円ある、と試算しています。

TAM は、さまざまな仮定を置いて計算されるものですから、鵜呑みにすることはできません。とはいえ、**企業の経営陣がどんな未来を描いているか、その方向性やスケールを知ることはできます**。

また、企業が IR 資料で公表している方法とは別のアプローチで、独自に TAM を試算するのも、頭の体操としてはおもしろいです。マネーフォワードの例でいえば、中堅企業向けに類似のサービスを提供している企業の売上高を単純に足し合わせてみる、ということもひとつのアプローチです。**Freee（4478）**、**TKC（9746）**などの競合のほか、経費精算サービスを提供する**ラクス（3923）**などの売上高や、税理士事務所、社会保険労務士事務所などの市場規模を足し合わせてみることで、マネーフォワードが公表している TAM を別の角度から検討することができます。

◎成長市場で戦う企業が伸びる

成長市場をターゲットにしている企業は、長期にわたって売上が

拡大することが期待できます。

　その商品等が成長市場にあるかどうかは、現在と未来の2つの観点から検討する必要があります。ひとつは、現在ターゲットにしている市場です。例えば、**ゼンショーホールディングス（7550）**は、過去には国内の飲食市場をターゲットにしていました。しかし、国内の飲食市場は、すでに飽和しており、成熟期もしくは衰退期にあるといっていいでしょう。そのためゼンショーは、ターゲットとする市場を国内だけでなく、海外にも拡大しました。

　そうなると、まったく違った事態になります。海外の巨大な飲食市場をターゲットとしており、なおかつその市場は世界的な人口増加とともに拡大しているのです。

　このように**同じ商品等を扱っていても、ターゲット市場の決め方によって、突然、成長可能性が生まれたり、逆に成長可能性を失うこともあります**。

　経営者が示す言葉に投資家たちが耳を澄ませるのは、このような重要な経営方針について聞き漏らさないためです。

4. 1人当たり年間消費金額
その市場はディフェンシブか循環的か？

　1人当たり年間消費金額について考えてみましょう。市場は大局的に見れば、プロダクト・ライフ・サイクルに従って、拡大し、成熟し、衰退していきますが、それよりも短いサイクルで景気変動の影響を受けて、短期的に拡大スピードが速まったり、遅くなったりすることがあります。

　その要因には、長期的な要因（人口など）と、短期的な要因（在庫調整など）とがあります。

　前節のプロダクト・ライフ・サイクル（10年以上）と比べると、短い時間軸（10年未満）をイメージしてください。

◎景気循環市場

　景気循環の影響を受けやすい代表例は、半導体でしょう。半導体サイクルといわれることがあるように、半導体市場には景気の良し悪しが周期的にやってくることが知られています。それにともなって、半導体に関連する事業を行っている企業は、業績が急拡大するとき、急激に悪化するときを周期的に繰り返します。

　このような景気循環の影響を受けやすい市場のことを「景気循環市場」と呼びましょう。

◎ディフェンシブ市場

　逆に、景気循環の影響を受けにくい市場もあります。例えば、生活必需品といえる食料品や医薬品です。景気が良くても悪くても、食料品を食べますし、医薬品を利用します。景気が良いから3人前食べるとか、景気が悪いから医薬品を利用しないとか、そういうことはありませんよね。

　このような市場のことを「ディフェンシブ市場」と呼びましょ

う。

【図表3-4-1】景気感応度と成長性によるマーケットのマトリクス

	成長 	成熟 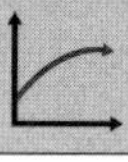	衰退 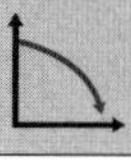
景気循環 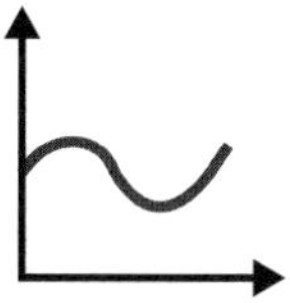			
ディフェンシブ 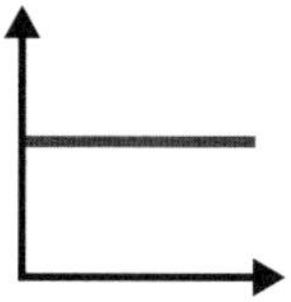			

◎市場の動向を調べるには？

投資対象として検討している企業があるとしましょう。その企業の過去の業績変動を理解し、将来の業績予測をするために、ターゲットとしている市場が成長市場か、成熟市場か、衰退市場か、また景気循環市場かディフェンシブ市場かを把握します。そのために各種データを分析して、その企業が属する市場について把握することが大切です。

まずは、その企業のIR資料を見てみましょう。市場の動向について示している企業も少なくありません。投資家ならば、市場規模について知りたいですよね。そのような投資家に配慮してくれる企業もあります。そうした企業には、投資しやすいですよね。なにせ、投資家の情報収集を楽にしてくれるのですから、投資判断しやすく

なります。

　前節で紹介した、成長市場、成熟市場、衰退市場を横軸に取り、ディフェンシブ市場、景気循環市場を縦軸にとったのが、前ページの図表3-4-1です。

　企業が行う事業について、それぞれをこのマトリクスにプロットすることによって、企業の長期的な成長性、すなわち売上が継続的に増加する可能性があるか、について評価します。

◎ケーススタディ　楽天グループ

　それでは**楽天グループ（4755）**について、事業それぞれをこのマトリクスにプロットしてみましょう。楽天グループには3つのセグメントがあります。

「インターネットサービス」セグメント：インターネット・ショッピングモール『楽天市場』をはじめとする各種ECサイトの運営、サイト上での広告などの販売、プロスポーツの運営などを行う事業です。これまで大きく成長してきた事業ですが、日本のEC化率はまだまだ上昇する余地があります。また、さまざまな分野の商品・サービスの取り扱いがあることから総体として見れば安定した需要があると考えられます。

　よって、成長市場かつディフェンシブ市場と考えられます。

「フィンテック」セグメント：クレジットカード関連サービス、インターネットを介した銀行及び証券サービス、電子マネーサービスの提供などを行う事業です。クレジットカードなどによる決済が主流になるなかで、こちらも成長市場であると考えられます。また、やはり幅広い分野で利用されることからディフェンシブ市場であると考えられます。

「モバイル」セグメント：通信サービスを行う事業です。国内の携帯キャリア市場自体は幅広く普及しているため、成熟市場と考えら

れます。また、景気の良し悪しに関係なく携帯キャリアサービスは利用されることからディフェンシブ市場であると考えられます。

　現在、楽天グループはモバイルセグメントに多額の資金を投入し、さらなる成長を目指しています。投入する資金の規模が非常に大きいため、経営状況を不安視する意見も散見されます。一方で、それぞれのセグメントがターゲットとしている市場を見てみると、成長市場や成熟市場であり、ディフェンシブ市場です。事業の性格自体は堅実なものであり、成長可能性もあることがわかります。

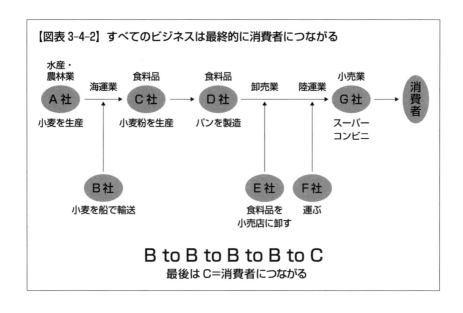

【図表3-4-2】すべてのビジネスは最終的に消費者につながる

◎BtoBなら、どの業界に売っているか？

　今見た楽天グループや先ほどのファーストリテイリングのようにBtoCの企業なら、私たち個人投資家にも顧客人口などについて理解しやすいですし、市場に対するイメージも持ちやすいですよね。それでは、BtoBの企業ならどうでしょう？

　例えば、半導体製造装置を製造する**東京エレクトロン（8035）**

は、半導体製造装置を開発・生産しています。個人投資家にとっては、半導体でさえ目にすることはほとんどないのに、その半導体を製造する機械なんて、想像もつきません。

しかし、実はすべてのビジネスはどれも最終的には私たち個人投資家につながっています。すべての上場企業のビジネスは、巡り巡って個人投資家とつながっています。東京エレクトロンの半導体製造装置で製造された半導体は、その後、スマホに組み込まれたり、パソコンに組み込まれたり、自動車に組み込まれたりします。スマホ、パソコン、自動車は、私たちにとっておなじみのものですよね。

つまり、半導体製造装置に対する需要は、巡り巡って、私たちが利用するスマホ、パソコン、自動車などに対する需要と関係がある、ということがわかります。

このようにして、身近でない企業であっても、想像力を働かせることで、その市場や需要の特性がイメージできるようになります。

◎特需による好業績の注意点　〜 PER と 1 株価値〜

景気循環とは異なり、**なんらかの要因で特需が発生し、驚くほどの好業績になる**、ということがあります。

コロナ禍のように、突如として社会状況が変化したときは、特に特需が発生しやすいと考えられます。

例えば、**日本郵船（9101）**です。コロナ禍において、コンテナ運賃が急騰し、今までと同じように荷物を運んでいるだけなのに、突如として莫大な利益を得られるようになりました。日本郵船の2014 年 4 月以降、ここ 10 年間の株価と業績（売上高・EPS）の推移を見てみましょう（図表 3-4-3 参照）。

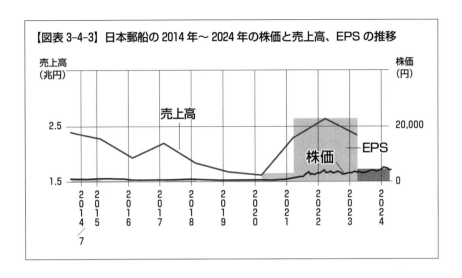

【図表3-4-3】日本郵船の2014年～2024年の株価と売上高、EPSの推移

売上高
（兆円）

株価
（円）

2.5

1.5

20,000

0

売上高

株価

EPS

2
0
1
4
/
7

2
0
1
5

2
0
1
6

2
0
1
7

2
0
1
8

2
0
1
9

2
0
2
0

2
0
2
1

2
0
2
2

2
0
2
3

2
0
2
4

　新型コロナウィルス感染症が世界的に拡大した2021年3月期に突如として好業績になったことがわかります。特に関連会社であるコンテナ運搬の船会社ONE（オーシャン　ネットワーク　エクスプレス　ジャパン株式会社）からの配当金が大きく貢献しています。

　では、これが永続するかというとそうではないですよね。

　注意しなければならないのは、このときのPERの推移です。

　特需による好業績のときはPERが低くなります。とても割安に見えます。このときのPERをもって割安と判断してよいかというと、違いますよね。

　特需のときのEPSは極端に大きくなるため、これに倍率を掛けて1株価値を計算すると、過大な評価となってしまいます。

　このように**企業のことを理解せずに、杓子定規にPERや1株価値の公式を当てはめてしまうと、まったく逆の結論に至ってしまうことがあります**。注意しましょう。

5. 商品特性と売上の関係

　そもそもなぜ、商品によって、景気の影響を受けやすい、受けにくいがあるのでしょうか？　商品特性に注目してみましょう。というのも、商品特性によって売上の得られ方が異なるからです。

　消耗品と耐久財に分けて、考えてみましょう。

　消耗品 とは、一度使うとすぐになくなったり、使えなくなったりするものをいいます。消耗品は、使用されるたびに減っていくので、定期的に購入されます。

　耐久財 とは、何度使ってもすぐにはなくならず、長期間使用できるものです。耐久財は、消耗品に比べて初期投資額が大きかったり、保守や修理が必要だったりします。

◎消耗品ならば、使ったらなくなる、食べたらなくなる

　消耗品は、使ったらなくなります。典型的な例は食料品です。**日清食品ホールディングス（2897）**のカップヌードルは、食べたらなくなります。なので、繰り返し購入されて、繰り返し売上が得られますが、商品に魅力がなければ1回きりとなります。そういう意味では厳しい市場です。他社商品から当社商品にスイッチしてもらえるチャンスも常に存在します。

　一方で、<u>使ったらなくなるため、同種の商品等が必ず繰り返し消費され、需要が安定する傾向</u>にあります。

◎耐久財ならば、使ってもなくならない

　耐久財は、使ってもなくなりません。例えば、住宅です。**積水ハウス（1928）**から住宅を購入したら、ずっと住み続けることができます。老朽化することはあっても、なくなることはまずありません。

【図表 3-5-1】 商品特性の違い

	性質	需要量	例
消耗品	使うとなくなる 保存がききにくい	安定	食料品 医薬品
サービス	在庫できない	生活必需的なものは 安定	介護
耐久財	長期間利用できる 高額である	景気などにより変動 しやすい	住宅 自動車 生産設備

　一生に1回とはいいませんが、数年〜10年に1度しか購入しない自動車なども、耐久財といえます。10年に1度の販売チャンスのときに、競合他社と競いながら販売することになります。ですから、1度の受注のための努力は大きくなります。

　耐久財の場合、販売プロセスにおいて実物を閲覧したり、人手によるセールスなどが行われ、販売コストが高くなります。このため、商品単価は高くなりがちです。

　顧客側も、大きな買い物であるため、慎重に比較検討しながら購入判断を行います。耐久財は金額が高額で専門性も高いため、顧客側が同等の商品等を比べたときに、明らかにどちらかが優位と判断できることはあまりありません。このため、顧客の購買意思決定はブランド価値にも大きな影響を受けます。

　高額であり借入によって購入されることも多いため、金利水準の影響も受けます。新技術の導入やモデルチェンジ、補助金などが需要の変動を生むこともあります。

　経済環境の良し悪しなどの影響を受けやすく、需要が変動しやすい傾向にあります。

◎サービスを売る。サービスは在庫できない

　サービス業はどうでしょうか？　例えば、介護サービスです。介護というサービスは、在庫することができませんよね。明日の分の介護を、今日のうちにやっておく、といったことができません。

　必要なときに、必要なだけ、その場でサービスを提供する必要があります。このような**サービスも使ったらなくなる、という意味で需要が安定する傾向**にあるといえます。

◎業績を安定化させるために物販とサービスを組み合わせる

　耐久財を生産・販売するビジネスの場合、どうしても商品等の需要サイクルや景気変動によって、業績が変動しやすくなってしまいます。一方で、経営者は業績を安定させたいと考えます。

　そこで、**物販にサービスを組み合わせる戦略**を考えるのです。

　例えば、ビルを販売したあとに、それをメンテナンスするサービスを付加する、エレベーターを販売したあとにメンテナンスするサービスを付加する、といった具合です。耐久財にリピート性のあるサービスをクロスセルする形です。

　家庭用プリンタもこのようなビジネスモデルでよく知られていますよね。プリンタ本体は薄利で販売し、インクで利益を稼ぎます。ゲーム機を安く売って、ゲームソフトの販売で稼ぐ任天堂やソニーなどのゲーム会社の収益構造も同じ仕組みです。耐久財にリピート性のある消耗品をクロスセルします。

　このようにメンテナンスサービスの収益性の高さに目をつけたのが**ジャパンエレベーターサービスホールディングス（6544）**です。エレベーターの保守・保全の収益性が高いことに着目し、それに特化して事業を展開したのです。毎期増収増益、営業利益率は14％台という好業績となっています。エレベーターという耐久財は売らず

に、メンテナンスという美味しい部分だけをちゃっかりいただくという戦略は、興味深いですね。

◎業績変動を大きくする流通在庫

　業績変動を大きくする要因として、流通在庫にも留意する必要があります。流通在庫とは、商品等が消費者に届くまでのサプライチェーンの各段階で保有される在庫をいいます。流通過程にある在庫だから流通在庫です。具体的には、製造業、卸売業、小売業の倉庫や店舗内にある商品等がこれにあたります。

　需要は、一過性のランダムな増減もあれば、季節性などにより予測できる大規模な増減もあります。流通在庫は、このような需要の変動に柔軟に対応するために必要とされます。また、リードタイムを短縮するためにも必要です。流通在庫があるからこそ、顧客の需要に応じた迅速な出荷が可能になります。

　欠かすことができない流通在庫ですが、景気の拡大時や後退時に需要の振れ幅を大きくしてしまうことがあります。次ページの図表3-5-2を見てみましょう。

　ある商品等のサプライチェーンです。素材企業が製造企業に原材料を販売し、製造企業は商品等を生産して卸売業に販売します。卸売業はこれを小売業に販売し、消費者は小売店で商品等を購入します。

　景気が通常のときは、1年間に10個消費され、サプライチェーンの各段階で10個ずつ在庫されるとしましょう。好景気になり1年間に15個消費されるようになると、小売業は在庫を15個に積み増します。その結果、卸売業は小売業が販売した15個分プラス小売業が積み増した在庫5個分、合計20個を小売業に販売し、さらに自分自身も在庫を15個に積み増します。製造業は、卸売業が販売した20個分プラス卸売業が積み増した在庫5個分、合計25個を卸

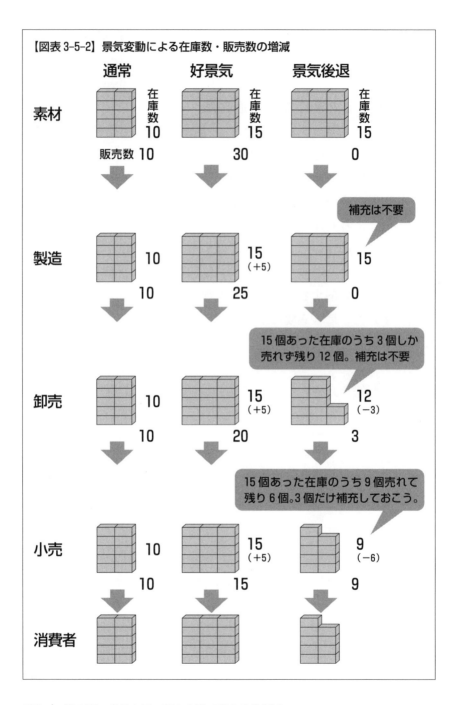

【図表3-5-2】景気変動による在庫数・販売数の増減

売業に販売します。

　好景気が来ると、小売業から消費者への販売が10個から15個に5個増えたのに対し、製造業から卸売業への販売は10個から25個へと15個も増えています。流通在庫の存在は、好景気が来たときにサプライチェーンの上流の需要量の振れ幅を大きくします。

　その逆のことも起こります。好景気から景気後退に差し掛かり、消費者が9個しか買わなくなったとしましょう。小売業は15個ある在庫から9個を販売し、在庫は6個になります。好景気のときは在庫を15個まで積み上げていましたが、今は不景気ですからそんなに在庫は不要です。かといって在庫6個は少なすぎるので、3個だけ購入して9個にしました。その結果、卸売業の売上は3個だけになります。卸売業は15個の在庫が3個減って12個になりましたが、これでも多すぎなので、製造業からは購入しないことになりました。すると、製造業の売上はゼロ個となってしまいます。

　現実には流通在庫のコントロールをもっとうまくやろうと各社が工夫しているので、ここまでひどいことにはなりませんが、流通在庫が業績に大きな影響を与えるイメージを持っておくことは大切です。

　例えば、自転車部品で世界首位の**シマノ（7309）**は、決算短信において流通在庫の状況を記述しています。流通在庫の増減が投資家にとっての関心事だからです。

6. ストック型売上、フロー型売上

◎ストック型とフロー型

　それでは売上について、違った角度から見てみましょう。前節では商品特性という観点から売上を見てみましたが、ここでは売上が積み上がっていくストック型か、その都度発生するフロー型の売上なのかを考えてみたいと思います。

ストック型売上：売上契約が積み上がっていき、毎月・毎年、繰り返し安定的に得られる売上のことをいいます。「リカーリング売上」「リピート売上」ということもあります。

フロー型売上：その都度、売上契約を締結し得られる売上のことをいいます。「スポット売上」「ショット売上」ということもあります。

◎ストック型売上　〜マネーフォワードとARR〜

　ストック型売上の事例として、マネーフォワード (3994) を見てみましょう。

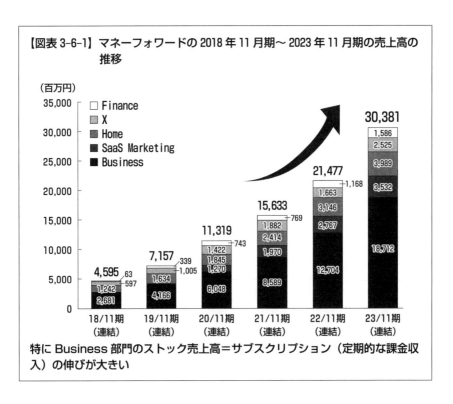

【図表3-6-1】マネーフォワードの2018年11月期～2023年11月期の売上高の推移

（百万円）

- □ Finance
- ▨ X
- ▧ Home
- ■ SaaS Marketing
- ■ Business

期	合計
18/11期（連結）	4,595
19/11期（連結）	7,157
20/11期（連結）	11,319
21/11期（連結）	15,633
22/11期（連結）	21,477
23/11期（連結）	30,381

18/11期：Business 2,681／597／1,242／63
19/11期：Business 4,166／1,005／1,634／339
20/11期：Business 6,048／1,270／1,845／1,422／743
21/11期：Business 8,589／1,970／2,414／1,882／769
22/11期：Business 12,704／2,767／3,146／1,663／1,168
23/11期：Business 18,712／3,532／3,989／2,525／1,586

特にBusiness部門のストック売上高＝サブスクリプション（定期的な課金収入）の伸びが大きい

　マネーフォワードは、主として企業を顧客として、会計ソフトや経費精算ソフト、給与計算ソフトなどをクラウド上で提供しています。月額課金モデルで、一度、利用を始めた顧客はそのサービスの性質上、継続して利用する可能性が高くなっています。例えば、給与計算ソフトは、**一度導入してしまえば、他社のソフトにスイッチするための手間がかかるため、継続して利用される傾向にある**からです。

　定期的に課金する仕組みを導入したビジネスモデルを サブスクリプションモデル（サブスク）と呼ぶことがあります。サブスク型のビジネスモデルを採用する企業が積極的に開示するのが ARR（Annual Recurring Revenue、毎年繰り返し得られる売上）で

す。

　マネーフォワードのようなビジネスの場合は契約をひとつひとつ積み上げていくストック型売上であり、それがどれだけ積み上がっているかを示すのが ARR です。

　例えば、マネーフォワードは 11 月期決算なのですが、11 月に新規の契約を獲得したとしましょう。月間 1 万円の契約で、年間では 12 万円の売上になります。契約したのは 11 月ですから、その期の決算では、1 か月分の 1 万円だけが売上として計上されます。しかし、契約自体は 1 年分（12 万円）を獲得しており、しかもそれは毎年繰り返し得られる可能性が高いものです。このとき、ARR は、12 万円となります。

　すなわち、**ARR とは、追加で新たな契約を獲得できなかったとしても、今後、毎年期待できる売上高**のことを指すのです。

　前ページの図表 3-6-1 に示したマネーフォワードの売上高の推移を見ると、着実に契約が積み上がっている様子がわかります。

　アメリカ企業でいうと、例えば**マイクロソフト（MSFT）やアドビ（ADBE）**なども同じようにサブスクモデルとなっています。

　このようにしてみると、「ストック型売上って素晴らしい！」と思うのですが、素晴らしいことばかりではありません。このようなビジネスモデルであるがゆえに、**新規で顧客を獲得するには大きなコストがかかる**ことがあります。

　マネーフォワードの場合、顧客である企業は、すでになんらかの会計ソフト、給与計算ソフトなどを利用していることがほとんどです。そのような企業に対して自社ソフトウェアにスイッチしてもらうには、大変な手間がかかります。自社を認知してもらうための広告宣伝費、自社ソフトにスイッチしてもらうコストに見合うだけのなんらかの販促費、スイッチするための実務的な支援に要するコストなどです。

つまり、他社のサブスクモデルからの切り替えに多額の費用が先行投資としてかかるわけです。これは、顧客になってもらったあと、時間をかけて回収することになります。このため、**赤字が先行しやすく、初期に多額の資金が必要になります**。実際、マネーフォワードは2024年11月期においても大きな赤字予想となっています。

　この点、似たようなビジネスですが、経費精算ソフト「楽楽精算」を提供する**ラクス（3923）**は、早い段階から黒字化していました。これは、マネーフォワードが主力とする会計ソフトは、すでに他社製品が普及していたため多額のスイッチング・コストを要するのに対して、ラクスが提供する経費精算ソフトは新しいサービスであり、他社製品が普及していなかったため、スイッチング・コストがそれほどかからなかったことが要因であると考えられます。

◎フロー型売上　〜オープンハウスグループ〜

　オープンハウスグループ（3288）は、戸建て住宅の建設・販売を行う企業です。

　日本では、住宅は最初に取得した物件に住み続けることも多く、2軒目を購入する人は限られています。また3軒以上購入する人は、ほとんどいません。

　マネーフォワードのサービスが顧客の毎月繰り返し購入を見込んでいるのと対照的に、住宅は一生に1度かせいぜい2度しか購入しないものです。したがって、オープンハウスグループは常に新しい見込客を獲得し、住宅を販売し続けなければなりません。このような売上がフロー型売上です。

　フロー型売上は、売上高が不安定になりやすいですが、一方で調子が良いときにはびっくりするような好業績になることもあります。

　フロー型売上の企業の業績が好調な場合、それが好景気などによる一過性のものなのか、それとも新たな販売チャネルの開拓や組織

体制の強化など翌期以降も続くものなのか、見極めるのがとても難しいです。

◎フロー型をストック型に変換するのがブランド

　それでは、日清食品ホールディングスのカップヌードルは、ストック型売上でしょうか、フロー型売上でしょうか？

　カップヌードルは、スーパーなどの小売店で、その都度購入して消費するものです。定期便のような形で購入している人は、ほとんどいないでしょう。したがって、フロー型売上といえます。

　ところが、フロー型売上にもかかわらず、日清食品ホールディングスの売上高は安定しています。なぜでしょうか？

　それは、カップヌードルにたくさんのファンがいるからです。小売店の店頭でカップ麺を購入するとき、「やっぱり日清が一番だよな〜」と言って、買い物かごに日清食品ホールディングスの商品を入れているファンがたくさんいるのです。これが日清食品ホールディングスのブランド力です。**ブランド力のある商品は、顧客との間になんら契約は存在しないにもかかわらず、顧客は繰り返し、その商品を購入してくれる**のです。

　すなわち、**ブランドは、本来、フロー型売上のはずの商品を、まるでストック型売上のように変換してくれる**のです。

　このようなブランド力を有する企業への投資は、第4章で改めて取り上げたいと思います。

7. シェアについて

　ここまで市場規模について見てきましたが、次はシェアについて見てみましょう。

> **売上高＝市場規模×シェア**

　仮にシェアが一定であれば、市場規模の拡大とともに売上高も増加していきます。

　市場規模が一定とすれば、シェアが上昇することで売上高も増加します。

◎シェアの拡大による売上増

　ファーストリテイリングの例で見てみましょう。ファーストリテイリングの国内における顧客は若い人から年配の人まで幅広い年代に広がり、ほぼ国内人口と等しいといってもよいでしょう。198 ページの図表3–2–1で見たように日本の人口は約1.2億人です。仮に、ユニクロが販売するようなカジュアルウェアに、日本人が平均的に年間 1 万円を消費するとしましょう。

市場規模＝ 1.2 億人×1 万円＝ 1 兆 2000 億円

　となります。

　上場当時のファーストリテイリングの売上高は 333 億円でした。シェアにすると、2.8％ほどです。**会社の規模に比べて市場規模が非常に大きいため、シェアアップによる大きな成長余地があった**ことがわかります。

　実際、ファーストリテイリングは、シェアアップによって売上が増加しました。

　売上高の成長余地を考えるうえで、市場におけるシェアがどれくらいか、ということが大切です。まず分析対象の企業のシェアが何

％くらいかということを調べます。次に、上位の企業がどれくらいのシェアを占めているかを調べます。

◎シェアの拡大が困難な市場もある

　携帯キャリアのシェアを見てみましょう。NTT ドコモが約 36％、KDDI グループが約 27％、ソフトバンクが約 21％となっており、上位 3 社で約 84％となっています。このような市場においては、シェアの拡大は非常に難しいと考えられます。

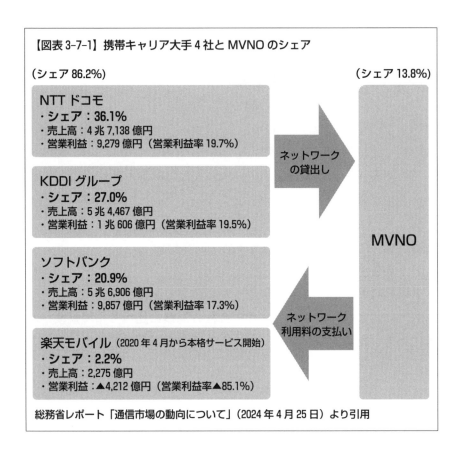

【図表 3-7-1】携帯キャリア大手 4 社と MVNO のシェア

（シェア 86.2%）

NTT ドコモ
・シェア：36.1%
・売上高：4 兆 7,138 億円
・営業利益：9,279 億円（営業利益率 19.7%）

KDDI グループ
・シェア：27.0%
・売上高：5 兆 4,467 億円
・営業利益：1 兆 606 億円（営業利益率 19.5%）

ソフトバンク
・シェア：20.9%
・売上高：5 兆 6,906 億円
・営業利益：9,857 億円（営業利益率 17.3%）

楽天モバイル（2020 年 4 月から本格サービス開始）
・シェア：2.2%
・売上高：2,275 億円
・営業利益：▲4,212 億円（営業利益率▲85.1%）

ネットワークの貸出し

ネットワーク利用料の支払い

（シェア 13.8%）

MVNO

総務省レポート「通信市場の動向について」（2024 年 4 月 25 日）より引用

なぜなら、NTTドコモなど3社の既存企業が非常に大規模であり、資金力・組織力などの点で強力だからです。これらの企業からシェアを奪うことは、苦しい戦いです。新規参入組の楽天モバイルが楽天経済圏をもってしても、その牙城をなかなか切り崩せないでいることがシェアアップの難しさを示しています。このような市場においてはシェアアップによる売上高拡大は、期待することが難しそうです。

◎群雄割拠市場はシェア拡大を期待できる　～マーケットは巨大で1社当たりのシェアは低い外食業界～

カジュアルウェア以外にも、マーケットが非常に大きいために、長期にわたって成長し続けられる業界もあります。例えば、外食業界です。

ゼンショーホールディングス（7550）は、グローバル展開により売上高を伸ばしていることで近年、注目が集まっていますが、国内市場においても、長期にわたって成長を続けてきました。

国内の外食市場は、携帯キャリア市場とは性格がまったく異なります。外食産業の市場規模は、年にもよりますが、国内で約25兆円とされます。

これに対して、国内で最大級の規模を誇るゼンショーホールディングスでも、国内売上高は約6000億円と考えられます（売上高の約2割が海外売上であることから推算）。ということは、最大級のゼンショーホールディングスでも、国内の外食産業に占めるシェアは2％強ということです。寡占化している携帯キャリア市場とはまったく異なる群雄割拠状態であることがわかります。

このため、国内で飲食店を展開する企業には、大きな成長可能性があるといえます。市場が広大かつ市場内に独占的な存在がいないので、シェアアップによる売上増を図りやすいためです。

◎外食業界でシェアアップにより成長した企業たち

　日本国内の外食産業は、人口動態から見ると、成長のしようがないように思われます。しかし過去には、そのなかから大きく成長する企業がたくさん出現しました。

　例えば、カレー専門店「CoCo壱番屋」を展開する**壱番屋（7630）**です。人口が飽和する日本の外食産業で成長を続けてきました。「丸亀製麺」を展開する**トリドールホールディングス（3397）**もそうです。

　一方で、大きなブームになったものの、それが持続しなかった「いきなり！ステーキ」を展開する**ペッパーフードサービス（3053）**のような企業もあります。上昇したシェアを維持することができませんでした。

　古くは、**吉野家ホールディングス（9861）**があります。

　こうして見ると、カレー、うどん、牛丼のように、**毎日でも食べられてしまうような日常的な外食を提供する業態に、大きな成長可能性がある**といえそうです。

　これ以外で週に1回は食べられるものといえば、ラーメンでしょうか。ラーメンといえば、「一風堂」の**力の源ホールディングス（3561）**や「幸楽苑」の**幸楽苑ホールディングス（7554）**、**丸千代山岡家（3399）**、**ギフトホールディングス（9279）**などがあります。

　企業がシェアを拡大できるかどうか、またシェアを維持できるかどうか、については、第4章の参入障壁、競争優位の部分で詳しく触れたいと思います。

8. 企業のなかでの事業ポートフォリオ

　売上高の小さな企業は、単一事業の場合が多いですが、売上高が1000億円といったように大きくなってくると、ひとつの企業のなかに複数の事業があります。

◎PPM分析で事業ポートフォリオを俯瞰する

　優れた企業は、自社の事業ポートフォリオのなかで、利益を稼ぎ出す事業と、これから成長させていく事業をうまく組み合わせています。

　PPM（Product Portfolio Management）分析は、複数の事業を展開する企業が、どの事業にどのように資金配分するかを検討する手法です。事業を4つのセグメントに分類します。

　横軸が、その事業が対象とする市場の成長性。縦軸が、その事業の市場におけるシェアです。それぞれ、低い、高い、に区分します。

　基本的な考え方は、**キャッシュ・カウ事業から得た資金を活用して、新たなスター事業を生み出したり、問題児事業をスター事業に育成する**、というものです。

キャッシュ・カウ（金のなる木）：市場の成長性は低いが、シェアが高くキャッシュをたくさん獲得できる事業です。ここで稼いだキャッシュは、新たなスター事業を生み出したり、問題児事業をスター事業に育成するための事業投資に使います。使い道がなければ株主還元に使います。

問題児：市場の成長性は高いが、シェアは低い事業です。市場の成長性が高いので、新規参入企業が続々と現れ、激しい競争が繰り広げられます。自社の事業をうまく育て、シェアを高めることができれば、将来のキャッシュ・カウ事業になります。しかしそのために

【図表 3-8-1】PPM 分析における 4 つのマトリクス

事業別で収益源を見極める

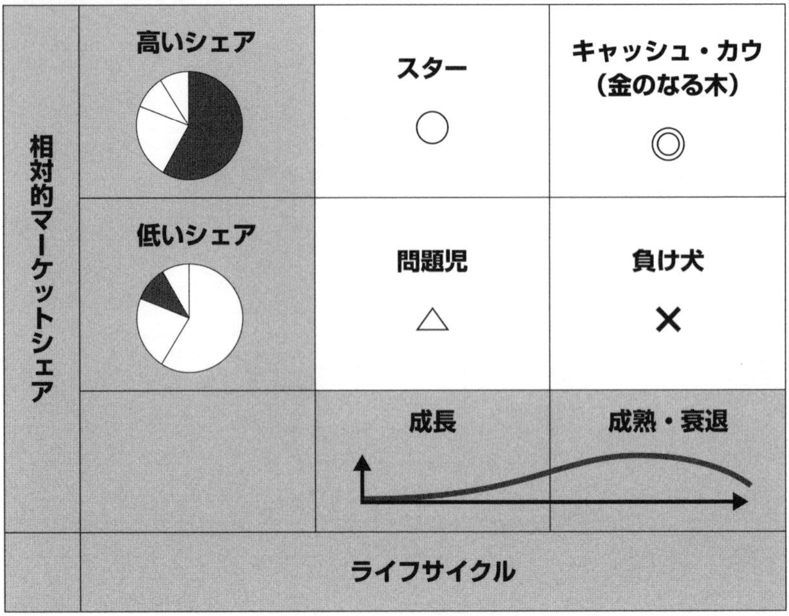

相対的マーケットシェア	高いシェア	スター ◯	キャッシュ・カウ （金のなる木） ◎
	低いシェア	問題児 △	負け犬 ✕
		成長	成熟・衰退
	ライフサイクル		

は、多額の設備投資や広告宣伝費、人件費などの先行投資が必要になります。企業はキャッシュ・カウ事業で獲得した資金を、この問題児事業に投下します。

スター：市場の成長性が高く、シェアも高い事業です。新規参入も多いですが、シェア上位の立場を獲得しており、その市場の勝ち組となっています。市場の成長性が高いのでたくさんの資金を稼ぐ一方、積極的な設備投資や広告宣伝費、新たな人材採用にともなう人件費が必要で多額の投資資金も必要です。スター事業で稼いだ資金を自ら再投資するとともに、キャッシュ・カウ事業で稼いだ資金も投入します。

負け犬：市場の成長性が低く、シェアも低い事業です。基本的に、

ここからは撤退するか、もしくは新規の資金投入を行いません。

　このように、企業が行っている事業を分類したうえで、「今、稼いでいる事業（キャッシュ・カウ）」と「将来、稼ぎ頭になる事業（スター、問題児）」のバランスを取りながら、育成していくのです。

　なお、グロース市場に上場したての企業のなかには、まだキャッシュ・カウ事業がなく、スター事業や問題児事業のみ、という場合もあります。

　新興企業への投資はリスクが高い、といわれるのはこのためです。

◎多角化について

　既存の事業とは異なる事業に挑戦することを 多角化 といいます。自社で一から新しい事業を始める方法と、M&A により他社の事業を買収してスピーディに始める方法とがあります。どちらが優れているというわけではなく、それぞれに長短があります。

　企業は、自社の得意な既存製品を武器に、既存市場でのシェアアップを図ります。これが 市場浸透戦略 です。広告宣伝やルートセールスによりシェアアップを狙うほか、同一顧客の購入頻度を高める、1回あたりの販売数量を増やすなど客単価を向上させる施策を打ちます。

　しかし、その市場もいずれは成熟し、衰退していきますから、多角化を図ります。ひとつは、既存製品を武器に、新市場へ攻め込む 新市場開拓戦略 です。ファーストリテイリングが、国内と同じユニクロ業態で海外展開を始めたのがこれです。

　新製品を開発して既存市場に攻め込む形の多角化もあります。日清食品ホールディングスがカップヌードルのファンに対し、「ラ王」という新製品を開発して投入したのがこれに当てはまります。新製品開発戦略 といいます。

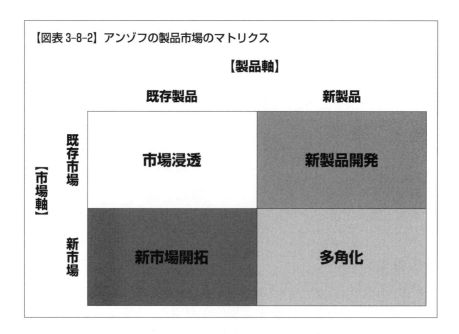

【図表3-8-2】アンゾフの製品市場のマトリクス

【製品軸】

	既存製品	新製品
既存市場	市場浸透	新製品開発
新市場	新市場開拓	多角化

【市場軸】

　新製品で新市場に挑戦する **(狭義の) 多角化** は、成功確率が低くなるといわれます。

◎事例　弁護士ドットコムのように
次の成長事業を切り開く経営陣

　弁護士ドットコム (6027) は、弁護士のマーケティングを支援するサービスが主たる事業でした。法曹人口が増え、弁護士事務所間の競争が激化するなかで、弁護士にもマーケティングが必要になってきた時流に乗って、事業は大きく拡大しました。

　しかし、弁護士は国内に4万人強しかいませんから、弁護士のみを顧客としたビジネスでは、成長の限界が見えています。そこで、まず弁護士マーケティング事業を急速に拡大させました (スター事業)。みるみるうちに市場規模は拡大し、シェアも高い水準を獲得し、多くのキャッシュを稼ぐ事業になりました (キャッシュ・カウ

事業）。この事業が生み出すキャッシュを新しい事業であるクラウドサイン事業（問題児事業）へと投資したのです。この事業は海外のドキュサイン社など競合ひしめく市場なので、PPM分析では問題児に相当します。同社はこの事業でのシェアを高めていくことで、さらなる成長を目指しています。

　もしも弁護士マーケティング事業の市場規模がもっと大きければ、さらなる市場浸透戦略を取ることも考えられたでしょう。しかし、国内だけでは、市場規模が小さかった。同じサービスを海外で展開する新市場開拓も考えられたでしょうが、法制度が異なる外国には展開しにくい面もあったでしょう。結果的には、法律に強い、というブランドイメージを活かして、まったく新しい市場への多角化を図りました。

　この戦略は現在のところ功を奏しています。**事業間での資金のやりとり（キャッシュ・カウからスターや問題児へ）や、多角化の意思決定は経営陣にしかできない**ことです。これに成功している企業は、経営陣が優れた経営能力を有していることの証です。

9. セグメント情報について

　事業ごとの売上や損益をまとめたものは **セグメント情報** と呼ばれます。決算説明資料や決算短信に掲載されています。決算説明資料への記載方法は企業によってさまざまなのですが、決算短信への記載方法については一定のルールがあります。決算短信への記載方法を理解できれば、決算説明資料にも柔軟に対応できるので、ここでは、決算短信の記載例をもとに、セグメント情報の読み取り方について見ていきたいと思います。

◎セグメント情報の見方

　弁護士ドットコムの 2023 年 3 月期のセグメント情報を見てみましょう。

【図表 3-9-1】
弁護士ドットコムの 2023 年 3 月期のセグメント情報

Ⅱ　当事業年度（自　2022年4月1日　至　2023年3月31日）

（単位：千円）

	報告セグメント			調整額 （注）1	合計 （注）2
	メディア	IT・ ソリューション	計		
売上高					
外部顧客への売上高	4,082,706	4,627,846	8,710,552	―	8,710,552
セグメント間の内部売上高 　又は振替高	―	―	―	―	―
計	4,082,706	4,627,846	8,710,552	―	8,710,552
セグメント利益	1,567,014	652,965	2,219,979	△1,129,860	1,090,118
その他の項目					
減価償却費	150,137	112,997	263,135	3,260	266,395
減損損失					

　図表3-9-1の報告セグメントに掲載されたメディア、IT・ソリューションは、各セグメントの名称です。このセグメントの決め方は、企業ごとに自由に設定することができます。企業は、経営資源

の配分の決定や業績を評価するために、事業をいくつかの区分に分類します。その単位をセグメントとするのが一般的です。

　なお、企業規模が小さい場合や、ひとつの事業しか行っていない場合は、セグメント情報がないということもあります。

メディア事業：法律相談ポータルサイト「弁護士ドットコム」及び税務相談ポータルサイト「税理士ドットコム」などを通じたインターネットメディアの運営を行う。
IT・ソリューション事業：契約マネジメントプラットフォーム「クラウドサイン」（電子契約サービス）をはじめとした IT・ソリューションサービスの提供を行う。

　まず右端の「合計」を見てみましょう。「外部顧客への売上高」が87億円となっています。これが損益計算書に「売上高」として示される金額と一致します。そして、「セグメント利益」が10.9億円となっています。これは損益計算書の「営業利益」と一致しています（企業によっては、営業利益ではなくほかの利益と一致していることもありますが、営業利益と一致する企業が多いです）。

　各セグメントの列は、この「売上高」と「営業利益」の内訳をセグメントごとに示しています。

「売上高」の部分を見てみると「外部顧客への売上高」と「セグメント間の内部売上高又は振替高」とあります。
　<mark>外部顧客への売上高</mark>：連結グループ外部、いわば他社に対する売上高をいいます。
　<mark>セグメント間の内部売上高又は振替高</mark>：連結グループ内部に対する売上高をいいます。例えば、メディア事業がIT・ソリューション事業の広告宣伝をするような場合が考えられます。このような取引

は、連結グループ内部での取引になりますから、内部売上高として示されることになります。弁護士ドットコムにおいては、セグメント間の内部取引はないため「—」となっています。

　なお、セグメント間の取引は、連結損益計算書を作成する過程において消去します。「セグメント間の内部売上高又は振替高」の右から2番目の列「調整額」というところでマイナス処理され、右端の列「合計」には、純粋に連結グループ外部に対する売上高のみが表示されます。

　というのも、連結グループ内での売上高を相殺消去しないでおくと、単に連結グループ内で商品を売買するだけで、どんどん売上高の金額が大きくなってしまい、決算書を見た投資家が経営実態を読み間違えてしまう可能性が出てくるからです。

◎セグメント情報から金のなる木、スター、問題児を読み取る

メディア事業とIT・ソリューション事業の売上高の推移を見てみましょう。

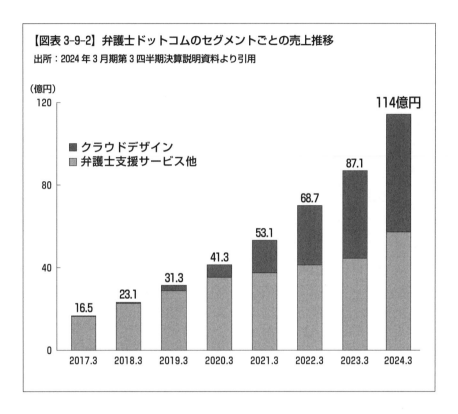

【図表 3-9-2】弁護士ドットコムのセグメントごとの売上推移
出所：2024 年 3 月期第 3 四半期決算説明資料より引用

Q. 弁護士ドットコムのセグメントのうち、キャッシュ・カウ事業はどちらでしょうか？

弁護士支援サービス他のいわゆるメディア事業も売上高が成長していますが、クラウドサインをはじめとした IT ソリューション事

業の売上高の成長は著しいです（前ページの図表3-9-2の売上高の
グラフにおける「弁護士支援サービス他」とセグメント情報の「メ
ディア事業」とは完全には対応していないと考えられますが、企業
の全体的な分析には影響がないと考えて、両者を同一と見なして書
き進めます）。

　それでは、どちらのほうが利益を生み出しているでしょうか？
セグメント情報を見てみると、メディア事業は売上高が40億円に
対してセグメント利益は15億円、利益率は38%です。一方、IT・
ソリューション事業は売上高が46億円に対してセグメント利益は6
億円、利益率は14%です。

　高いシェアを獲得し、成長スピードが鈍化してきたメディア事業
（キャッシュ・カウ事業）で稼いだお金を、成長著しいIT・ソリュ
ーション事業でのシステム開発投資や広告宣伝投資に向けているも
のと考えられます（問題児事業orスター事業）。

　ということで、答えは「弁護士支援サービス他（メディア事業）」
です。

　同社にとって問題児事業もしくはスター事業と位置付けられるク
ラウドサインは世界的に激戦の市場です。弁護士ドットコムがこの
なかで勝ち残っていくかどうかに私は注目しています。

　売上推移の経過を見ると、弁護士ドットコムが次の成長を目指し
て売上高を拡大しているダイナミズムが伝わってきます。株式投資
を通して、このような企業の経営判断と成長を知り、応援できるの
が醍醐味だと思います。楽しいだけでなく、ほかの企業への投資の
ヒントにもなりますし、自分の会社での仕事にも活きるでしょう。

10. 顧客価値について

　事業の多角化や 事業転換 （近年、ベンチャー企業などでは ピボット （pivot）という言葉で表現されることが増えました）は、企業にとっての一大決心です。重要な意思決定となります。

　どのような形態で多角化するのか？　新製品開発戦略か、新市場開拓戦略か？　あるいは、多角化せずに市場浸透戦略を取るのか？まったく異なる領域に多角化するのか？

　東証グロース市場に上場する企業であれば、上場時のメイン事業が数年経過すると陳腐化してしまうということもありますから、その場合は大幅な事業転換（ピボット）を図ることも考えられます。

　このような重要な意思決定をするうえで、経営者は何を考えるのでしょうか？

◎ドラッカーと顧客価値について

　何を売っているかについて、ここまでは個別具体的な物品（例えば自動車）を挙げてきました。ただし、これは表層的な捉え方です。

　本当に優れた企業は、自社の商品をそのようには捉えていません。

　例えば、事務用品などをネット通販するEコマース企業の **アスクル（2678）**。顧客がアスクルから購入しているのは事務用品なのですが、実際には、近所の事務用品店まで物品を買いに行く時間・手間暇を買っているともいえます。

　単に表層的に売っている物品を知るだけでなく、それが **顧客に提供している本当の価値は何なのか** ということについて、考え、調べ、知ることがその企業の強みの理解につながります。

　自社が顧客に提供している価値とは何かを徹底的に考えるとともに、自社の使命を追求することについて説いたのが世界的に著名な経営学者のピーター・ドラッカーです。ドラッカーの著書には、顧

客に提供する価値についてのヒントがちりばめられています。

　ドラッカーの著書である『マネジメント』や、それを小説仕立てでわかりやすくかみ砕いた『もし高校野球の女子マネージャーがドラッカーの『マネジメント』を読んだら』（ともにダイヤモンド社）は、ベストセラーになっています。

　例えば**NTT（9432）**。上場した1987年、NTTの主たる事業は、固定電話による通信サービスでした。しかし、技術の進歩とともに携帯電話サービスが誕生しました。このときに、NTTが自社のサービスを「固定電話による通信サービス」というように表層的に解釈していたら、携帯電話サービスには注力しなかったでしょう。自社の提供している価値を「人と人とをつなぐ通信サービス」と捉えていたからこそ、携帯電話サービスに注力し、さらには光回線による通信サービスへも展開していったと考えられます。

　この顧客価値という観点から企業を見ると、さらに株式投資が楽しくなります。「企業の事業の本質とは何か？」について考えることになるからです。

◎物流の価値が上昇し続けている

　この20年超、**顧客に提供する価値において、物流の役割が上昇し続けています**。

　象徴的なのは、今ではネット通販の巨人となった**Amazon.com（AMZN）**の登場だったと思います。

　Amazonの登場で、それまで書店に本を買いに行っていたのが、自宅に配送してくれるようになりました。消費者が手にする本の内容が変わったわけではありません。あくまで、消費者の手に届く方法が変わっただけです。しかし、これが革命的であり、その革命はいまだに分野を拡大し続けています。

書籍に始まり、衣類、食料品、医薬品と、さまざまな分野に、物流の形態の変化が広がっています。

　注目したいのは、**消費者が手にする物品は同じものであるにもかかわらず、物流のあり方を変えることによって、新たな価値が生まれている**、ということです。

　これにともない、在庫（棚卸資産）の意味合いも変化しました。従来は、在庫は少ないほうが良い、とされてきました。しかし、このような物流の分野では、在庫が多いほうが、顧客に届けるまでの時間を短縮でき、顧客価値を高められるといえます。

　Amazonのロングテール戦略として注目されたこともありましたが、通常の書店にもないようなニッチな書籍もAmazonの倉庫にはあります。そのニッチな書籍を欲しかった消費者は、それまでなら、書店で見つけられず、出版社に問い合わせて、送料を負担して自宅まで送ってもらっていました。それがボタンひとつですぐに自宅に到着するのですから、すばらしい便利さです。すなわちAmazonがたくさん抱えている在庫が顧客価値を生み出しています。

　このように、投資したいと思う企業がどのようなビジネスモデルを構築しているかを知ることが、その企業の売上の将来性を知るうえで大切です。

　また、第4章で書くように、その企業の差別化、利益率の高さにもつながります。

◎優れた経営陣が必要なのか論

　市場の盛衰については、企業の経営者であれば、当然、常に意識しています。従業員でもそうでしょう。読者のなかで会社員のみなさんは、自分の会社の将来性について「うちの会社の将来は○○だ

ろう」という話を同僚とした経験があると思います。

　誰しも、自社がターゲットにしている市場の将来性については、日々意識しています。

　しかし、それを踏まえて、次の一手をうまく打てている企業はどこかというと、非常に少なくなっています。例に挙げた弁護士ドットコムのように、既存事業に甘んずることなく、次の事業、次の事業と先手を打ち、それを成功に導くことができる経営陣は数少ないでしょう。

　他方で、優れた経営陣よりも本質的に重要なものがある、という意見もあります。バークシャー・ハサウェイを経営するウォーレン・バフェットや、その相棒であるチャーリー・マンガーは、次のように考えていました。

　経営者に優れた人ばかりが就任するとは限らない、だから普通の人が経営してもうまくいくようなビジネスを行う企業に投資すべきである、と。

　言い換えると、優れた参入障壁を有するビジネスであれば、経営者が優れた人でなくとも、その競争優位は保たれ、ビジネスは利益を生み続けることができる、ということでしょう。

「どの事業を行うか？　新たな事業を創設して、会社を多角化していくか？」については、慎重かつ的確な意思決定が必要です。自社で新規事業を始めるならば、参入障壁を構築できる事業を選ばなければなりません。他社をM&Aするならば、すでに参入障壁が構築されている事業を選ばなければなりません。この点ではやはり経営者は優秀でなければなりません。一方で、すでに事業が完成していて、参入障壁を構築し、巡航速度で進んでいるならば、それほど優秀な経営者でなくてもよい、といえるのでしょう。

◎情熱あふれる経営者たち

　ふと我に返って冷静に考えてみると、経営者が優秀とか、優秀でないとか、無礼な議論ですよね（笑）。あくまで株式投資で毎年EPSが10%以上増加し続ける企業を探す、という文脈での話としてご容赦いただければと思います。

　私は、実際に数多くの経営者の方たちにお会いしてきました。ほとんどの経営者の方は、自社の商品等を愛していて、それが顧客にどのように役立つかを真剣に考えています。また、従業員や株主に対して、どのように報いることができるかについても真摯に取り組んでいる方が大半です。

　なかには利益の出にくい業界で苦しんでいる企業もあります。参入障壁がなく、価格競争に苦しんでいる企業もあります。しかし、経営者も従業員も懸命に事業に取り組んでいます。

　そのような方たちのおかげで今の社会が支えられていることを忘れずにいたいものです。

コラム　ARR によるバリュエーション

　第1章で、1株価値の計算方法をいくつか紹介しました。

　それ以外にも、近年の SaaS 型（インターネットを通じて製品や
サービスを提供する事業モデル）サービスを提供するベンチャー企
業については、時価総額と、サブスクリプション販売によって毎年
繰り返し得られる売上を示した ARR の比率で、株価が高いか低い
かを評価する、という考え方があります。

　時価総額が 200 億円、ARR が 20 億円なら、その倍率は、

200 億円 ÷ 20 億円 ＝ 10 倍

となります。

　同じ SaaS 型サービスでも、ARR を急速に伸ばしている企業、停
滞している企業がありますから、単純にこの倍率を比較するのでは
なく、ARR の成長率を加味して割安・割高を評価することになりま
す。

　ARR を公表しているのは、本章で紹介したマネーフォワードのほ
か、**Freee（4478）、ラクス（3923）、サイボウズ（4776）、Sansan
（4443）、スマレジ（4431）** など、SaaS 型のサブスクリプションサ
ービスを提供している企業にたくさんあります。

　日本の代表的なグロース企業ですね。

　これらの企業の時価総額／ARR 倍率を計算・比較してみると、
おもしろいことがわかると思います。

第 4 章

参入障壁で
高い利益率を

良い企業が必ず持っている
「良いビジネスモデル」の話

キーワード
◎利益率の同業他社比較・時系列比較
◎競争優位　◎ブランド　◎規模の経済
◎習慣、スイッチング・コスト、
　探索コストによる顧客囲い込み
◎イノベーション

◎利益率が高い企業の特徴とは？

EPSが長期的に増加するには、売上高の成長と利益率の維持・向上が必要です。

そこで本章では、利益率 をテーマにします。

利益率を維持・向上できるのは、どのような企業でしょうか？

儲かるビジネスをしていれば、他社が参入してきて激戦になり、利益率はみるみる低下して、ほとんど利益が得られないようになるはずです。それを防ぐのが**参入障壁**です。参入障壁が存在すれば、利益率を維持・向上することができます。

【図表 4-0-1】

STEP 1 [2章〜4章]

良い企業か？

Yes

STEP 2 [1章]

株価は妥当か？

Yes

STEP 3 [5章]

ポートフォリオを管理する

純利益 ＝ 売上高 × 純利益率

1. 利益率をヨコ（同業他社）比較する

EPSが長期的に増加する企業について振り返りましょう。

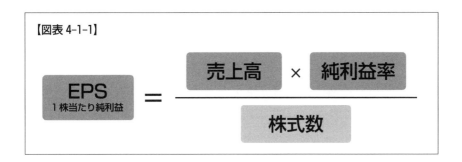

【図表 4-1-1】

売上高と株式数が一定ならば、純利益率（純利益÷売上高）が上昇するほどEPSは増加します。このため、**純利益率が将来どのように推移しそうか**は、長期投資において大切なポイントです。

純利益率は、競合他社との競争のなかで、常に低下圧力がかかります。この低下圧力に打ち勝つためには、強力な参入障壁、言い換えれば 競争優位 （新たな製品開発力など、なんらかの強み）が必要です。

それでは企業に競争優位があるかどうか、どのようにすればわかるのでしょう？　そこで役に立つのが利益率です。利益率にはさまざまなものがありますが、本章では特に営業利益率に注目したいと思います。というのも、純利益率には、特別損益などの臨時的な要素が含まれるからです。そこで、純利益率よりも企業の実力を反映していると考えられる**営業利益率を中心に話を進めていきます**。

◎同業他社比較、時系列比較の目的

営業利益率は、主に同業他社と比較します。営業利益「額」では

なく、営業利益「率」を比較するのは、企業ごとに売上高の規模が異なるため、単純に営業利益額だけを比較しても、優劣がわからないからです。

　同業他社は、基本的には同一のビジネスモデルを採用している場合が多いです。例えば、鉄鋼会社であれば、原料炭と鉄鉱石を輸入して、これを加工し、鉄鋼を生産します。おおむね**同一のビジネスモデルであるにもかかわらず、営業利益率が異なるとすれば、それはなんらかの差別化要因（ブランドイメージ、生産性の高さ、知的財産など）が存在する**はずです。その差別化要因を知ることによって、企業の強さ、長期的な成長可能性について知ることができます。

　また、同一の企業について営業利益率の推移を時系列で比較することも大切です。これにより**企業の競争優位が時の経過とともに強化されているのか、弱体化しているのか**がわかります。

◎ファーストリテイリングとしまむらを比較する（同業他社比較）

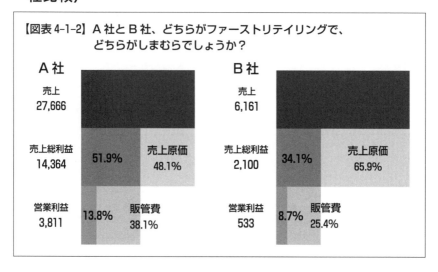

【図表4-1-2】A社とB社、どちらがファーストリテイリングで、どちらがしまむらでしょうか？

A社
売上 27,666
売上総利益 14,364　51.9%　売上原価 48.1%
営業利益 3,811　13.8%　販管費 38.1%

B社
売上 6,161
売上総利益 2,100　34.1%　売上原価 65.9%
営業利益 533　8.7%　販管費 25.4%

図表4-1-2のように棒グラフにして比べると、どちらも店舗を構えてカジュアルウェアを販売する企業なのに、売上総利益率と営業利益率が違うことがわかります。ともにA社のほうが高く、B社のほうが低くなっています。

　ファーストリテイリング（9983）は、自社で企画・製造から行う製造小売業（SPA：Speciality store retailer of Private label Apparel）というビジネスモデルです。それに対して、**しまむら（8227）**は仕入れたものを販売するスタイルです。よって、ファーストリテイリングのほうが売上総利益率は高くなる、と想像できます。

　一方で、ファーストリテイリングは、店舗展開において自社で店舗や物流施設を積極的に建設しているため、減価償却費などが多額となっています。このため、販管費はファーストリテイリングのほうが高いと想像できます。

　以上のことから、ファーストリテイリングはA社です。

　過去約30年間（1995年〜2023年、2024年）のファーストリテイリングとしまむらの営業利益率の推移を比べてみると、ファーストリテイリングは10%強の水準で推移しているのに対して、しまむらは10%弱の水準での推移となっています。

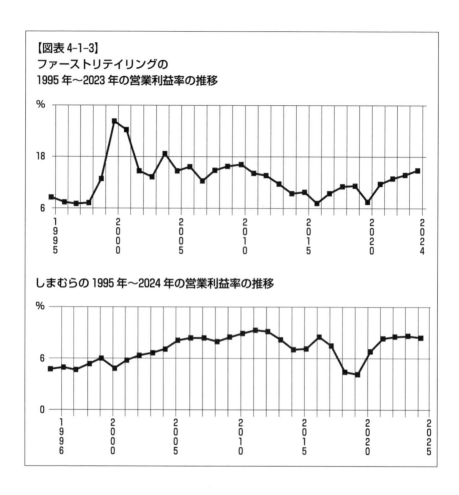

【図表4-1-3】
ファーストリテイリングの
1995年〜2023年の営業利益率の推移

しまむらの1995年〜2024年の営業利益率の推移

　同じカジュアルウェア市場にありながら、より高い営業利益率を継続的に得ているファーストリテイリングには競争優位がある、といえそうです。

◎利益率の時系列分析

　利益率を時系列に沿って見てみることも大切です。利益率は低下傾向にあるのか、上昇傾向にあるのか、またその要因は何か、を把握するのに役立ちます。

日立製作所（**6501**）の2004年〜2023年の20年間における営業利益率の推移を見てみましょう。

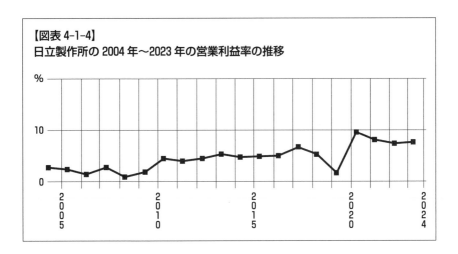

【図表4-1-4】
日立製作所の2004年〜2023年の営業利益率の推移

　20年前の日立製作所は営業利益率が2〜3％台と低い水準にありました。当時は、さまざまな子会社があり、まさに総合電機メーカーでした。そこから、徐々に事業の選別を進め、注力分野から外れた事業は売却し、選択と集中を進めていきました。

　その結果、近年は営業利益率が7〜8％台となっています。20年前と比べると約5％もの上昇となっています。

　日立製作所のように売上高が10兆円にも届くような企業が営業利益率を約5％も引き上げるのは並大抵のことではありません。経営者、従業員のみなさんの知恵と血のにじむような努力がその背景にあったのだと思います。

2. なぜ利益率に違いが生じるのか？

　なぜ、同じ業界の企業でも営業利益率に差が生じるのでしょうか？　その主な要因は、①**参入障壁の有無**と②**ビジネスモデルが異なる**という2点です。

◎M・ポーターの「ファイブフォース分析」

　参入障壁について、参考になるのはマイケル・ポーターの著者『競争の戦略』における ファイブフォース分析 です。市場における競争を 買い手の交渉力 、 売り手の交渉力 、 既存の競合他社との競争関係 、 新規参入の脅威 、 代替品の脅威 という5つの要素に分けて分析・理解するというものです。

　このなかでも「新規参入の脅威」は、特に重要な要因だと考えられます。企業が市場で高いシェアを誇り、高い利益率を獲得していたとしても、それに目をつけたほかの企業が続々と参入してくると、シェアは奪われ、利益率は低下していくからです。それを防ぐような参入障壁が存在すれば、他社は新規参入してきません。

　参入障壁が存在する市場は、新規参入企業が少なく、また市場内でのシェア変動も緩やかな傾向にあります。

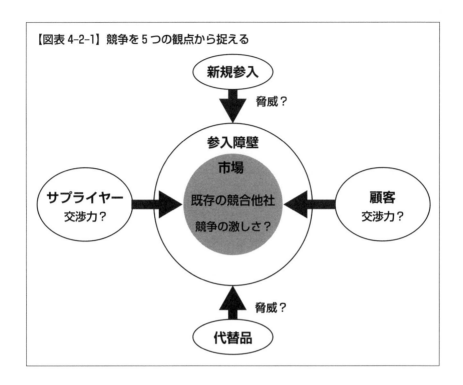

【図表 4-2-1】 競争を5つの観点から捉える

新規参入 → 脅威？

参入障壁

市場

既存の競合他社

競争の激しさ？

サプライヤー 交渉力？ →

顧客 交渉力？ ←

代替品 → 脅威？

◎**参入障壁について**

　M・ポーターのファイブフォース分析は、項目が多く、分析が難解になる傾向があるため、特に重要なポイントである **参入障壁** にフォーカスしたのがブルース・グリーンウォルドです。

　参入障壁とは、ある市場に対して、他社が新規参入する場合の参入のしにくさ、参入を阻む要因のことをいいます。政府による規制、莫大な初期投資、技術、知的財産などが例に挙げられます。

　参入障壁があるということは、既存の企業になんらかの競争優位があるともいえます。そこで、競争優位について、3つの観点に絞って整理しましょう。

① 供給面の競争優位

　特別な生産方法やノウハウで原価を他社より安く抑えられる場合や独占的な技術を持っている場合などです。知的財産で守られている医薬品業界などが好例です。第3節で**JR東海（9022）**を例に説明します。

② 需要面の競争優位

「習慣による囲い込み」「スイッチング・コスト」「探索コスト」が需要面の競争優位をもたらします。

「習慣による囲い込み」については第4節で**キッコーマン（2801）**や**JT（2914）**などを例に説明します。「スイッチング・コスト」については第6節で**Apple（AAPL）**のiPhoneを例に説明します。「探索コスト」については第7節で携帯キャリア業界を例に説明します。

③ 規模の経済

　顧客の囲い込みと組み合わされることで、強力な競争優位を構築できるのが規模の経済です。これについては、第8節で**メルカリ（4385）**を例に紹介します。

◎ビジネスモデルが利益率の違いを生み出す

　利益率の違いをもたらすもうひとつの要因がビジネスモデルです。同じ市場をターゲットにしていても、ビジネスモデルが違えば、利益率の傾向も異なります。

　前節で紹介した、同じカジュアルウェアを販売しているファーストリテイリングとしまむらでも、製造を含むSPAと仕入・販売の小売業とでビジネスモデルが異なるために、営業利益率の傾向が異なりました。

　同じようなことは、ほかの業界でも起こっています。例えば、電

子部品の卸売業を行っていた**加賀電子（8154）**ですが、顧客の要望を汲みながら**EMS（製造受託：Electronics Manufacturing Service）**も行うようになったところ、これが成功して、大きく業績を拡大しています。

このように同じ市場をターゲットにしていても、提供する商品やサービスに工夫を凝らすことでビジネスモデルに革新を起こす企業もあります。

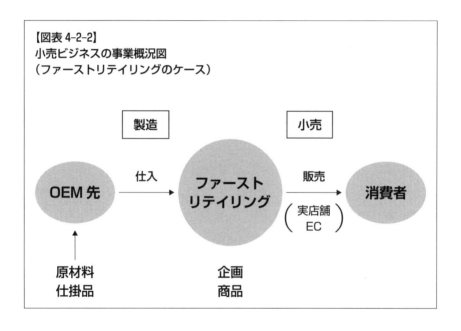

【図表 4-2-2】
小売ビジネスの事業概況図
（ファーストリテイリングのケース）

3. 供給面での競争優位　〜独占的地位と市場支配力〜

◎独占的地位とは？

　独占禁止法により、私的独占は禁じられています。しかし、事業の特性上、結果的に独占的な状況が生まれることがあります。なんらかの参入障壁が存在することにより、独占的地位が生じるのです。

　独占的地位 とは、参入障壁などにより守られた地位のことをいいます。

　例えば、**JR東海（9022）**は、東海道新幹線を有しています。これは、独占的なサービスといえるでしょう。今から東海道新幹線の横に、私鉄が線路を敷いて新幹線を走らせるなどということは、初期投資が莫大にかかるため費用対効果の観点から考えられません。また、鉄道を敷設するためには許認可が必要であり、誰でも参入できる事業ではありません。もしも東海道新幹線と同様の鉄道事業を行おうと考える事業者がいたら、そのお金を使って JR東海の株式を買い集めるほうが、よほど経済合理的でしょう。

　このように JR東海は独占的地位にあるといえます。もちろん競合するサービスはあります。JAL や ANA などの空運サービスです。また、夜行バスなども競合サービスといえるでしょう。これらは、新幹線に代替するサービスとして存在するため、JR東海も完全な独占的地位にあるわけではありません。しかし、輸送量の観点（新幹線は大量の人員を効率的に輸送できる）などから、強い地位にあることは間違いないでしょう。

　このように供給面で、競合他社が実質的に存在しないような場合、**供給面での競争優位がある**、といえます。

◎事例　JR東海の利益率

それでは、JR東海の利益率はどのようになっているでしょうか？

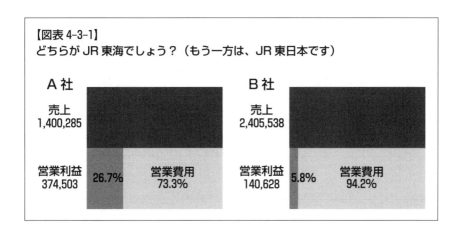

【図表 4-3-1】
どちらが JR 東海でしょう？（もう一方は、JR 東日本です）

JR東海の事業の中心は、東海道新幹線です。新大阪－東京間を短い時間で移動できるサービスです。移動先によっては、飛行機のほうが早い場合もあれば、遅い場合もあります。大量の人員を定刻で輸送できるという点では、飛行機よりも優れていると考えられます。同様の鉄道サービスは存在しません。

JR東日本の事業の中心は、関東での在来線です。東海道新幹線との違いは、代替手段としての私鉄やメトロ、自動車、バスなどが存在する、ということです。在来線ということもあり、鉄道だけでなく自家用車なども競合となります。

こうして見ると、同じ鉄道事業でも、JR東海は供給面での優位性が高く、JR東日本は供給面での優位性が低いといえそうです。このため、JR東海は営業利益率が高く、JR東日本は営業利益率が相対的に低いと予想できます。

ということで、A社がJR東海、B社がJR東日本です。

このようにJR東海に競争優位があることは、長期にわたる営業

利益率の推移が示唆しています。

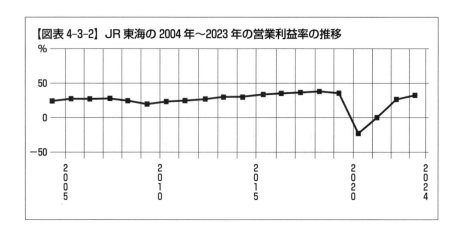

【図表 4-3-2】JR 東海の 2004 年〜2023 年の営業利益率の推移

　図表 4-3-2 は JR 東海の 2004 年〜 2023 年の営業利益率の推移です。2020 年のコロナ禍の時期にマイナスに落ち込んだ以外、JR 東海の営業利益率は 20%台から 30%台という非常に高い水準で安定して推移していることがわかります。

　まさに参入障壁が存在していることを示しています。

◎医薬品　〜特許による独占〜

　独占的に商品を供給できる分野に医薬品があります。医薬品は特許によって守られており、高い収益性が保たれます。

　それでは、日本を代表する製薬企業のひとつである**武田薬品工業（4502）**の 1995年〜 2023年の営業利益率の推移を見てみましょう。

　30 年間では、低いときだとマイナスから 1 桁%、高いときで 30%台まで、大きく変動していることがわかります。

　医薬品は特許で守られているはずなのに、どうして高い営業利益率が長期間にわたって持続しないのでしょうか？

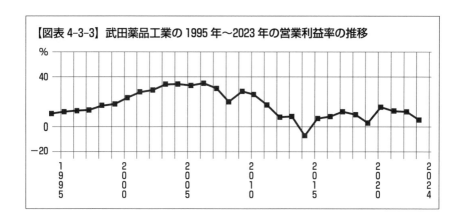

【図表4-3-3】武田薬品工業の1995年〜2023年の営業利益率の推移

特許に期間があることが、理由として考えられます。特許には20年間といった期限があり、その期間が経過するとほかの製薬企業が同等の医薬品を製造・販売できます。いわゆる ジェネリック医薬品 です。ジェネリック医薬品は、先発薬（当初、特許を有していた医薬品）に比べて安価ですから、患者にとっても健康保険組合などにとっても金銭的な負担が軽くなるため、利用が進んでいます。

このように、製薬企業の特許による供給面での競争優位は、永続するものではなく、特許切れとともに、弱体化してしまいます。ですから製薬企業は、次々に新しい特許と医薬品を開発しなければならず、熾烈な争いが繰り広げられています。特に1年間に10億ドル以上の売上につながる医薬品は、ブロックバスター と呼ばれ、その開発に成功すると、企業の業績と株価は大きく変化します。近年だとエーザイ（4523）のアルツハイマー病治療薬である「レカネマブ」が株価に大きな影響を与えたのが印象的でした。

製薬企業の利益率は、ブロックバスターの特許期間と、新たなブロックバスターの誕生によって、大きく変動する、といえそうです。そこに投資のチャンスとピンチの両方があります。

4. 顧客の囲い込みによる競争優位
～需要面での競争優位～

　次は、需要面から見た競争優位についてです。企業は顧客を囲い込むことにより競争優位を獲得し、持続します。顧客を囲い込む方法には、「習慣」「スイッチング・コスト」「探索コスト」が挙げられます。

◎習慣による顧客の囲い込み

　キッコーマン（2801）のしょうゆを利用されている方は、読者のなかにもたくさんいるのではないでしょうか。スーパーで、「そうそう、しょうゆが切れてたんだ」と思って、無意識に手に取るのはキッコーマンのしょうゆ。

　私たちの生活習慣に溶け込んで、無意識にその商品を選んでしまう、というものが誰にでもありますよね。マヨネーズ、調味料、小麦粉、カップ麺など、**習慣的に利用しているブランドがあり、それを知らず知らずのうちに買っている**。これが習慣による 顧客の囲い込み で、企業の競争優位につながっています。

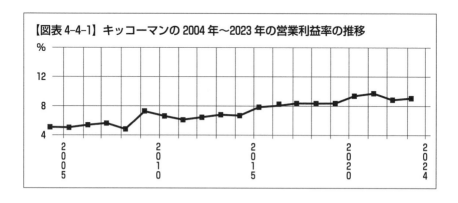

【図表4-4-1】キッコーマンの2004年〜2023年の営業利益率の推移

キッコーマンの営業利益率は、安定しながら徐々に上昇しています。20年前は5%程度でしたが、緩やかに上昇し、近年では10%近くになっています。

キッコーマンは、業種としては食料品に分類されます。2022年度の東証の決算短信集計によれば、食料品に分類される企業の営業利益率は6.92%ですから、これよりも3%程度、高い水準となっています。

習慣により囲い込まれた顧客が、知らず知らずのうちに、他社商品より少し高くても慣れたキッコーマンのしょうゆを手に取っている姿が目に浮かびます。

◎習慣による囲い込みでの競争優位×供給面での競争優位

習慣による囲い込みだけでなく、さらにそれに供給面での競争優位も存在するのが、**JT（日本たばこ産業）（2914）**でしょう。

JTは、もともとは 日本専売公社 でした。日本国内においてタバコ販売の独占権を持っていましたが、1985年4月に民営化されました。

現在は、英国のタバコ大手ギャラハーの買収などにより海外にも進出し、世界3位のタバコメーカーとなっています。

まず需要面に関していうと、タバコは習慣的に利用されます。また、その味についても個々人に好みがあり、一度気に入った銘柄を継続して利用する傾向があります。このように習慣による囲い込みがもたらす競争優位が存在します。

供給面では、日本国内においてタバコの製造を行うのは、たばこ事業法によってJTだけに限定されています。外資系企業のタバコの輸入販売は認められていますが、日本国内の企業が製造面で新規参入することはできません。このように、供給面でも独占的な生産を認められていることから競争優位が存在します。

それでは、JT の 2015 年〜 2024 年の営業利益率の推移を見てみましょう（図表 4-4-2 参照）。

　JT の営業利益率は 20％台という高い水準で推移しています。過去には、売上高及び売上原価にたばこ税が含まれていたため、その当時の営業利益率は見かけ上、低くなっていますが、たばこ税を除いた営業利益率は、過去も現在も高い水準で維持されています。

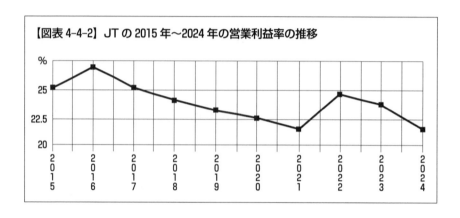

【図表 4-4-2】JT の 2015 年〜2024 年の営業利益率の推移

◎コモディティはどうか？

　それでは、習慣による顧客の囲い込みがないような商品を取り扱う企業の営業利益率は、どうなっているのでしょうか？

　日常的に利用するという意味では、しょうゆやタバコと同じですが、ブランドに対するこだわりが低い商品としてティッシュなどの紙類が挙げられます。ブランドに対するこだわりが低く、価格勝負になってしまう商品のことを コモディティ ということがあります。

　図表 4-4-3 は紙類を製造・販売する王子ホールディングス（3861）の 2004 年〜 2023 年の営業利益率の推移です。

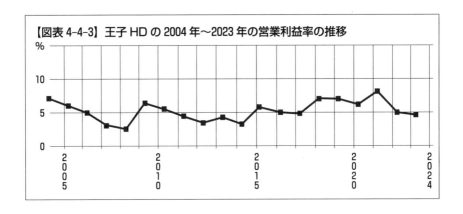

【図表4-4-3】王子HDの2004年～2023年の営業利益率の推移

5%前後で推移していることがわかります。なお、業界2位の**日本製紙（3863）**になると、営業利益率は1%台になります。

ティッシュなどの紙類についても、こだわりがあるという人もなかにはいるでしょう。しかし、しょうゆのブランドや、タバコのブランドに比べれば、そこまでこだわらない、という方が大半ではないでしょうか。

つまりティッシュなどのコモディティは、習慣による顧客の囲い込みがあまり行えず、競争優位が乏しいといえます。その結果、価格勝負となって、値下げ競争が起こり、営業利益率が低い水準になってしまうのです。

◎習慣による囲い込みができている企業は投資先として有望

このように、企業が顧客を習慣により囲い込むことに成功していれば、その企業は利益率を高く維持することができると考えられます。**利益率を高く維持できていれば、売上が拡大したときに、EPSも増加する**ことが期待できます。

一方、JTのように強力な囲い込みを実現していても、タバコ人口の減少などで将来の売上拡大が期待しにくい企業については、長期投資の際、その成長性を慎重に見極める必要があります。

5. ブランド

習慣により顧客を囲い込むためには、何が必要なのでしょうか？それは ブランド です。

◎ブランドについて

ブランドとは、商品等の名称であり、顧客が認知するイメージを指します。ブランドは、その名前を聞いたときに、心のなかに抱くイメージのことです。具体的な形がないため確認しにくいものなのですが、確かに存在するものです。企業そのものがブランドといえるケースもあります。

ブランドには、多様なイメージが付随します。例えば、ベンツなら「頑丈な高級車」、トヨタ自動車の「壊れにくく、乗りやすく、信頼できる車」といったイメージもブランドがもたらします。燃費が良いなど、ほかのイメージを持つ人もいるでしょう。なかにはネガティブなイメージを持つ人もいるでしょう。これもブランドの一部であり、それらの総和がブランドです。

ブランドは、例えば家電製品のスペックとは異なり、数値化しにくいイメージです。多くの人が共通して抱くイメージでもありますし、顧客それぞれが思い描く個別的なイメージでもあります。例えば、子どものときに父親の運転するカローラに乗って家族旅行に行った人を想像してください。幼少期の思い出がトヨタ自動車とカローラに対する好意的なイメージにつながります。ちなみにこれは私のことです。

ブランドにより、商品等は差別化されます。

◎ブランドが最も貴重な資産である

ブランドは、一朝一夕に築けるものではなく、大変な年月が必要

になります。

　ブランドが、どのようにして作られるかといえば、テレビCM、新聞広告、インターネット広告だけではありません。トヨタ自動車の販売店の営業マンの働きかけ、消費者の間でのクチコミ、車好きの批評家によるコメント、新聞報道、ニュース報道など、さまざまな媒体による、さまざまな形態の情報が、繰り返し繰り返し消費者に刷り込まれることによって形成されていきます。

　ですから、ブランドを構築するには莫大な時間、コストがかかるうえ、そのイメージを維持するために継続的なブランド維持費用も必要です。人々は年老いていくので、子どもたちなど新たな顧客にブランドイメージを付与していかなければなりません。

　しかも、このブランド価値は、不祥事などにより、一夜にして損なわれることもあるのです。2000年初頭に脱脂粉乳による集団食中毒事件や牛肉の産地偽装事件を起こした雪印グループは経営危機に陥りました。

　ブランドこそが、企業が有する最も貴重な資産といってよいでしょう。

　私の先輩で「壊れやすいんやけどなあ〜」とボヤキながら、とあるブランドの外車を愛用している人がいます。壊れやすいのが嫌ならトヨタの自動車を買えばいいのに、と思いながら聞いているのですが、それでもその外車に乗るのです。これはまさに外車のブランドが好きだからでしょう。

　したがって、素晴らしいブランドを有する企業の経営者にとって最も大切な仕事はブランドを維持し、向上させることだといえるでしょう。

◎普通の経営者でもやっていけるビジネス

　ウォーレン・バフェットやチャーリー・マンガーの言うような「普通の経営者でも優れた結果を出せるビジネス」について考えて

みましょう。

これには2つの意味があると思います。

ひとつは、他社が容易に新規参入できないような参入障壁の高いビジネスをせよ、それを行っている企業に投資せよ、という意味合いです。他社が入ってこられないような参入障壁を有するビジネスを行っていれば、優れた経営者でなくても、企業の収益を維持し、拡大していける、というものです。

もちろん、その参入障壁を守るためには、適切な経営判断を行っていかなければならないのですが、障壁のあるビジネスに新たに参入して成功するよりも、はるかにやさしいことでしょう。

もうひとつが、素晴らしいブランドを有している企業に投資せよ、という意味合いです。ブランドを築くためには、大変なお金と時間が必要です。それを新たに構築するよりも、すでにあるものを守るほうが難易度は低く、成功可能性も高いでしょう。

◎ベンチャー企業が大成するにはスーパー経営者が必要

裏を返せば、まだ競争優位がしっかりと構築できていないベンチャー企業には、素晴らしい経営者が必要不可欠だともいえます。

東証グロース市場に上場しているような、売上数億円～数百億円の企業は、素晴らしい経営者の存在が不可欠であると私は考えています。他方で、売上高が数千億円から1兆円を超えるような規模になってくると、規模が大きすぎて、経営者の理解の範囲・想像の範囲を超える部分が出てくると思います。

そのような大企業が、継続してさらに成長していくためには、ジェームズ・C・コリンズの著書『ビジョナリー・カンパニー』に示されるような「基本理念」などで組織の力を最大限に活かすことが、より大切になります。

◎ブランドを極めたものがフランチャイズビジネス

ブランド価値を高めることがフランチャイズビジネスにつながります。代表的な例は、米国の**マクドナルド（MCD）**です。「マクドナルド」というブランドは、世界中の人々に認知されています。ブランドの認知度は、極めて高いと考えられます。もちろん日本においても幅広く認知されており、関東では「マック」、私の住む関西では「マクド」としてポジティブなブランドイメージを有する人が多いと思います。

日本マクドナルドホールディングス（2702）は、米国マクドナルドとライセンス契約を締結しており、システムワイドセールス（日本国内の直営店舗とフランチャイズ店舗の合計売上高）の3％を米国マクドナルドに支払うことになっています。この契約は日本マクドナルドホールディングスが日本におけるフランチャイザーとして、フランチャイズ権をサブ・ライセンスするマスター・ライセンス契約となっています。

マクドナルドというブランドの権利を有しているのはあくまで米国マクドナルドであり、日本にあるマクドナルドは、日本マクドナルドホールディングスがロイヤルティーを米国マクドナルドに支払って運営（直営及び国内でのフランチャイズ）しているのです。私たちがマクドナルドの店舗で支払う代金の3％は、米国マクドナルドの取り分です。

日本マクドナルドホールディングスの営業利益率は10.7％（2023年12月期）と高い水準ですが、<u>**米国マクドナルドの営業利益率は46.1％と極めて高い水準**</u>になっています。

フランチャイズビジネスをうまくやれば、いかに高収益が得られるかがわかりますね。

米国マクドナルドが提供しているのは、マクドナルドというブランドの使用許可と、店舗運営などの仕組み・ノウハウの提供です。

もしも、マクドナルドとまったく同じ商品を提供する「ヒネノナルド」があったとしても、誰も顧客は集まらないでしょう。なぜなら「マクドナルド」というブランドにこそ価値があるからです。そしてブランドに価値があるからこそ、フランチャイズに参加したい希望者が続々と現れ、米国マクドナルドは高い収益を得ることができるのです。

　日本の上場企業でもフランチャイズビジネスを展開している企業はいくつかあります。

　代表的なのはコンビニの「セブン-イレブン」を展開する**セブン＆アイ・ホールディングス（3382）**でしょう。「業務スーパー」を展開する**神戸物産（3038）**もフランチャイズ経営です。

　ブランドも最初はそれほど力があるわけではありません。商品を改良し、仕組み・ノウハウなどの便利さを改善しつつ、顧客を増やします。それがブランド価値の向上につながり、商品をさらに改良し、仕組み・ノウハウをさらに改善することで、顧客をいっそう増やします。このように何度も何度も改善を繰り返し、顧客の信頼を獲得し強化することで、時間をかけてブランドは構築されていきます。

　その結果が、米国マクドナルドのような驚くべき高収益のフランチャイズビジネスを実現するというわけです。

6. スイッチング・コストによる顧客の囲い込み

◎スイッチング・コストとは？

スイッチング・コストとは、顧客が他社製品・サービスに乗り換えるために支払うコストのことをいいます。金銭的なコストのほかに、労力、移行にともなうリスクなども含みます。

スイッチング・コストが存在すると、**他社製品・サービスが魅力的に見えたとしても、コストとの比較で乗り換え（スイッチ）を断念する**、ということがあります。スイッチング・コストによっても顧客を囲い込むことが可能です。

◎スイッチング・コストの例

例えば、今はなくなりましたが携帯電話の契約を2年単位とし、それ以外の時期に他社サービスに乗り換える場合は違約金が発生するというものがありました。まさにスイッチング・コストです。

スイッチング・コストはこのような**ペナルティ**だけでなく、**メリットの喪失**という形もあります。携帯キャリアサービスでは、利用年数が長いと特典を提供する例があります。このような場合、他社サービスにスイッチすることで、**特典というメリットを失うという形でのコスト**が発生します。これもスイッチング・コストのひとつです。

第3章で紹介したマネーフォワードが提供するような会計ソフト、給与計算ソフトなどにもスイッチング・コストが存在します。顧客にとっては、すでに利用している会計ソフト・給与計算ソフトが存在するのが一般的です。そこから、マネーフォワードの会計ソフト・給与計算ソフトに移行するためには、新たなシステムの初期設定の負担、従業員の教育訓練に要する時間というコスト、操作に

慣れるまでに要する時間というコストなど、さまざまなスイッチング・コストが発生します。だからこそ、マネーフォワード側もさまざまなメリットを提示して、「高いスイッチング・コストを払ってでも切り替えるだけの大きなメリットがある」と顧客に納得してもらわなければなりません。

◎iPhone に埋め込まれたスイッチング・コスト

　読者のなかにも iPhone を利用している方は多いと思います。次に買い替えるときも iPhone を選ぶ、という方も多いでしょう。それはもちろん iPhone という端末そのものを気に入っているということもあるでしょうが、それだけでなく iPhone からアンドロイドスマホに乗り換える際には、スイッチング・コストが発生するというのも理由のひとつでしょう。

　iPhone からアンドロイドスマホへスイッチする場合のコストとして、データと設定の移行が困難ということが挙げられます。iPhone 間でのデータ移行は、iCloud や iTunes を利用して簡単に行えます。連絡先、写真、アプリのデータなどを新しいデバイスにスムーズに移行できます。ところがアンドロイドスマホへスイッチする場合は、これらをスムーズに行うことができず手間がかかります。これもスイッチング・コストです。

　また、iPhone は、ほかの Apple 製品（Mac、iPad、Apple Watch など）と高度に統合されており、これらのデバイス間でのデータ共有や機能連携が容易に行えます。このような便利な機能も、アンドロイドスマホに移行すると使いにくくなってしまいます。これもまたスイッチング・コストといえます。

　アップル製品が利用されるのは主として端末そのものの魅力だと思いますが、他方でスイッチング・コストを用意しておくことで、買い替えのときにもリピートされるような工夫が凝らされています。

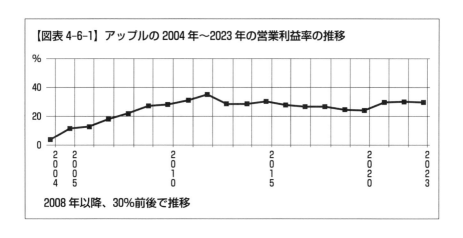

【図表 4-6-1】アップルの 2004 年～2023 年の営業利益率の推移

2008 年以降、30%前後で推移

　それが功を奏して、**アップル（AAPL）** は売上の 30%前後という高い営業利益率を維持しています。

◎スイッチング・コストのないコーヒーショップ

　スイッチング・コストが存在しないものもあります。例えば、私はよくコーヒーショップを利用します。**ドトール・日レスホールディングス（3087）** が運営するドトールコーヒー、**東和フードサービス（3329）** が運営する椿屋珈琲、**スターバックス（SBUX）** などです。少し空いた時間に、コーヒーショップで幸せなひと時を過ごします。

　私は少し時間が空いた、そんなとき、周りを見渡して、目に入ったコーヒーショップに入ります。すぐ目の前にドトールコーヒーがあるのに「スターバックスじゃないと嫌だ。スターバックスを探そう」とは思いません。仮にいつもはスターバックスを利用しているとしても、目の前にドトールコーヒーがあれば、それを利用するでしょう。これは、スイッチング・コストが存在しないこともひとつの要因だと考えられます。

　スターバックスユーザーがドトールコーヒーを利用しても、なん

ら問題ありません。ペナルティはもちろんありません。ポイントを貯められない、という多少のデメリットがあるかもしれませんが、それも1度きりのことですし、大きな金額にはなりません。

　このようにスイッチング・コストが存在しないため、いつもとは違うコーヒーショップを平気で利用します。iPhoneだとこのようにはいきませんよね。

　それでは、ドトール・日レスHDの営業利益率の推移を見てみましょう。

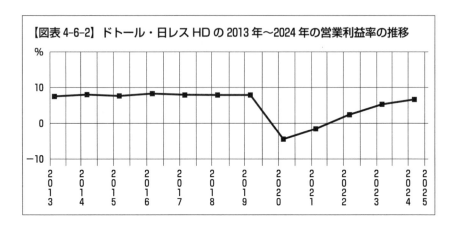

【図表4-6-2】ドトール・日レスHDの2013年〜2024年の営業利益率の推移

　1桁%で推移していることがわかります。もちろんアップルとはそもそも取り扱っている商品の性質がまったく異なるため、単純に営業利益率を比較することに意味があるのか、という意見もあると思います。

　しかし、私たち投資家は、アップルに投資することも、ドトール・日レスに投資することも自由に選択できます。**長期投資の観点からは長期にわたって高い利益率を維持できる、競争優位を有する企業に投資したい**ものです。そう考えると、異業種他社の営業利益率を比較することにも意味があります。

7. 探索コストによる顧客の囲い込み

◎探索コストとは？

探索コスト とは、顧客が条件を満たす代替品や代替サービスを探し当てるのにかかる金銭的・時間的なコストのことをいいます。

探索コストがあまりかからない例としては、炊飯器を購入するときが挙げられます。検索サイトを利用して、炊飯量、その他いくつかの機能について要否を決めて探せば、すぐに候補を絞り込むことができます。

これとは対照的なのが、携帯キャリアサービスです。携帯キャリアはドコモ、KDDI au、ソフトバンク、楽天モバイルのサービスがあります。読者のみなさんも、このいずれかを利用されている方がほとんどだと思います。一度は、「他社に乗り換えたほうが通信料が安くなるかもしれない」と考えて、携帯キャリアの変更を検討したことがあると思います。そのとき、気づいたはずです。「料金プランの違いが複雑でややこしい」ということに。

また、通信サービスについては値段の問題だけでなく、快適に通信できるか、といった評価の難しい定性的な要素もあります。さらに通信サービスだけでなく、その他の付加サービスもあります。

しばらく調べた結果、「乗り換えたほうが得なのかどうか、よくわからない」という結論に達した人がほとんどではないでしょうか。

代替サービスを探し当てるのにかかる時間的なコストが高くついてしまい、しかも比較が困難であるため、結局、意思決定まで至らない。探索コストが高いのです。

そうして乗り換えを断念する。これが 探索コストによる顧客の囲い込み です。

◎携帯キャリア業界の利益率

　携帯キャリアサービスは、第9節で触れるように新規参入するために多額の初期投資が必要で、供給面での競争優位もあります。これも参入障壁として、既存企業に有利に働きます。

　つまり**携帯キャリア業界の既存企業は、探索コストで顧客を囲い込み、さらに多額の初期投資の負担により新規参入から守られている**、ということです。

　それでは営業利益率を見てみましょう。

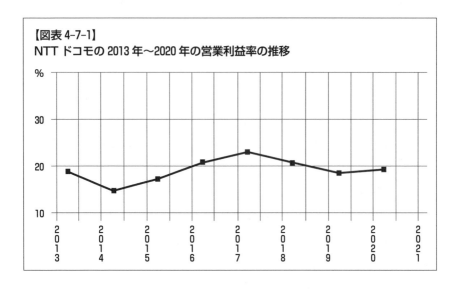

【図表4-7-1】
NTTドコモの2013年〜2020年の営業利益率の推移

　NTTドコモは、上場廃止となってしまいましたが、2013年〜2020年の営業利益率は20%前後で推移していました。ソフトバンクは10%台後半、KDDIも10%台後半で推移しています。

　テレビCMなどで苛烈な顧客争奪戦を行っているように見えますが、その実、3社ともしっかりと高い利益率を維持していることがわかります。

　携帯キャリアは、競争優位がさまざまな点にあります。先述の探

索コストだけでなく、供給面でも競争優位があります。多額の初期投資が必要なため、これに耐えられるだけの企業は数が限られるということもありますし、通信サービスを提供するためには通信免許を取得する必要がありますが、これが簡単ではありません。楽天モバイルがやっと取得しましたが、大変な苦労があったと思います。

　さらに、長期間利用者に割引などのメリットを提供することで、スイッチング・コストを高める工夫もなされています。PayPay、d払いなどの決済サービスを提供することで、関連領域への事業展開の足掛かりにもなっています。

　このように携帯キャリアは、巧みに競争優位を維持しながら、強い参入障壁を築き上げ新規参入を阻んでいるのです。楽天モバイルが苦戦するのも納得です。

◎探索コストが低い家電

　それでは、探索コストが安い例として取り上げた炊飯器を扱う**象印マホービン（7965）**の営業利益率について、見てみましょう。

　象印マホービンは、日本国内においても海外においても、認知度の高いブランドです。読者のみなさんも象印のマホービンや炊飯器など、一度は利用したことがあると思います。

　次ページの図表4-7-2は同社の2014年～2023年の営業利益率の推移です。

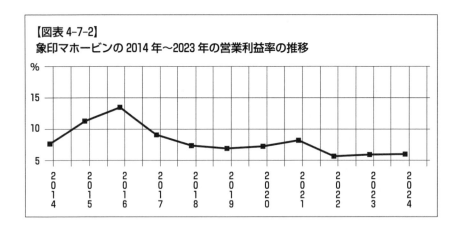

【図表4-7-2】
象印マホービンの2014年〜2023年の営業利益率の推移

2015年頃に営業利益率が大きく改善した時期がありますが、これは、中国人を中心とした訪日外国人が、炊飯器を爆買いしたことが背景にあります。そのブームが落ち着いたあと、営業利益率は5〜8%で推移しています。

高いブランド力を有する象印マホービンですから、もっと営業利益率が高いのではないか、と意外な感じを受けます。それは探索コストが低いため、他社製品と差別化していても、検索サービスなどで他社製品と一様に比較された結果、価格競争に巻き込まれてしまう、という状況に陥っているからだと考えられます。

ブランド力の強い象印マホービンですら、こうですから、例えば、調理家電や照明器具などの後発家電メーカーである**ツインバード（6897）**になると営業利益率は1〜5%となっています。

◎差別化・ブランド力だけでは足りない

こうしてみると、単に差別化されているだけ、ブランド力があるだけでは、高い利益率を獲得しそれを維持するために十分ではないことがわかります。

ブランド力があったとしても**家電製品のように数値化して他社製**

品と容易に比較できるようなものの差別化は、強固な競争優位につながりにくいものであると考えられます。

　これに比べて、「日清ラ王」のような食料品は、数値化して他社製品と比較できるのは金額くらいのもので「辛さ」「甘さ」「うまさ」などを数値化して他社比較したところで、消費者は誰もそれを購入基準とはしないでしょう。このように、数値化しにくい商品をブランド化することは、強く長期的な競争優位につながります。

8. 規模の経済×顧客の囲い込み

◎規模の経済とネットワーク効果について

　規模の経済 とは、生産量や規模が増えることによって、単位当たりのコストが低下することをいいます。伝統的には、大量生産によって仕入原価や製造原価を低減したり、固定費を大量の製品に分散させたりすることを意味しました。

　さらに、現代においては規模の拡大がもうひとつの重要な意味を持つようになりました。これを ネットワーク効果 といいます。

　ネットワーク効果とは、同じものを利用している人が多いほど、ユーザーにとっての製品・サービスの価値が高くなる、という効果をいいます。いわゆるプラットフォーム企業が提供するサービスがこれに該当します。

　例えば、**メタ・プラットフォームズ（META）** が提供するサービス「Facebook」などは、その利用者が多いほどサービスの価値が高くなります。現実で知り合った人が Facebook を利用していれば、その後も Facebook を通してやりとりしやすくなりますし、近況を知ることもできます。

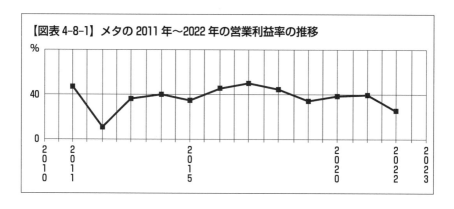

【図表4-8-1】メタの2011年〜2022年の営業利益率の推移

メタ社の営業利益率の推移を見てみると、40％前後という高い水準で推移していることがわかります。ネットワーク効果を活用して、多くの広告収益を効率的に得ていることがわかります。

　LINEヤフー（4689）グループが提供するLINEもそうです。利用している人が多いからこそLINEの価値が高いのです。LINEの月間ユーザー数は9500万人にもなります（2023年6月時点）。これだけ**多くのユーザーが利用しているからこそ、LINEは便利で利用価値が高い**といえます。これがネットワーク効果です。もしも100人に1人しかLINEを利用していなければ、その価値はずっと低いものになってしまいます。

◎メルカリ

　規模の経済（ネットワーク効果）と顧客の囲い込みを掛け合わせて成功したのが**メルカリ（4385）**です。

　メルカリは、フリーマーケットアプリを通して、個人間で中古品を売買するプラットフォームを提供しています。さらに、自社の決済サービス「メルペイ」も展開しており、中古品の売却により得たお金を実店舗などで利用することもできます。

　中古品を売買するプラットフォームは、その利用者が多いほど、プラットフォームとしての価値が高くなります。メルカリを利用して中古品を売却しようと考える人が多いほど、メルカリで出品される物の量、種類が豊富になりますから、買い手にとって利便性の高い（品ぞろえの豊富な）プラットフォームとなります。また、メルカリで中古品を購入しよう、と考える人が多いほど、需要が多くなりますから、売り手にとってはより高い金額で速やかに中古品を売却できる可能性が高まります。

　このようにメルカリというサービスは、**その利用者が多ければ多いほど、その価値が高まりますから、ネットワーク効果を有すると**

いえます。

　メルカリは日本とアメリカで事業を行っていますが、特に日本においては事実上のプラットフォームの地位を確立しており、参入障壁による競争優位があると考えられます。そこで日本事業に注目します。

　日本では、マーケットプレイス事業（メルカリ事業）とフィンテック事業を行っています。マーケットプレイス事業のほうを見てみましょう。2023年6月期におけるマーケットプレイス事業の売上高は261億円、調整後営業利益は120億円ですから、利益率は46.0%となります。非常に高い利益率です。

　メルカリのすごいところは、単にネットワーク効果を有するだけではなく、顧客を囲い込む仕組みも作られているところにあります。メルカリで物品を売却して得た代金は、すぐに自分の銀行口座に振り込まれるのではなく、いったんメルカリのデポジットに蓄積されます。そして、自分の銀行口座にそれを送金する際には手数料がかかります。手数料がかかるのは、もっともなことだと思いますが、それによってメルカリ内に資金が滞留することになります。結果として、その資金がほかの中古品の購入に充てられる可能性が高まると考えられます。

　また、ほかの中古品の購入に充てられなくても、同社のスマホ決済サービス・メルペイの使用を促進することにつながります。

　これらは、顧客を囲い込むことにつながっていると考えられます。このように**ネットワーク効果と顧客の囲い込みを巧みに組み合わせることによって、強力な参入障壁を築いている**と考えられます。

◎メルカリもアメリカでは苦戦

　他方で、メルカリはアメリカでは苦戦しています。アメリカでの競合は、Poshmark、**eBay（EBAY）**などが挙げられます。

日本でメルカリが高収益を得ている理由がわかれば、アメリカで苦戦している理由もわかります。

　シェアが高いほど、ネットワーク効果が高まり、顧客に提供する価値が高くなるわけですから、すでにシェアが高い先行者ほど有利な事業展開を行えます。

　メルカリはアメリカでは後発でした。すでにメルカリよりもシェアの高い競合他社のサービスが存在したため、ネットワーク効果という点では、競合他社よりも不利な戦いになります。

　このため、アメリカでの戦いは苦戦しています。もちろん、シェアだけでなく、アプリの利便性、特定の分野に絞った場合の優位性、広告宣伝などの要素により、シェアの逆転もありえますが、劣勢から始まる戦いであることは間違いありません。

　そもそも日本国内においても、見方によってはメルカリは後発組です。というのも古くからヤフーオークションなどの中古品売買サービスは存在したからです。メルカリは、スマホで利用しやすいアプリを提供したり、出品・購入しやすい工夫をしたりするなどして、従来のオークションよりも裾野を広げることに成功しました。画期的なイノベーションがあれば、アメリカ市場での逆転も可能かもしれません。

9. 装置産業の悲哀

◎低コスト構造のメリットと戦略

　設備投資が多額であるために、大量生産するほど、製品1個当たりの単価が安くなることを（狭義の）規模の経済といいます。これについて、確認しておきましょう。

●計算例
　売価　　@12円／個
　変動費　　@1円／個
　固定費　100円／年
（すべてA社とB社で共通）
　A社は10個生産し10個販売する。B社は100個生産し10個販売するとします。

A社（10個生産、10個販売）の損益計算書と貸借対照表
売上　　12円/個×販売10個＝120円
製造原価　　変動費1円×生産10個＋固定費100円＝110円
1個当たり製造原価　　110円÷生産10個＝11円/個
売上原価　　11円/個×販売10個＝110円
利益　　売上120円−売上原価110円＝10円
棚卸資産　　0円（売れ残りはゼロ）
手元に残るキャッシュ　売上120円−製造原価110円＝10円（資金余剰）

B社（100個生産、10個販売）の損益計算書と貸借対照表
売上　　12円/個×販売10個＝120円
製造原価　　変動費1円×生産100個＋固定費100円＝200円

【図表 4-9-1】大量生産のメリット・デメリット
　　　　　 Ａ社 10 個生産して 10 個販売、Ｂ社 100 個生産して 10 個販売

10 個販売する場合

		A社（10 個生産）	B社（100 個生産）
製造原価	変動費	@1 円×10 個＝10 円	@1 円×100 個＝100 円
	固定費	100 円	100 円
	合計	110 円	200 円
	1 個当たり	11 円	2 円
売上		@12 円×10 個＝120 円	@12 円×10 個＝120 円
売上原価		@11 円×10 個＝110 円	@2 円×10 個＝20 円
利益		10 円	100 円
売れ残り（棚卸資産）		ゼロ	90 個　180 円
収入		120 円	120 円
支出		110 円	200 円
キャッシュ		＋10 円	−80 円

1 個当たり製造原価　　200 円÷生産 100 個＝ 2 円 / 個

売上原価　　2 円 / 個×販売 10 個＝ 20 円

利益　　売上 120 円−売上原価 20 円＝ 100 円

棚卸資産　　2 円×売れ残り 90 個＝ 180 円

手元に残るキャッシュ　　売上 120 円−製造原価 200 円＝△ 80 円

（資金不足）

という結果になります。

同じ製品を 10 個販売しただけなのに、A 社は利益 10 円、B 社は利益 100 円とまったく違う結果になっています。ところが、手元に残るキャッシュは A 社が 10 円、B 社はマイナス 80 円です。足りない資金は借入金などでまかなうことになります。B 社は 90 個（180円）の在庫が残っています。1 年に 10 個しか売れなかったのですから、9 年分の在庫が残っていることになります。

それでは、実態は、どちらのほうが良いでしょうか？

こういうとき、注目したいのがキャッシュです。**キャッシュは嘘をつかない**と言う人がいますが、確かにそうだと思います。A 社はキャッシュが 10 円増え、B 社はキャッシュが 80 円減っています。よって A 社のほうが良い状況です。B 社は、資金が流出したうえに大量の在庫を抱える羽目になっています。ところが、利益は B 社のほうが大きいのです。

極端な例ではありますが、**装置産業で固定費が多い業態だと、売れない在庫を大量生産した結果、目先の利益は増えるという数字のマジックが起こります**。

第 2 章で見たように利益は損益計算書に記載されます。この利益に関しては魔法をかけられて、見かけが実態と乖離してしまうことがありますから、嘘をつかないキャッシュの流れを示すキャッシュ・フロー計算書も一緒に開示されるのです。

もちろん、経済合理的に行動する経営陣ばかりであれば、このような不合理な生産は行わないはずです。しかし実際には投資家などの外部の目を意識して、こうした不合理な生産活動が行われることもあります。

装置産業においては、ついつい多めに生産するというインセンティブが働いてしまいます。多めに生産して大量の在庫を抱えた結果

として起こることは、値下げや価格競争です。今、中国ではさまざまな領域で過剰生産能力を抱えた企業が大量生産をした結果、大量の在庫が積み上がっていると考えられます。強烈な値下げ・価格競争が起こるはずです。

◎経験効果

さらに、<mark>経験効果</mark>というものが存在します。経験を積むことによって、単位当たりの生産コストが下がることを意味します。

例えば、習熟による段取り時間の短縮、製造工程の工夫による歩留まりの向上などにより、1単位当たりの生産コストが下がります。この結果、販売価格が下がらなければ、1単位当たりの利幅は大きくなります。一方で、他社が先に経験効果を得て販売価格を下げれば、当社にとっては厳しい戦いとなります。利益が出ない価格まで値下げせざるをえない状況になってしまいます。

このように**装置産業は、構造的に価格競争になりやすい性格があり、なおかつ余剰在庫を抱えやすくなります**。難しいビジネスです。

◎事例　日本製鉄

それでは、**日本製鉄（5401）**を例に見てみましょう。

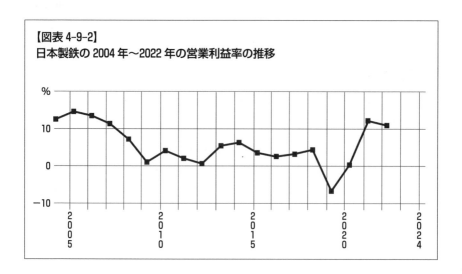

【図表 4-9-2】
日本製鉄の 2004 年〜2022 年の営業利益率の推移

図表 4-9-2 に示した 2004 年〜2022 年の営業利益率は 1 桁％で推移するのがほとんどで、まれに 10％を超える年があったり、赤字になったりする年がある、という状況です。

巨大装置で華々しいイメージのある鉄鋼業界ですが、収益性という意味では苦戦していることが見てとれます。

鉄鋼業は初期投資が多額ですから、この点では参入障壁が高い事業だと考えられます。日本製鉄の貸借対照表（2023 年 3 月末）を見ると、有形固定資産が 3 兆 1836 億円と多額になっています。製鉄工場を建設するために莫大な資金が必要であることがわかります。このような初期投資の大きさは、参入障壁のひとつです。したがって、利益率は高くなりそうなものですが、そうはなっていません。参入障壁が高い一方で、大量生産による価格競争になりやすい性格の事業であり、撤退障壁も高い（一度造った製鉄所を閉鎖する意思

決定がしにくい）ため、価格競争に陥りやすいことが要因であると考えられます。

◎同じ装置産業でも携帯キャリアは何が違うのか？

　同じ装置産業であっても、携帯キャリア業界は高い利益率を維持できています。それは、初期投資が多額であるということ以外にも参入障壁が複数存在し、それらが巧みに組み合わされているからなのです。

　この点、鉄鋼業界は、顧客の囲い込みなどの競争優位を築きにくいビジネスであり、その結果として、利益率の面で苦戦していることが見てとれます。他方で、利益率がもっと低い水準まで低下しないのは、製品である鉄鋼が重量物であり、ある程度、地の利を生かして、消費地の近くで生産するのがコスパの観点から望ましい、という性格があるからだと考えられます。

　ここまで参入障壁の有無や価格競争の激しさ、投資対象としての魅力といった観点から装置産業としての鉄鋼業を取り上げてきました。とはいえ、経済合理性だけで現実の企業を論じるわけにはいきません。「鉄は国家なり」と言われたように、鉄鋼は日本社会の物理的なインフラを支えています。鉄鋼業がビジネスとして儲かる、儲からない以前の問題として、鉄鋼業の企業は日本社会に不可欠であると思います。

　日本製鉄の経営陣、従業員のみなさんの大変な努力と復活劇が『日本製鉄の転生　巨艦はいかに甦ったか』（日経BP）という書籍に記されています。参入障壁があろうがなかろうが、価格競争に苦しもうが、そんなことは関係なく日本製鉄を株主として応援する、そんな個人投資家もきっとたくさんいると思います。これは個人投資家だからこそできる、株式投資のあり方のひとつです。

10. イノベーションを起こし続ける企業、経営陣、企業文化

◎イノベーションを起こし続ける必要がある

　ここまで、マイケル・ポーターのファイブフォース分析やブルース・グリーンウォルドの競争優位を参考にしながら、利益率について見てきました。みなさんが投資を検討している企業について、これらの観点から分析をして、その優れたところを見つけてみてください。

　しかし、その優れたところも、時間の経過とともに陳腐化する可能性があります。なぜなら競合他社がそれを模倣してくるからです。あるいは、新たな技術革新が新たな差別化をもたらすからです。

　例えば、レンタルビデオ事業です。すでに株式を上場廃止にして非上場企業になったカルチュア・コンビニエンス・クラブが行っていました。しかし、ネットフリックスやAmazonプライムの登場で、そもそもビデオ・DVDをレンタルする人や頻度が激減しました。インターネットの大容量通信という新しいテクノロジーによって、異なる業界から新規参入組が現れ、代替品に市場を奪われてしまったのです。

　しかし、これは企業にとってはどうしようもないことで防ぎようがありません。市場はいつか飽和・衰退します。差別化も競合が模倣することによって無力化していきます。よって、企業はイノベーションを起こし、常に変化し続けなければなりません。

◎イノベーションとは何か？

　それでは、イノベーションとは何でしょうか？

　イノベーションというと、新たな技術の発見・開発というイメージが浮かびますが、これについては、ピーター・ドラッカーの『マ

ネジメント』が示唆に富んでいます。単なる技術革新だけがイノベーションではなく、既存の技術を用いて、従来想定されなかったような使い方、組み合わせ方によって新たな価値を生み出すのもやはりイノベーションなのです。

イノベーションとは、より優れた、より経済的な財やサービスを創造することを指しています。ドラッカーはイノベーションのことを、時代遅れになった商品等を段階的に廃棄して、新しいものに置き換えていく「体系的廃棄」とも言っています。

iPhone を作り出した個々の技術は既存のものであったといわれています。しかし、故スティーブ・ジョブズが率いた Apple はそれらを組み合わせることによって、新たな価値を有する iPhone という製品を生み出しました。これもイノベーションです。

◎従業員がイノベーションを起こす企業風土　〜3M を例に〜

イノベーションを起こし続けるために、さまざまな企業がさまざまな取り組みを行っています。そのひとつが**スリーエム（MMM）**の就業時間中における「15%ルール」です。

次ページの図表4-10-1は2003年〜2024年のスリーエムの株価、売上高と EPS の推移です。

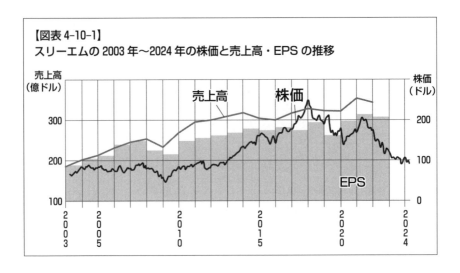

【図表 4-10-1】
スリーエムの 2003 年～2024 年の株価と売上高・EPS の推移

「15％ルール」とは、従業員が勤務時間の15％を自由に使って自分の興味やアイデアを追求できるというものです。1948年に導入されたこの制度は、ポストイットやスコッチテープなど、多くのイノベーティブな製品を生み出すことにつながったと考えられています。

◎分析対象の企業がイノベーションを起こしうるか？

　情報の限られている個人投資家にとって、分析対象企業がイノベーションを起こしうるかどうか、判断することは難しいです。

　しかし、いくつかヒントはあると思います。ひとつは、IRにおいて新たな取り組みが紹介されていることです。イノベーションは新たなチャレンジと、数多くの失敗の上に成り立つものです。**イノベーションを意図的に起こそうとしている企業は、その大切さを理解しており、IR資料などで、新たなチャレンジについて発表しています**。新しい取り組みが失敗したからといって、それを責めるのではなく、次々に新しい取り組みに挑戦する風土のある企業こそ、長期投資の対象としておもしろいと思います。

もうひとつは、**研究開発費の金額を調べてみる**ことです。売上高の何%を 研究開発費 に使っているか、という観点から評価するといいでしょう。決算短信や有価証券報告書、決算説明資料などに研究開発費が記載されています。

　例えば、製薬企業と製造業の企業を比べながら見てみましょう。

【図表 4-10-2】製薬企業と製造業の企業の売上高と研究開発費の違い

	第一三共	中外製薬	王子 ホールディングス	レンゴー
	2024 年 3 月期	2023 年 12 月期	2023 年 3 月期	2023 年 3 月期
売上	1,601,688	1,111,367	1,706,641	846,080
研究開発費	364,340	174,868	9,346	2,066
売上高研究 開発費比率	22.7%	15.7%	0.5%	0.2%
営業利益	211,588	439,174	84,818	25,957
営業利益率	13.2%	39.5%	5.0%	3.1%

単位：百万円

　このように、新薬を開発・製造する**第一三共（4568）**や**中外製薬（4519）**は、それぞれ売上高の 22.7％と 15.7％が研究開発費となっています。企業規模によって研究開発に使える金額は大きく違いますから、売上高に対する比率で比較します。

　研究開発費とは、研究開発に従事する者の人件費や研究開発に使用する設備・機器、プロトタイプの製作や実験に使う材料などの費用をいいます。

　第一三共と中外製薬を比較すると、営業利益率は 13.2％と 39.5％であり、中外製薬のほうが大幅に高くなっています。なので、目先の収益力は中外製薬のほうが高いといえますが、第一三共も負けてはいられないので、次の新薬開発のために多額の研究開発費を投じ

ている様子が目に浮かびます。1年から数年というスパンでの業績に対しては、研究開発費を絞るほうが利益は出ます。しかし、数年から10年、20年という長いスパンでの業績に対しては、研究開発費を多くかけたからといって、それが必ず実るわけではないですが、研究開発を行わなければ競争に勝ち抜くのは難しいでしょう。

　続いて、製造業のなかでもパルプ・紙の業種になる**王子ホールディングス（3861）とレンゴー（3941）**を比較してみましょう。売上高に対する研究開発費の比率は、王子ホールディングスが0.5%、レンゴーが0.2%です。王子ホールディングスのほうが高水準となっています。営業利益率はそれぞれ5.0%と3.1%ですから、王子ホールディングスのほうが、研究開発によるイノベーションに積極的であり、それが営業利益率の差になって現れていると見ることができます。また逆に、王子ホールディングスのほうが営業利益率が高いからこそ、研究開発に多くの資金を投じることができると見ることもできます。ニワトリが先か卵が先か、の話のように、研究開発費と営業利益率の高さは、どちらが先かよくわかりません。ただ、それぞれプラスにもマイナスにも相乗効果が働くと考えられます。多額の研究開発費は高い営業利益率をもたらし、研究開発費の削減は低い営業利益率をもたらす、ということです。

　また、新薬開発企業と製紙企業の研究開発費の比率を比べると、水準がまったく違うことがわかります。また、それを反映するかのように営業利益率の水準もまったく異なることがわかります。新薬開発企業が、イノベーションを起こすことにいかに必死かが伝わってきます。医薬品の特許には期限がありますから、将来に特許期限が切れた医薬品は売上高が必ず急減します。新しい医薬品を開発できなければ企業としての存続が難しいのです。

　私たち生活者にとって、多額の研究開発費をかけて新薬開発に挑戦してくれる企業はありがたい存在です。

◎ビジョナリーカンパニー　～基本理念が大切～

　企業規模が小さい間は、イノベーションを起こすのは、経営者でしょう。しかし、企業が成長するに従い、その主体は組織になっていきます。『ビジョナリー・カンパニー』（ジェームズ・C・コリンズ著）では、企業が時代を超えて、長期に卓越して生存し続けるために必要なものは、企業の基本理念にある、と指摘されています。

　基本理念とは、基本的価値観と企業の目的からなります。

　基本的価値観とは、組織にとって不可欠で不変の主義のことです。いくつかの一般的な指導原理からなり、文化や経営手法と混同してはならず、利益の追求や目先の事情のために曲げてはならないとされます。

　企業の目的とは、単なるカネ儲けを超えた会社の根本的な存在理由です。地平線の上に永遠に輝き続ける道しるべとなる星であり、個々の目標や事業戦略と混同してはならないものとされます。カネ儲けを超えた企業の根本的な存在理由のことです。

　卓越した企業は、これらが明確であり、維持され続けているというのです。そこには、それを守る経営陣と組織風土があるのです。企業のホームページを見ると、基本的価値観は例えば「信念」「クレド（信条、行動規範という意味)」のような形で示されています。

例えば図表4-10-3は日用品会社の**花王（4452）**が自社のホームページに掲載している企業理念図です。企業の使命（ミッション）として「豊かな共生世界の実現」を掲げ、基本となる価値観として「正道を歩む　よきモノづくり　絶えざる革新」を挙げています。

【図表4-10-3】花王が企業理念をビジュアル化した花王ウェイの図

花王 HP (https://www.kao.com/jp/corporate/purpose/kaoway/) より引用

　例えば、**ソフトバンクグループ（9984）**は稀代の名経営者、孫正義さんが創業し、育て上げた企業です。もし孫さんがいなくなったらどうなるんだろう、と思いますよね。企業において経営者の存在は非常に大きいものです。特にベンチャー企業や社歴の浅い企業においてはその傾向が顕著です。

　しかし、創業者も名経営者も、いつかは引退のときが来ます。そのあとも素晴らしい企業として存続できるかどうかは、この基本理念がどれだけ組織に浸透しているかによるのです。

第 **5** 章

マイポートフォリオを
楽しむ

儲けとリスクを"最適化"するには

キーワード
◎投資ユニバース　◎スクリーニング
◎株価チャート　◎投資家の心理　◎業績予想
◎企業イベントへの対処法　◎リスク管理
◎パフォーマンス評価

◎ポートフォリオの作り方

さあ、マイポートフォリオを作りましょう！

約3900社もある上場企業のなかから、良い企業を見つけるにはどうしたらよいのでしょうか？（STEP0）

購入した株式でどのようなポートフォリオを構築し、管理すればよいのでしょうか？

そして、持ち株の売り時はいつなのでしょうか？（STEP3）

マイポートフォリオは、お気に入り企業のコレクションです。1年、3年、5年、10年、20年と末永く見守っていきましょう。これぞ、長期株式投資の醍醐味です。

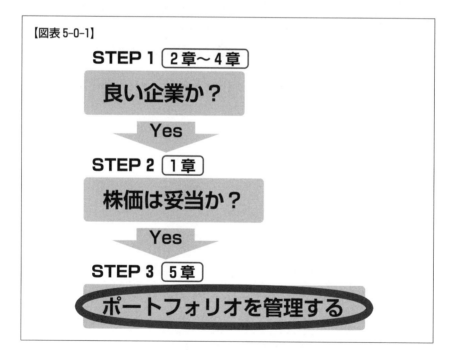

【図表5-0-1】

STEP 1 [2章〜4章]

良い企業か？

Yes

STEP 2 [1章]

株価は妥当か？

Yes

STEP 3 [5章]

ポートフォリオを管理する

1. 良い企業の候補を見つけて、ユニバースを作る

◎実際の投資までの流れ

「良い企業とはどのような企業か？」について第3章、第4章で見てきました。でも、約3900社もある上場企業のなかから、良い企業をどのようにして見つければよいのでしょうか？

まずは良い企業の候補を探しましょう。良い企業かどうかを診断するSTEP1よりも前の段階ですから、STEP0とします。

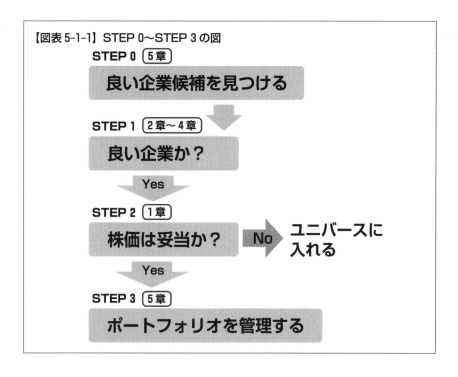

【図表5-1-1】STEP 0〜STEP 3の図

STEP 0 5章
良い企業候補を見つける

STEP 1 2章〜4章
良い企業か？
Yes

STEP 2 1章
株価は妥当か？ No ユニバースに入れる
Yes

STEP 3 5章
ポートフォリオを管理する

良い企業候補を見つけたら、それが本当に良い企業かどうか、詳しく見ていきます。（STEP1）

本当に良い企業だと判断できれば、次に株価が割安かどうかを検討します。(STEP2)

　株価が割安ならば、ポートフォリオのバランスを考えながら、投資を実行します。(STEP3)

　しかし、良い企業であるものの株価が割安でない、ということもよくあります。むしろ、良い企業ですから割高であることのほうが多いです。かといって、せっかく良い企業を見つけたのに、ここで諦めてしまうのはもったいないです。そこで、投資ユニバースを作ります。

◎投資ユニバースを作る（STEP2 の 2）

　投資ユニバース とは、ポートフォリオに組み入れる候補の企業群をいいます。自分自身の運用方針に従って投資ユニバースを作成し、そこから実際に投資する企業を絞り込んでポートフォリオを構築します。要するに「あなたの投資したい企業一覧」ですね。

　自分自身のポートフォリオとユニバースを定期的にチェックします。四半期決算の良し悪しや突発的な IR、株価が一時的な要因で急落して割安になっていないかなどがチェック項目です。投資ユニバースのなかから、特に株価が割安になったものや、経営状況がさらに改善したものなどを選び、ポートフォリオに組み入れます。またポートフォリオのなかの企業で業績不振や不祥事など良くないことが起こったときや株価が上昇しすぎたときには売却（or 一部売却）し、ポートフォリオの入れ替えを行います。

　実際に投資するポートフォリオには10社程度を組み入れ（第5章第8節参照）、投資ユニバースには 20 社程度を登録し、合計 30 社程度を定期的にチェックすれば十分です（第 5 章第 3 節〜第 5 節参照）。

◎トップダウン・アプローチとボトムアップ・アプローチ

　良い企業の候補は、どのようにして見つければよいのでしょうか？　2つのアプローチがあります。ひとつは、高い視点から鳥の目で探す トップダウン・アプローチ です。もうひとつは、低い視点から虫の目で探す ボトムアップ・アプローチ です。

　トップダウン・アプローチは、例えば、景気変動を受けて来年業績が良くなりそうな業界に目をつけたり、来年テーマになるであろう業界に目をつけたりするなど、マクロな視点に立って、業績の良くなりそうな業界に当たりをつけ、その業界のなかの有望企業に投資するという手法です。AIの普及により半導体業界に光が当たりそうだとわかれば、半導体業界の企業を調べ、そのなかでも今後、特に業績が良くなりそうな**エヌビディア（NVDA）**に注目するといった具合です。高い視点から徐々に低い視点にブレイクダウンしていくので、トップダウン・アプローチといわれます。

　ボトムアップ・アプローチは、例えば、街中を歩いているときに、たまたま行列ができている店を見つけて調べてみると、そこが上場企業で、業績が良くなりつつあることに気づくケースなどです。例えば、ラーメン屋さんであれば、「あれ？　このラーメン屋、行列がすごいぞ」というところから始まって、「ほかのラーメン屋さんも好調なのか？」、つまり、業界全体として恩恵を受けているのか、あるいはその企業が特別に業績が良いのかといったことを同業他社と比較しながら調べていきます。さらには、その業界の将来性はどうかといったことにも調査範囲を拡大していきます。低い視点からスタートして徐々に高い視点へと分析対象を移していくため、ボトムアップ・アプローチといわれます。

◎トップダウン・アプローチは変化についての情報収集を

　トップダウン・アプローチでは、どこの国の企業に投資するか、

日本企業なのか、すっかり身近になった米国企業なのかといった点を考えます。その際には、国際情勢、長期金利、為替、人口動態、政治情勢などを考慮します。

　次に業種、すなわち、製造業、サービス業、金融業などの大きなカテゴリを検討します。このときには、長期金利、為替なども加味して考慮します。例えば、長期金利に変動が生じる局面では、金融業に大きなチャンスやピンチが訪れそうです。為替が大きく変動する局面では、輸出入の多い製造業にチャンスやピンチが訪れそうです。

　そこからさらに業界を絞り込んでいきます。製造業のなかでも、輸送用機器（自動車関係）、精密機器など多様な業界があります。そのなかで特に恩恵を受けそうな業界はどこかを考えます。

　業界レベルになるとその業界特有の法律等の規制が影響します。例えば、総理大臣の施政方針演説、新年度の予算方針、税制改正、法改正などの大きな方向性や変化についての情報を収集します。

　例えば、施政方針演説のなかで、新しいスキルを学び、新しい職業につく「リスキリング」について多くが語られていたとしましょう。その場合は、リスキリングに対する予算措置を調べます。リスキリングに関する助成金などが拡充されているようであれば、どうもその分野にビジネスチャンスがありそうです。社会人向けのリスキリングサービスを提供しているような企業に光が当たるかもしれません。交通インフラの老朽化にともなう更新工事なども、その一例です。その場合は、建設業界、なかでも道路などの交通インフラに強い企業に注目するのもひとつでしょう。

　2024年4月からは、運送会社や建設会社などで時間外労働（残業時間）の上限規制が始まりました。これらの業界そのものにも注目でしょうし、これらの業界に業務効率化サービスを提供するような企業にも注目でしょう。このような法改正などに注目することも投資企業を選ぶ際のヒントになります。

おもしろそうな業界が見つかったら、その業界のなかの企業をチェックしていきます。まずは**業界トップの企業の業績を調べて、良い企業の条件を満たすか**を検討してみます。業界トップの企業が減収減益、利益率が低下傾向であれば、あまり魅力はなさそうです。ただし、業界のルールチェンジがあれば、話は別です。業界のトップ企業はIRにも積極的な場合が多く、情報収集しやすいので、まずは業界トップ企業のホームページを見てみましょう。

　トップダウン・アプローチでは、このプロセスで投資する企業を絞り込んでいきます。

◎ボトムアップ・アプローチはメインストリートから

　ボトムアップ・アプローチでは、日々の生活のなかにヒントがたくさんあります。今日、スーパーでいつも買っているマヨネーズが値上げされていた。もしかすると、マヨネーズを製造している企業には恩恵があるんじゃないだろうか？　近所の牛丼チェーン「なか卯」が混雑している。もしかして何か新商品が当たっているのかな？

　といったように、メインストリートを歩いていると、気づきがあるはずです。スーパーなどでも売れていそうな商品は手に取って、製造企業名を調べてみましょう。

　その企業を調べるだけでなく、同じ業界内の同業他社とも比較することが大切です。その企業が好調な理由がその企業独自の特殊要因であれば、その企業の業績だけが良く同業他社の業績は今まで通りのはずです。独自要因ではなく、例えば法改正など、その業界全体に波及する要因であれば、同業他社も同様に好調なはずです。もしかすると、あなたが偶然、街中で見かけたその企業よりも、同業他社のほうがより好調な可能性もあります。

　このように、**好調な企業を見つけたときは、それが独自要因なのか、業界全体の要因なのかを分析する**ことが大切です。

その企業独自の要因であれば、それが同業他社によって模倣される性質のものかどうかを考えます。これは第4章で説明した通りで、同業他社が容易に模倣できるものであれば好業績は一時的なものになるでしょうし、特許で守られているなど模倣できないものであれば好業績は長期的に継続するでしょう。

　好業績が業界全体の要因である場合には、「儲かるビジネスやん！」ということで新規参入があるはずです。そのような場合は、新規参入を阻む参入障壁があるかどうかが大切なポイントです。『会社四季報』をペラペラめくっていくなかで気になる企業を見つけるのも、ボトムアップ・アプローチのひとつです。

　なお、トップダウン・アプローチとボトムアップ・アプローチに優劣はありませんが、個人投資家にとって取り組みやすいのはボトムアップ・アプローチでしょう。

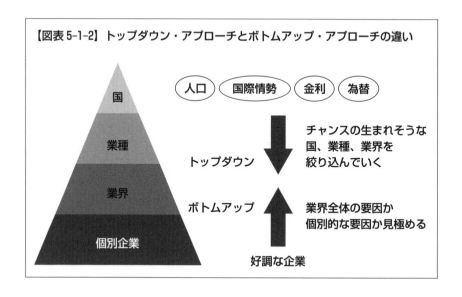

【図表5-1-2】トップダウン・アプローチとボトムアップ・アプローチの違い

国

業種

業界

個別企業

人口　国際情勢　金利　為替

トップダウン　チャンスの生まれそうな国、業種、業界を絞り込んでいく

ボトムアップ　業界全体の要因か個別的な要因か見極める

好調な企業

2. スクリーニングしてみよう

　良い企業の候補を見つけるために活用できるのが スクリーニング です。

　スクリーニングとは、一定の条件を満たす企業を効率的に探す方法です。WEB サービスやソフトウェアを利用して行います。

◎ トップダウン・アプローチ　×　スクリーニング

　トップダウン・アプローチにスクリーニングを活用してみましょう。例えば、来年は鉄鋼業界が注目されそうだ、という情報を得たとします。

【スクリーニング条件】
業種＝鉄鋼

　という条件でスクリーニングを行うと約 40 社がヒットします。いきなり 40 社も調べることはできませんし、知らない企業ばかりです。そこで、条件を追加します。

【スクリーニング条件】
売上高 ≧ 1 兆円

　再度、スクリーニングを行うと 3 社がヒットします。**日本製鉄（5401）、神戸製鋼所（5406）、JFE ホールディングス（5411）**です。

　なるほど、鉄鋼業界といえば、とりあえずこの 3 社が業界で上位なのだな、ということがわかります。これら 3 社のホームページを見てみて、動画などで事業内容をわかりやすく解説してくれているものを探して、業界についての理解を深めていきます。

鉄鋼業界についての知識がある人なら、40社からさらに絞り込むときに、売上高ではなく、例えば、

> 【スクリーニング条件】
> 営業利益率 ≧ 10%

という条件で絞り込むのもよいでしょう。

　そうすると今度は、**東京製鐵（5423）**、**中部鋼鈑（5461）** など、先ほどとは違った企業がヒットします。

　このように業種・業界という高い視点から、徐々に個別の企業に絞り込んでいくとき、スクリーニングは役立ちます。

　鉄鋼などは古くからある業界であるため、東証の業種分類のなかに「鉄鋼」として分類されています。しかし、例えば「AI」などのように新しい業界は、そのように区分されていません。このような場合は、Google 検索やマイクロソフトの Copilot を使います。

　Google 検索であれば、

> 【Google 検索】
> AI　上場企業

などのキーワードを使って検索します。AIに関連する企業を一覧にしたホームページなどがヒットします。

　マイクロソフトの Copilot であれば、

> 【Copilot】
> AI に関連する事業を行っている上場企業とその証券コードをリストアップして

といったプロンプトを入力すると、AIが答えてくれます。このような質問をマイクロソフトのAIに質問しても、「マイクロソフトが1番です」といった回答はしてこないので、安心してください。

◎ボトムアップ・アプローチ　×　スクリーニング

業種などよりも先に、一定の財務的な条件を満たす企業をスクリーニングする方法もあります。ボトムアップ・アプローチとしてのスクリーニングの使い方です。

例えば、増収増益で、しかも財務健全な企業を抽出したいとしましょう。

「増収増益で財務健全」というイメージを具体的な条件式に落とし込むのが、スクリーニングのテクニックです。

増収増益ということは、売上も利益も増加傾向にあるということですから、

【スクリーニング条件】

5期連続で売上高が増加している

5期連続で営業利益が増加している

というような条件も考えられますし、

【スクリーニング条件】

前期売上高 ＞ 前々期売上高

前期純利益 ＞ 前々期純利益

あるいは、

> 【スクリーニング条件】
> 当期予想売上 > 前期売上 × 1.1
> 当期予想純利益 > 前期純利益 × 1.1

というように前期比で10％増収増益の好業績企業に落とし込むことも考えられます。

このあたりは試行錯誤しながら、ヒットする企業を見て「なるほど、こんな企業もあるのか」と楽しみましょう。

財務健全ということは、自己資本比率が高い、と考えて、

> 【スクリーニング条件】
> 自己資本比率 ≧ 40％

とすることもできるでしょうし、

> 【スクリーニング条件】
> 流動比率 ≧ 200％

というように、別の指標を使うことも考えられます。

ヒットする企業数が多ければ、もう少しスクリーニング条件を追加して（例えば、営業利益率が20％以上など）、10社程度まで絞り込めるようにしてみましょう。

その結果、さまざまな業界の、さまざまな規模の企業が抽出されます。そのなかで特に関心の持てる企業について、ボトムから1段上に上がって業界の動向や将来性、競合他社比較を行っていきます。

◎本書における「良い企業」を抽出するならば

　本書においては、EPSが毎年10%ずつ増加する企業を良い企業と定義していましたから、

【スクリーニング条件】
EPS が 10 年連続で 10%以上、増加し続けている

であったり、

【スクリーニング条件】
ROE が 10 年連続で 10%以上である

といった条件が考えられるでしょう。

　また競争優位がある企業のほうが良いですから、競争優位がある＝営業利益率が高い、と考えて、

【スクリーニング条件の例】
営業利益率が 10%以上である

という条件も考えられるでしょう。

　高い営業利益率を要求することで、参入障壁と競争優位がある企業を絞り込むことができます。

3. 株価チャートで良い企業を見つける

◎企業が実態であり、株価は影である

　株価チャートについては、積極的に分析して、株式投資に活用する考え方もあります。株価チャートの読み方について解説した書籍がたくさん出版されているので、それを読んでみてください。

「企業と株価の、どちらが先か？」といえば、それは企業です。企業実態（＝企業の業績や資産など）を反映したものが株価です。現実の株式市場は完全なものではないですから、企業実態が良いのに株価が振るわないということもありますし、企業実態は悪いのに株価は絶好調、ということもあります。また、株価は必ずしも今の企業実態を反映するだけでなく、むしろ未来の企業実態を予測して、それを織り込んでいきます。いずれにしろ、企業実態が先であり、株価は後なのです。

　別の言い方をすれば**1株価値が実態であり、株価はそれを映した影である**ということです。

◎右肩上がりの株価チャートを探す

「企業実態が良いから、株価が上昇する」のであるなら、逆のこともいえるはずです。「株価が上昇しているなら、企業実態が良いのではないか？」ということです。株価が上昇しているからといって必ずしも企業実態が良いとは限りませんが、その可能性はあります。

　そこで、株価チャートが中長期的に右肩上がりの企業を探したうえで、その企業の実態がどうかをチェックするという方法で、良い企業を探すことも可能です。

　すなわち、**株価トレンド**が上昇トレンドであれば業績も上昇トレンドであると期待できますし、株価トレンドが下降トレンドであれ

ば業績も下降トレンドであると想像できるのです。

　そこで、『会社四季報』の見開きページの上段に示された株価チャートだけを見ていく、といった形で良い企業を探すのもひとつの方法です。

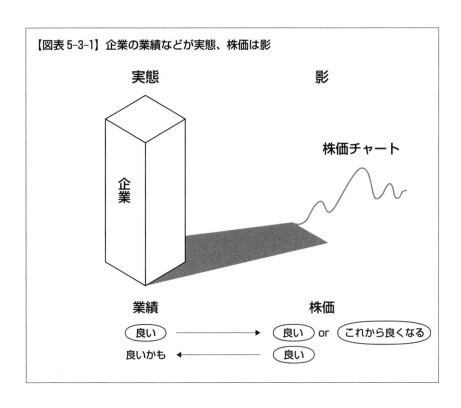

【図表5-3-1】企業の業績などが実態、株価は影

実態　　　　　　　　　　影

株価チャート

企業

業績　　　　　　　　株価

良い　――――――→　良い　or　これから良くなる

良いかも　←――――――　良い

　株価チャートが右肩上がりの企業のほうが、業績が良好で1株価値が増加トレンドにある可能性が高いといってよいでしょう。現時点で測定できる1株価値にこだわりすぎてしまうと、どうしても株価に比べて1株価値が割安な銘柄を「お買い得だ！」と思って注目してしまいがちです。そのような企業は得てして業績がピークアウトしていて、下降トレンドに入っており、株価がそれを織り込むよ

うな形で先に下落していることもあります。

　株価が下降トレンドにあるときは「株価が割安になってラッキー」と受け止めるだけではなく、「株価が下降トレンドになるということは、業績が悪化傾向にあるのではないだろうか？」という観点からも検討するべきです。

◎株価チャートは投資家心理の表れ

　株価チャートを見るうえで注目したいのは、株価の長期的なトレンドと、もうひとつは**過去最高値**、そして**PBR1倍ライン**です。

　過去最高値は、その企業の株主にとって象徴的なラインです。過去最高値を更新することができれば、その瞬間、すべての株主が含み益になります。**過去最高値を超えるからには、しっかりとした業績の裏付けや、将来の業績に対する強い期待などが背景にある**と考えられます。過去最高値を超えた企業（「新高値」銘柄といわれることもあります）をピックアップして、その業績や強い期待の根拠について調べてみるのも、良い企業を見つける方法のひとつです。

　また、PBR1倍ラインは、近年、東京証券取引所などが盛んに訴えかけているラインです。上場しているからには株価が最低限PBR1倍を超えるように努力するべき、という意識が日本の株式市場全体に広がっています。つまり、**経営者にしてみると、PBR1倍の株価水準は必達ライン、必ず超えておきたいラインであり、それを割り込むようであれば、自社株買い、増配、積極的なIRなど、さまざまな施策の実行を検討せざるをえない**、そんな水準です。

　PBR1倍割れで、増配など株主還元をする体力のある企業のなかから良い企業を見つけるのもひとつの方法です。

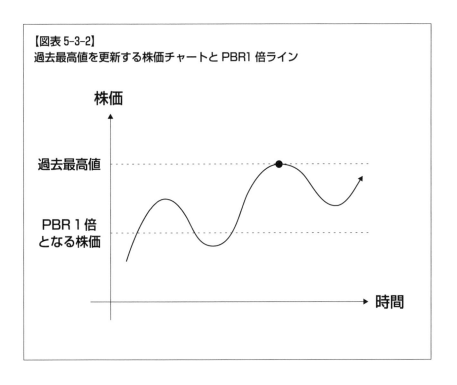

【図表 5-3-2】
過去最高値を更新する株価チャートと PBR1 倍ライン

株価

過去最高値

PBR 1 倍
となる株価

時間

◎需給で株価は大きく変動する

　需給 によっても株価は大きく変動します。決算が良くても下が
る。決算が悪くても上がる。これは需給が影響しています。

　信用取引 とは、投資家が第三者からお金を借りてその資金で株
式を購入したり（信用買い）、株式を借りてその株式を売却したり
（信用売り）することをいいます。この信用取引は、将来、反対売買
が生じるという特徴があります。つまり、信用買いを行った投資家
は、将来それを売却します。信用売りを行った投資家は、将来その
株を買い戻して返却します。

　信用買い残 とは、信用買いを行ったもののなかで、まだ未返済の
取引の残高をいいます。将来、売り需要が発生します。

　信用売り残 とは、信用売りを行ったもののなかで、まだ未返済の

取引の残高をいいます。将来、買い需要が発生します。

　このため、信用買い残、信用売り残を見れば、投資家がどれだけ、その企業の株価の上昇や下落に期待しているかを察知することができます。信用買い残がたくさんあれば「将来の値上がりを期待して、購入している投資家が多いなあ」といえますし、信用売り残がたくさんあれば「将来の値下がりを期待して、売却している投資家が多いなあ」といえます。

　信用買い残が多ければ、それだけ将来の売り需要があるということですから、良い決算が出ても株価が上がらない（良い決算をあらかじめ期待していた人が多く、決算発表後にその人たちが売却する）ということが起こります。信用売り残が多ければ、それだけ将来の買い需要があるということですから、悪い決算が出てもそれほど株価が下がらない（悪い決算をあらかじめ期待していた人が多く、決算発表後にその人たちが信用売りを決済するため株を買い戻す）ということが起こります。

　このような信用取引を巡る需給の状況が、決算が良かったのに株が上がらない、決算が悪かったのに下がらない、という要因のひとつとなっています。

4. 株式市場という感情的な生き物と投資家の心理について

　本書では良い企業の株式を買って持ち続ける長期投資について書いていますが、現実には、さまざまなノイズが発生します。そのようなノイズについて知っておくことは有益です。

◎ミスターマーケットについて

　ウォーレン・バフェットが ミスターマーケット と擬人化したように、株式市場をひとつの人格として捉えるとイメージしやすくなります。

　ミスターマーケットは、基本的に楽天家なのですが、時々、ヒステリックに「世界が終わる！」と喚き散らすほど悲観的になります。

　長期投資は、このようなミスターマーケットとは距離を取ります。ミスターマーケットが楽天的なときは、「はいはい、ご機嫌よろしくて良かったね」と距離を置き、ミスターマーケットが世界は終わると喚き散らしているようなときには「はいはい、世界が終わるわけないよね」と距離を置きます。間違えてもミスターマーケットと同じ楽天的な気分で「いやっほう！　絶好調だぜ！　世界の中心は自分だぜ！」と舞い上がってはいけませんし、悲観的な気分で「世界が終わるのは明日かな？　明後日かな？　もうどうでもいいや」と落ち込むのもいけません。

　ミスターマーケットが、時折ヒステリーに陥るということについて心の準備をしておけば、ある程度はこちらも振り回されなくなります。まずは、ミスターマーケットについてよく知りましょう。

◎株式市場は人気投票

　ミスターマーケットは、人気者が好きです。きらめくような夢物語が大好きです。何より、みんなが好きなものが、ミスターマーケ

ットの大好物です。

　したがって、実態として素晴らしい企業かどうかよりも、みんなに人気があるかどうかのほうが大切。それがミスターマーケットです。

「株式市場は人気投票」と言われる通りです。

　みんなに人気があるものが、その人気に見合うだけの実力・実態をともなう場合もあるでしょうし、期待が大きすぎる場合もあるでしょう。企業がそれをあおっているわけではなく、投資家たちが熱狂する、またその熱狂をあおる人たちがいるのです。

◎上がれば買いたくなり、下がれば売りたくなる

　株式投資をしたことのある人なら、誰もが「人気がある株、上昇している株は買いたくなり、人気がない株、下落している株は売りたくなる」という経験をしたことがあると思います。

　それが人間の心理なのです。人よりも儲けたいという欲望があります。儲けを自慢して自尊心を高めたいという欲望もあります。資産を失う恐怖もあります。資産が減ると自分の人間としての価値まで落ちるかのような錯覚に陥ることさえあります。

　長期投資は、そのような人間の心理に付き物の、根源的な欲望や不安を冷静に見つめつつ、それらに理性的に対処するものです。

　株式投資では、株式市場に参加する投資家たちの心理を冷静に受け止め、また自分の心のなかに生まれる欲望や不安を客観視することが求められるのです。そのためには自分の人生において何が大切かを考えておくことも必要です。本当に欲しいものはお金そのものではなく、もっと違う何かのはずです。株式投資とは、まるで僧侶の修行のように自問自答を繰り返すものです。

◎テーマで株価は大きく変動する

　また株式市場では、その時々で流行り廃りを繰り返す旬のテーマに注目が集まります。オリンピック、万博のように定期的に到来するものや、半導体のように周期的に需給の波が訪れるもの、EV（電気自動車）や再生可能エネルギーのように大きな社会変革の象徴とされるような新技術まで、さまざまなものがテーマとして取り上げられ、投資家の注目が集まります。

　本書でいうところの、新たな成長市場の立ち上がりや、景気循環に合わせてテーマが作り出されます。

　これは、ファッションの流行と似たようなもので、人工的に作り上げられるものです。なぜなら、将来に夢を抱かせるようなテーマを、株式市場に参加する投資家も株式市場をターゲットにビジネスをしている人たち（例えば、証券会社、運用会社など）も必要としているからです。

　アパレル業界では、流行があるからこそ新しい服が売れるように、株式市場もテーマがあるからこそ新しい株が売れる（売買が発生し、市場が活性化する）のです。

　これについては、良いことでも悪いことでもなく、株式市場とはそういうものなのだと思います。本質的に、そのようなテーマ、流行を求めているのです。

◎短期投資は、需給やテーマに乗るのが大切

　短期・中期投資では、このようなテーマや流行を積極的に活用します。いち早くテーマを読み取り、その波の先頭に立つのです。そのようなスタイルも株式投資の方法のひとつです。

　これに対して長期投資は、テーマや流行にあまり乗りません。むしろ、テーマや流行に振り回されないでおこう、と距離を置くのが長期投資家です。乗るとすれば、それが10年20年と長く続くトレ

ンドになりそうな場合で、なおかつ、将来にわたって儲かるビジネスモデルになりそうなときです。

　短期・中期投資と長期投資は、どちらが正しいかではなく、性格やライフスタイルに合う、合わないの問題です。

◎損することは必ずある

　株式投資では全勝ということは、ありえません。五分五分がいいところです。ですから、損したことについて、自分を責めないことが大切です。楽しんで、健康的な気持ちで、株式投資と向き合いましょう。

◎株価が暴落しても倒産する企業はほとんどない

　株式投資をしていると、暴落は付き物です。日本のバブル崩壊（1990年）、ITバブルの崩壊（2000年）、リーマンショック（2008年）、コロナショック（2020年）など、信じられないほど株価が下がる経験をしたことがある、という読者もいらっしゃると思います。

　株式投資をしていると、このような暴落はこの先も必ず発生します。発生する前提で、株式投資に臨む必要があります。

　ITバブル崩壊の影響などで倒産が多かった2002年には日本国内で29社の上場企業が倒産しました。リーマンショックが起こった2008年に倒産した上場企業は33社でした。上場企業のうちの1％にも満たない数です。コロナショックの2020年にいたっては2社でした。平時のときより倒産が増えるのは確かなのですが、99％以上の企業は生き残ります。

　上場企業は上場するまでに厳しい審査をくぐり抜けていますし、上場企業としての信用力がある、経営管理体制も強固で、経済状況の急変時にも臨機応変に対応するだけの組織力がある、といったことが背景にあると考えられます。

つまり、株価は暴落しても企業が倒産するということは、ほとんどないということです。ましてや、本書で紹介したような自己資本比率や営業利益率が高く、強固な参入障壁を有する企業は、株価が暴落しても引き続き、強い競争優位を維持することがほとんどです。

　自分のポートフォリオにしっかりと厳選した企業を組み入れていれば、株式市場が暴落したときに慌てる必要はまったくありません。いつも通りの生活を続ければよいのです。

　思い出してみてください。リーマンショックのとき、携帯電話を解約しましたか？　1日3食だったのを1日1食に減らしましたか？　電気代の節約ということで夏・冬にエアコンを使わなかったでしょうか？　そんなことはなかったですよね。株価が暴落しても、私たちの生活は日々続いていきます。それを支える企業活動もまた続いていくのです。

　暴落の前には、株式市場の過熱が存在します。ミスターマーケットが過度に陽気に楽観的になって、株式市場が大いに盛り上がったあとに、株式市場は暴落しています。ですから、株式市場が楽観的で株価の推移が堅調であればあるほど、「暴落が近いかもしれない」と慎重に考えるべきです。

◎暴落への対処法

　それでは暴落が起こったときにどうすればよいか、といえば、「それまでに割高で買えなかった企業に投資する」ということです。

　そのためには、暴落に備えて、ある程度、余裕資金を置いておく必要があります。とはいえ、それが難しいのですが…。

　ウォーレン・バフェットが経営するバークシャー・ハサウェイは、株式市場が普通のときには普通のパフォーマンス、株式市場が好調のときには相対的に悪いパフォーマンス、株式市場が不調なときには相対的に良いパフォーマンス、であるといわれます。

つまり、**市況が良いときは深追いせずに、そこそこのリターンで満足しておく。しかし、大きな暴落が来たときは、しっかりと優良企業に投資する**。このようなスタイルが長期投資においては理想的です。

5. 業績予想と市場の反応

　STEP1、STEP2 に従って、実際に購入した企業について、その後、どのようにフォローしていけばよいのでしょうか？

　上場企業は 3 か月ごとに四半期決算を発表します。決算発表にどのように対応したらよいのでしょうか？　また株価が上下に反応したとき、それをどのように捉えればよいのでしょうか？

◎企業自身による業績予想について

　上場企業は、決算短信において、業績予想 を発表するのが一般的です。業績予想のスタイルは企業によって自由です。

　第 2 四半期と第 4 四半期（通期）の業績予想を発表する会社もあれば、第 4 四半期（通期）の業績のみを予想する会社もあります。売上、営業利益、純利益の予想を発表する会社もあれば、売上高のみや純利益のみの予想を発表する会社もあります。また、そもそも業績予想を発表しない会社もあります。この点は、企業によって、さまざまです。

　そして、投資家はこの企業の業績予想を参考にしながら、進行期やそれより未来の業績について、自ら予想を立てます。

◎第三者による業績予想について

　規模の大きい企業になると、企業自身が業績予想を発表するだけでなく、アナリストや『会社四季報』による独自の業績予想も行われます。大企業には、既存の株主のほかに潜在的な株主（その企業の株式を購入するかどうか検討している投資家）も多く、彼らは情報を求めています。そのため、特に日本を代表するような大企業の場合は、多くのアナリストが独自にその企業を調査・研究し、業績予想を発表します。それらの平均値を コンセンサス といいます。

日経グループの金融情報会社 QUICK が集計・算出している「QUICK コンセンサス」やネット証券が提供しているものなどがあり、個人投資家でも簡単に利用できます。

【図表 5-5-1】コンセンサスの例
A 社のコンセンサス

	実績	会社予想	コンセンサス
決算期	2023. 3 期	2024. 3 期	2024. 3 期
売上高	2 兆 2000 億円	1 兆 8000 億円	1 兆 9000 億円
営業利益	6000 億円	4000 億円	5000 億円
純利益	4500 億円	3000 億円	3500 億円

予想社数 17 社

◎会社が（四半期）決算を発表したときの株価の反応について

これらを踏まえて、会社が（四半期）決算を発表したときの株価の反応がどうなるかを考えてみましょう。決算の捉え方の難しいところは、増収増益の決算が出れば必ず株価が上がる、そうでなければ下がる、というような単純な構図ではない点です。

なぜなら、決算発表に対する株価の反応は、主として、**①投資家の期待とのギャップ**、**②そのときの株式市場の雰囲気（ミスターマーケットの気分）**、という 2 つの要素によって決まると考えられるからです。

まずひとつ目の「①投資家の期待とのギャップ」について。企業業績について投資家は期待を抱いています。みなさんも株式を所有していればそうでしょう。「実際の業績は、会社が発表した業績予想

よりも、上に行くだろう（下に行くだろう）」といった期待です。各投資家は業績に対する期待を形成しており、その期待を上回った場合は株式を追加で購入する、もしくは、保有している株式を売らない、という投資行動を通して株価は上昇します。逆に、その期待を下回った場合は株式を売却する、もしくは下がっても買い増ししない、という投資行動を通して株価は下落します。

　このように投資家の期待と現実のギャップによって、決算発表後に株価は変動します。投資家の期待と現実にギャップが生じることを **サプライズ** ということがあります。

　しかし、投資家の期待はそれぞれ異なるはずです。そこで参考にされるのがコンセンサスなのです。会社自身の業績予想とは異なり、アナリストなどの専門家が独自に予想したものの合成関数ですから、一定の信頼を得ています。

　したがって、実際の業績がコンセンサスよりも上であれば、株価は上昇し、下であれば株価は下落する、という見方もあります。

　左の図表 5-5-1 の例で考えてみましょう。会社予想の営業利益は4000 億円、コンセンサスは 5000 億円となっています。アナリストは会社予想の営業利益 4000 億円を保守的と見ていることがわかります。これを踏まえて、ある投資家は「会社予想の営業利益 4000 億円は保守的なようだ。コンセンサスによれば 5000 億円になりそうだ」という期待を持ちます。

　その後、実際に発表された営業利益が 4500 億円だったとしましょう。会社予想の 4000 億円よりは大きいですが、コンセンサスよりは小さいですから、上記の投資家はがっかりして、株式を売却するかもしれません。ただ、コンセンサスはあくまで平均値にすぎませんから、コンセンサスを絶対視しないようにしましょう。

　もうひとつが、「②そのときの株式市場の雰囲気（ミスターマーケ

ットの気分）」です。ミスターマーケットが上機嫌なときは（近年で
いえば 2013 年や 2020 年後半）、どんな決算が出ても（良くても悪
くても）、決算発表後に株価は上昇しました。いわゆる楽観相場で
す。逆に、2009 年や 2011 年はどれだけ良い決算が出ても、決算発
表後に株価は下落しました。悲観相場です。

　このようにミスターマーケットの気分が、過度に楽観、悲観の場
合は、どのような決算が出ようとミスターマーケットの気分に引き
ずられるということが起こります。

　ここまで読まれて、「決算発表後、株価がどう動くか、予想するの
って無理じゃない？」と思われたでしょう。このような難解な予測
に立ち向かっていくのも、それはそれでひとつ、株式投資の楽しみ
方だと思います。そのような予測とは距離を置きたいという方は、
短期的な業績に一喜一憂しない、長期投資を目指すのが良いと思い
ます。

◎業績予想の修正に対する株価の反応

　四半期決算だけでなく、業績予想の修正に対しても株価は反応し
ます。

　業績予想の修正は、すでに発表しているその期の業績予想に対し
て実績が大きく上振れもしくは下振れしそうな場合に、それがわか
った時点で速やかに「業績予想の修正」として公表するものです。
具体的には売上高で 10％、各種利益で 30％以上の乖離が生じた場
合は、業績予想の修正が求められます。

　この業績予想の修正に対する株価の反応も、やはり投資家の期待
とのギャップが基本になります。仮に下方修正したとしても、投資
家がもっと大幅な下方修正を期待していた場合、「思ったほど悪く
ないやん」ということで、むしろ株価が上昇することもあります。
あるいは、悪材料出尽くし（悪いニュースや損失は出し切った）と

前向きに捉えて、株価が反転することもあります。投資家が期待していなかった予想外の下方修正であれば、株価は大きく下がることになります。ここでもやはり、投資家の期待とのギャップがポイントになるのです。

　前掲の図表 5-5-1 でいえば、会社が営業利益の予想を 4300 億円に上方修正したとしましょう。このことだけを見ると、株価に対し

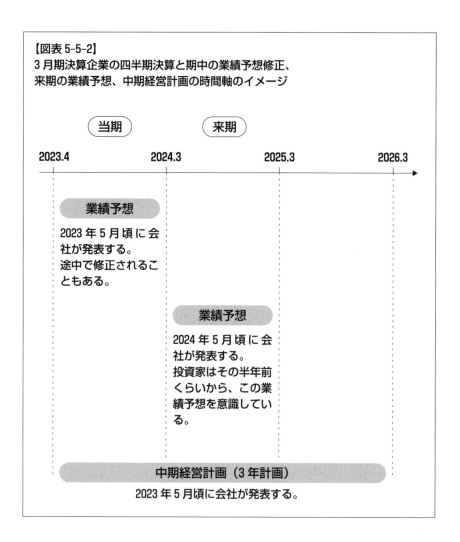

【図表 5-5-2】
3 月期決算企業の四半期決算と期中の業績予想修正、
来期の業績予想、中期経営計画の時間軸のイメージ

当期　　　　　来期

2023.4　　　　2024.3　　　　2025.3　　　　2026.3

業績予想
2023 年 5 月頃に会社が発表する。
途中で修正されることもある。

業績予想
2024 年 5 月頃に会社が発表する。
投資家はその半年前くらいから、この業績予想を意識している。

中期経営計画（3 年計画）
2023 年 5 月頃に会社が発表する。

てプラスに働きそうです。しかし、コンセンサスは5000億円ですから、投資家の受け止め方はむしろ「300億円しか上方修正しないのか。期待外れだな」とネガティブなものになります。

◎来期業績予想や中期経営計画に対する株価の反応

来期の業績予想に対しても株価は反応します。第4四半期決算においては、来期の業績予想を同時に発表するのが一般的です。その来期業績予想が、投資家たちの期待していたものよりも上か、下かにも、株価は反応します。

第4四半期決算については、実績よりも来期予想がポイントになっているといっていいでしょう。というのも、第4四半期決算は、すでに第3四半期決算までの経過がわかっているため、投資家たちもその決算期全体の業績について大体の見当はついています。そのため、そこからよほどの乖離がない限り、株価は大きく変動しません。株式市場は、半年先を予想して動く、といわれますから、第4四半期決算が発表されるときの投資家の関心は、その半年後の業績、すなわち来期の業績予想のほうに移っているのです。そのため、来期の業績予想に対して、株価は反応します。

また、投資家は **中期経営計画** も見ています。中期経営計画は、企業が発表するもので、向こう3年間の計画が示されることが多いです。義務付けられたものではないので、発表しない企業もあります。経営方針や戦略とともに、業績の見通し（売上高や営業利益、純利益など）、設備投資計画などが示されます。

長期投資においては、中期経営計画もぜひ確認したい情報です。中期経営計画を元に長期的な業績見通しを予想します。株価にも影響があると考えられます。

◎コンセンサスの予想社数と投資チャンスについて

　コンセンサスは、証券会社などに所属するアナリストの予想の平均値といいました。大企業ほど、多くのアナリストがその企業を独自に分析し、業績を予想しています。大企業ほど、関心のある投資家が多いため、証券会社などは投資家が求める情報を提供することに余念がありません。大企業であれば業績予想を行う証券会社などは20社といった数になりますし、中小企業であれば証券会社などが1社も分析していない、ということもあります。

　ここで、株価について考えてみます。大企業は、たくさんの証券会社などが分析しており、たくさんの情報があります。企業が自ら発表している情報も多いですし、証券会社などがそれを分析している情報も多いです。その結果、**大企業の株価は、合理的に形成されている可能性が高い**といえます。1株価値に近い可能性が高いです。

　それに対して、中小企業で証券会社などが1社もついていない企業は、得てして企業が発信する情報もそれほど多くはありませんし、それを分析している情報も少ないです。その結果、中小企業の株価は、非合理なことが多々あります。1株価値と株価に大きな乖離がある可能性が、相対的に高いと考えられます。大幅に割安ということもあるでしょうし、大幅に割高ということもあるでしょう。**中小企業に投資するときは、株価形成が合理的でない可能性がありますから、客観的な事実に基づいて、投資判断していくことが特に大切**になります。第1章で紹介した1株価値の計算が役に立ちます。

6. 投資先企業にイベントが発生したときの対応①

　決算発表や業績予想以外にも、さまざまなイベントがあります。それらの捉え方について、見ていきましょう。

◎株式分割への対応は？

　株式分割 とは、例えば1株を2株に分割することをいいます（2分割）。このとき100株持っていたとすると、200株になります。株式数が増えるので得した気分になるのですが、理論的には株価は1／2になります。株価が1000円で100株持っていた場合、2分割すると株式数は200株に増えますが、株価は500円になります。

分割前の資産　1000円×100株＝10万円

分割後の資産　500円×200株＝10万円

となり、いずれも資産額は同じになります。

　よって、損得はないのですが、実際には、株価にややプラスの影響があるといわれます。例えば、**NTT（9432）** は、2023年7月に株式を25分割しました。これにより株価は4405円から176.2円になりました。株式投資は原則として100株単位で取引しますから、分割前にNTT株を買おうと思うと、約44万円（4405円×100株）必要だったのに対して、分割後は約1万7620円（176.2円×100株）で買えるようになりました。

　44万円というと、社会人になりたての若い投資家にとっては、とても購入できる金額ではありません。しかし、1万7000円ならば、購入できるでしょう。

　つまり、株式分割によって株価が安くなり100株単位の金額が低下すると、小口の個人投資家でも株式を購入しやすくなり、これまで買いたかったけど高額で買えなかった投資家に対しても株取引の裾野が広がります。その結果、売買が活発になって**株式の流動性が**

向上することをプラスに捉えて、株式分割は株価にプラスであるという考え方もあります。

　それでは、1株価値にはどのような影響があるでしょうか？

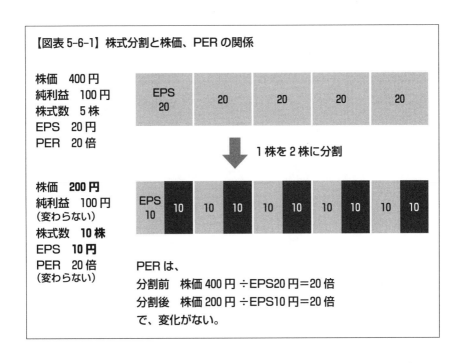

【図表5-6-1】株式分割と株価、PERの関係

株価　400円
純利益　100円
株式数　5株
EPS　20円
PER　20倍

1株を2株に分割

株価　**200円**
純利益　100円
（変わらない）
株式数　**10株**
EPS　**10円**
PER　20倍
（変わらない）

PERは、
分割前　株価400円÷EPS20円＝20倍
分割後　株価200円÷EPS10円＝20倍
で、変化がない。

　株式を2分割すると、株式数が2倍になります。EPSの計算式を思い出しましょう。

EPS ＝純利益÷株式数

　でした。

　株式分割をしても純利益には影響がありません。株式数が何株になっても、その企業の商品等を買ってくれる顧客に変化はありませんし、仕入先からの仕入値にも影響はないからです。

　株式数は2倍になりますから、EPSは1／2になります。それに比例して1株価値も1／2になります。株式2分割によって株価も

1株価値も1／2になるため、株価には影響なし、というのが理論的な考え方です。

　株式投資の経験が長い人のなかには「株式分割すると株価は大きく上昇する」と言う人がいますが、これには理由があります。昔は株式分割をしたとき、分割によって増えた株式をすぐに売却することができませんでした。50日程度が経過してから、売却できる仕組みだったのです。分割当初の50日間は、市場に流通する株式が相対的に減少するため、少しの買い注文でも株価が上昇しやすくなったのです。極端な例ですが、1株を100株に分割しても、当初の50日間は1株のみ売却でき、残りの99株は売却できなかったのです。このような市場の隙を利用して、買い仕掛けをする投資家もいました。

　なお、2006年1月からは分割の翌日から売却できるようになりました。こうして市場の隙はひとつまたひとつ塞がれていきます。

◎TOBへの対応は？

　TOB（Take Over Bit：株式公開買付）とは、ある上場企業の株式を買い集めたい者が、ほかの株主から一定の期間内に一定の価格で株式を買い取る提案を行うことです。TOB価格は、それ以前の株価に対して＋30%〜＋50%程度高めの価格に設定されるのが一般的です。

　近年、親子上場（親会社も子会社も上場している）に対する投資家の見方が厳しくなっていることから、上場している親会社が上場している子会社をTOBするような事例が散見されます。

　またTOBのなかでも、その企業の経営者によって行われるTOBをMBO（Management Buyout）といいます。

　TOBは、主としてM&Aを目的として行われます。特に対象企業の経営陣の同意がある場合を友好的TOB、ない場合を敵対的

TOB といいます。

　友好的 TOB は、TOB する側とされる側で合意ができているため、TOB 発表後の波乱は少ないのが一般的です。ところが友好的 TOB が敵対的 TOB に発展することもあります。2023 年、企業の福利厚生施設の運営代行会社であるベネフィット・ワン（すでに上場廃止）に対して、医療系 IT 企業の**エムスリー（2413）**が友好的 TOB を実施。ところが**第一生命ホールディングス（8750）**がベネフィット・ワンに敵対的な TOB を行い、最終的には、第一生命ホールディングスによる敵対的 TOB が成立するということがありました。日本企業においても敵対的 TOB が珍しくなくなってきています。

　敵対的 TOB については、TOB される会社の経営者にとっては困った話です。せっかく経営者にまで登りつめたのに、ある日、まったく知らない人が現れて大株主となるのです。経営者の立場を追われる可能性もあります。そこで経営者が ホワイトナイト （友好的に TOB してくれる者）探しに奔走することもあります。

　このため、敵対的 TOB が行われる場合には、公表された TOB 価格を上回って株価が推移することもあります。**ホワイトナイトの登場により、TOB 価格がさらに上昇することを投資家が期待する**ためです。

　ここは経営者と株主とで大きく立場の異なるところです。敵対的 TOB は、経営者にとってはその身分が脅かされるのに対して、株主にとっては直近の株価より高値での買い取りが期待できるからです。経営者がホワイトナイトを見つけてくれば、さらなる高値での TOB となり、株主にとってはリターンがさらに高くなります。

　TOB には、上記のような友好的・敵対的という分類のほかに、**全株買取**か **部分買取** かという分類もあり、こちらも重要です。

　全株買取の場合は、TOB が成立すると、それに応募しなかった株

主の株式についても、原則として TOB 価格と同額での買い取りが行われます。このため、全株買取TOBの場合は、基本的に TOB 価格とほぼ同水準まで株価は上昇します（先述したように敵対的 TOB で、ホワイトナイトが登場する期待がある場合は、TOB 価格を超えるケースもあります）。

　ところが、部分買取の場合は、例えば株式数の51%を上限として買い取るなど上限が設けられており、それを超える部分については株式の買い取りが行われません。部分買取TOBの場合は、TOB 終了後も上場を継続します。このような場合は、**TOB 価格よりもかなり安い水準までしか株価が上昇しない**のが一般的です。TOB に応募して高い価格で買い取ってもらえればラッキーですが、そうならない可能性もあります。また、TOB 終了後は、上昇した株価がTOB 前の元の水準に下がる懸念もあります。

7. 投資先企業にイベントが発生したときの対応②

　引き続き、株式を保有しているなかで発生する各種イベントとその対応について見ていきます。

◎月次データへの対応は？

　小売企業などは、月次で簡易な業績報告をしているところがあります。既存店／全店の売上高・客数・顧客単価の前年同月比の推移を公開するケースがよく見られます。

　次ページの図表5-7-1は「ドン・キホーテ」を運営する**パン・パシフィック・インターナショナルホールディングス（7532）**の月次データです。ドン・キホーテなどの国内リテール事業の月次データが公開されています。既存店と全店（既存店＋新店）に分けて売上高、客数、客単価、対象店舗数、土日休日数増減が示されています。

　一般に、**月次データにおいて既存店と全店を分けるのは、既存店データが特に大切だから**です。新規出店した店舗は、近隣の見込み客に認知してもらうために多額の広告宣伝費を投入したり、新装開店セールを行うなどしますから、最初の1年間は下駄をはいた業績といえます。その店舗の真の実力がわかるのは2年目以降です。そこで、開店してから2年目以降の店舗を既存店とし、既存店の月次データを公開しているのです。なお、企業によっては既存店の定義が異なる場合があります。

　売上高については、客数と客単価に分解して公開するのが一般的です。企業は自社の売上高を客数と客単価に分解してそれぞれに対策を打ち、売上の拡大を目指しています。土日休日数や営業日数を公開するのは、それによって売上高の増減が起こるからです。特に小売業は、土日休日に売上が伸びる傾向があります。カレンダーの曜日の配置によって、例えば同じ4月でも年によって土日休日の日

数が異なるため、月次データとともに公開するのです。

　毎月の売上の良し悪しに一喜一憂する必要はありませんが、良化傾向や悪化傾向といった**トレンドに変化があるか**については、注目しておく必要があります。トレンドに変化が起きると、業績も株価も大きく動くものです。

【図表5-7-1】
パン・パシフィック・インターナショナルHDの
2023年6月期の月別販売高状況

国内リテール事業 ※1		2022年						2023年						通期
		7月	8月	9月	10月	11月	12月	1月	2月	3月	4月	5月	6月	
既存店	売上高	102.3%	100.1%	102.8%	102.4%	102.5%	103.4%	102.7%	104.4%	102.5%	105.3%	103.5%	104.7%	103.0%
	客数	98.7%	98.3%	98.9%	98.1%	97.1%	97.9%	98.0%	99.3%	97.2%	98.5%	96.8%	97.3%	98.0%
	客単価	103.6%	101.8%	103.9%	104.3%	105.6%	105.6%	104.7%	105.1%	105.4%	106.9%	106.9%	107.6%	105.2%
	対象店舗数	571店	570店	565店	571店	572店	579店	582店	582店	578店	581店	588店	584店	584店
	土日休日数増減	0日	-1日	0日	1日	0日	1日	0日	-1日	0日	0日	-1日	0日	-1日
全店	売上高	104.2%	102.1%	104.6%	104.3%	103.6%	104.5%	104.1%	105.8%	103.2%	105.7%	104.2%	105.8%	104.3%
	対象店舗数	604店	605店	604店	606店	606店	610店	610店	609店	609店	613店	613店	617店	617店
	前年同月店舗数	586店	587店	588店	589店	592店	594店	595店	596店	599店	601店	602店	604店	604店

同社HP（https://ppih.co.jp/ir/highlight/monthly/）より引用

◎大量保有報告書への対応は？

　大量保有報告書とは、上場企業の発行済株式の5％以上を取得した場合に、その投資家が財務局に提出する義務のある書類です。原則として、報告義務発生日の翌日から5営業日以内に提出しなければなりません。投資の目的や原資などを記載します。金融庁が運営する金融商品取引法に基づく有価証券報告書などの電子開示システム「EDINET」で閲覧することができます。

　有名ファンドや、著名な個人投資家が大量保有報告書を提出すると、EDINETに公開されます。それを見た投資家が買いに殺到するということがあります。

　自分の投資先の企業にそのようなことが起こったとき、どのよう

に対応すればよいのでしょうか？

誰が株主であるかは、1株価値になんら影響ありません。したがって、基本的に何の対応もする必要がなく、有名ファンド・著名個人投資家と着眼点が同じだったことに、ひとり満足すればOKです。

ただ、実際には買い注文が集まり、株価が急騰することもあります。割安だった株価が割高になることもあります。このような場合には、第10節で紹介するように売却を検討しましょう。

◎災害、事故や不祥事への対応は？

投資先企業に災害、事故や不祥事が発生することがあります。そのときはどのように対応すればよいのでしょうか？

考えるポイントは、「短期的な業績への影響」「長期的な業績への影響」の2つです。

地震などの災害は、短期的には企業業績にマイナスの影響を与えます。災害が発生すると、例えば工場が壊れたり従業員が被災したりして、特に生産工程に大きな被害が発生することがあります。しかし、企業の強みは単に生産工程だけに存在するわけではなく、ブランド、技術、ノウハウ、人材など多種多様なものが組み合わさっていることは、第4章で見た通りです。

災害によって、それらすべてが失われることは、まずないといってよいでしょう。つまり、**短期的な業績にはマイナスの影響があるが、長期的な業績には大きな影響はないだろう**と考えられます。したがって、慌てて株式を投げ売りする必要はありません。

災害時には株価は急落しますが、気持ちの面でもそのようなときにこそ、株式を投げ売りするのではなく、1日も早い復興を願い、応援する投資家でありたいものです。

一方、不祥事もあります。近年では、例えば、中古車販売の業界で明らかになったようなものです。

不祥事について、ひとつ大きなポイントになるのは、**従業員が単独で行ったものか、あるいは経営者の指示による組織的なものであったか**という点です。

　従業員が単独で行ったものである場合には、会社の屋台骨に影響する可能性は低いため、株価は急落したとしても持ち直すことに期待できます。従業員レベルでの不祥事は、メディアが大きく報道したとしても、短期的な業績にも長期的な業績にも影響があまりないことが一般的です。

　一方、経営者の指示による組織的なものであった場合は、はるかに大きな問題といえます。特に影響が大きくなるのは、その企業の事業が許認可を必要とするもので事業継続ができなくなる可能性がある場合や、BtoC ビジネスの企業で、企業のブランドイメージが大きく損なわれるような場合です。こうしたケースでは、短期的にも長期的にも業績への影響が不可避であるので、投資の継続を見直す必要があるでしょう。

◎粉飾決算への対応は？

　投資先の企業において、粉飾決算が明らかになることもあります。粉飾決算が明らかになった場合、それを訂正した有価証券報告書などを監査法人の監査報告書を添付して、期限までに提出しなければなりません。それに間に合わない場合は上場廃止となってしまいます。

　これも大きく2通りあります。ひとつは、海外子会社など、親会社の目の行き届かないところで、子会社社長などが粉飾決算を行ったような場合です。これは親会社の管理体制にも問題があるものの、いわゆる会社ぐるみというわけではないので、親会社と監査法人が協力しながら、なんとか書類を期限までに提出しようと試みます。

他方、親会社の社長が主導したもので、さらに粉飾規模が大規模である場合などは、監査法人の協力も得られず、結果的に上場廃止となってしまう例も、珍しいものの、あります。

◎倒産への対応は？

　倒産に関しては、特に対処のしようがありません。倒産が発表されると株価は1円をめがけて下落していきます。売り注文が大量に発生し、ストップ安が連続します。ただし、1円までまったく取引が成立しないというのは稀です。株価が数円〜10数円くらいになったところで取引が成立し、一定期間はマネーゲームとなります。それでも時間をおいて、最終的には1円まで下落していきます。

　適当なところで売却して損失を確定させたうえで、ほかの取引で得た利益や配当金と損益通算しましょう。

8. リスクを管理する

◎資産全体でリスクを分散させる

まず資産全体のポートフォリオを把握し、リスクを分散させます。資産には銀行預金、債券、投資信託、株式、金、居住用不動産、賃貸用不動産などがあります。

これら全体の比率を把握します。

銀行預金は、いわゆる緊急資金として、数か月分から1年分を置いておきます。それ以外については、株式などで運用することになりますが、それぞれリスクが異なります。債券でもリスクが高いものもあれば低いものもあり、投資信託もリスクが高いものもあれば低いものもあり、一概にはいえません。

ですが、基本的な考え方として、自分の年齢が高くなるほど、リスク資産の割合を減らします。

大まかに、それぞれの資産への割り振りを決めます。

◎株式のなかでのポートフォリオ

次に株式に割り当てられた予算のなかで、株式のポートフォリオを組みます。

株式のなかでも、企業規模や業種によって、リスクの多寡に傾向があります。

東証プライム市場に上場する大企業、社歴の長い企業は、顧客基盤が広く業績は安定しているでしょうし、多くの投資家にも認知されています。その結果、業績も株価も安定する傾向にあるでしょう。

他方、東証グロース市場に上場する企業は、顧客基盤はまだまだ開拓途上であり、業績も急拡大があれば縮小もあります。安定した株主の育成も途上です。その結果、業績も株価も変動が大きくなる

傾向にあります。

　業種については、医薬品や電気・ガス業のように景気の良し悪しにかかわらず安定した需要のある業種もあれば、製造業のように世界的な景気の良し悪しによって、大きく変動する業種もあります。

　これらを考慮しながら、ひとつのカテゴリに偏ることなく、分散してポートフォリオを構築するのがいいと思います。

◎どのように分散させるか

　いくつかの軸で、分散を考えます。例えば複数の企業に分散投資するといっても、電力会社9社に分散投資したのでは、それほどリスク分散効果は期待できません。

　バランスよく分散させることが必要です。では、どのような軸で分散を考えればよいのでしょうか？

◎リスク分散①　地域の分散　内需関連株 VS 外需関連株

　内需関連株は、事業を主として国内で行っている企業です。例えば、不動産、建設、陸運、電力、銀行、鉄鋼、紙・パルプなどの業種に含まれる企業が、これにあたる場合が多いです。

　外需関連株は、事業の海外比重が高い企業です。例えば、輸送用機器、電気機器、機械、精密機器、総合商社などの企業が、これにあたる場合が多いです。

　このように企業がターゲットにする顧客の地域を分散させることにより、リスクを分散させます。

◎リスク分散②
業種の分散　ディフェンシブ株 VS 景気敏感株

　ディフェンシブ株とは、景気の影響を受けにくく、業績が比較的安定している企業です。例えば、食料品、医薬品、電力・ガス、陸

運（なかでも鉄道）などの企業です。

　景気敏感株とは、景気の影響を受けやすく、業績の変動性が高い企業です。例えば、紙・パルプ、鉄鋼、化学などの素材産業や工作機械、半導体に関連する企業などがこれにあたります。

◎分散効果は 10 ～ 15 社で十分

　株式投資のリスクは、市場リスクと固有リスクの合計であるとされます。市場リスクは、システマティック・リスクとも呼ばれ、株式市場全体にあるリスクをいいます。株式投資をする以上、避けられないリスクであり、預金や債券、不動産など、ほかの資産クラスへの投資によって低減します。

　固有リスクは、個々の企業に固有の要因により発生するリスクで、複数の企業に分散投資することによって低減させることができます。ただし、投資先企業が増えれば増えるほど、フォローをするのに手間がかかるようになります。四半期ごとに決算説明を聞いたり、決算説明資料を読んだりするのに、20 社も 30 社もあっては、大変ですよね。かといって、1 社に集中投資となると、万が一の不祥事や事故、法改正などの規制といった不測の事態で資産が大きく目減りする固有リスクが高くなりすぎてしまいます。

　分散投資によるリスク低減効果は、10 ～ 15 社に分散すれば十分に得られることが知られています。1 社に投資するか 10 社に投資するかだと固有リスクは大きく違いますが、10 社に投資するか 20 社に投資するかだと固有リスクはそれほど違わない、ということです。

　そこで、投資先企業は多すぎず、少なすぎず 10 ～ 15 社程度にするとよいと思います。

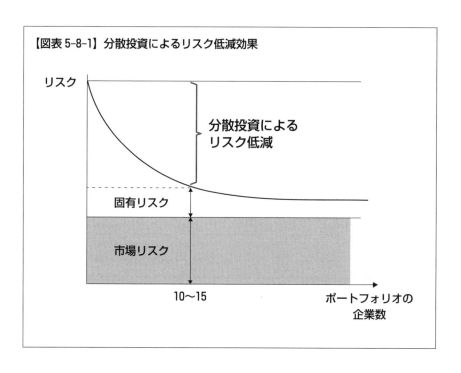

【図表5-8-1】分散投資によるリスク低減効果

リスク

分散投資による
リスク低減

固有リスク

市場リスク

10〜15

ポートフォリオの
企業数

◎リスク分散③　タイミングの分散

　もうひとつ大切なのは、投資時期・タイミングの分散です。株式市場が好調になって「日経平均が○○円を突破」といったニュースを聞くと、手元の資金を一気に投入したくなるものですが、それはあまりよい考えとはいえません。

　毎月の給料のなかから少しずつ、あるいはボーナスに合わせて年に２回というように、投資時期を分散させることも大切です。そうすることで、特に過熱感のある時期に大量に買い込んでしまうリスクを防ぐことができます。

　分散投資の例として、30社の企業と対話を重ねながら長期投資することをモットーに新NISAなどでも人気のアクティブ型投資信託「コモンズ30ファンド」（コモンズ投信）を見てみましょう。

【図表5-8-2】分散投資のイメージ
「コモンズ30ファンド」の資産の状況
（2024年1月31日現在）
業種分散と規模の分散を図りながら約30社に厳選投資している

▶資産別構成

資産配分	
資産	純資産比率
株式	94.7%
その他資産	5.3%
合計	100.0%

※当ファンドの実質組入比率です（小数点以下第2位を四捨五入）。

▶業種別比率の上位

業種別比率	
業種	純資産比率
機械	20.4%
電気機器	14.4%
化学	13.3%
サービス業	8.4%
卸売業	7.7%

※マザーファンドの対純資産比率です（小数点以下第2位を四捨五入）。

▶組入上位10銘柄

銘柄名	業種	比率
味の素	食料品	4.7%
ディスコ	機械	4.6%
東京エレクトロン	電気機器	4.1%
三菱商事	卸売業	4.0%
信越化学工業	化学	3.9%
日立製作所	電気機器	3.7%
丸紅	卸売業	3.7%
ユニ・チャーム	化学	3.7%
任天堂	その他製品	3.5%
コマツ	機械	3.5%

※マザーファンドの対純資産比率です（小数点以下第2位を四捨五入）。

「コモンズ30ファンド」2024年3月29日の「投資信託説明書（交付目論見書）」https://www.commons30.jp/fund30/ より引用

　ポートフォリオの中身は優良企業ばかりです。卸売業、小売業、製造業など、バランスを考えながら分散投資されています。

　例えば、卸売業に分類される三菱商事、丸紅などの総合商社があります。味の素のような食料品の企業もあります。東京エレクトロンやディスコのように機械のなかでも半導体に関連する企業もあれば、コマツのように建設機械を作っている企業もあります。日立製作所のように日本を代表する電気機器の企業もあります。

　これらの企業は、業種が分散しているだけでなく、企業の得意先としているエリアも日本国内だけでなくグローバルに散らばっています。

　また味の素のように景気の影響を受けにくいディフェンシブ株もあれば、コマツのように景気敏感株もあります。多様な企業をポートフォリオに組み入れることで、分散効果を図っているのです。

9. ポートフォリオのパフォーマンス評価方法

◎ポートフォリオを時価総額で評価する

ポートフォリオのパフォーマンスをどのように評価すればよいのでしょうか？　一般的には、ポートフォリオの株価がどれだけ上昇したかによって評価します。

例えば、**ポートフォリオ時価総額**（ポートフォリオ全体の株価）が１年間で次のように推移したとしましょう。

【図表 5-9-1】ポートフォリオ時価総額の例

	株式数	2022 年末		2023 年末		増減額	増減率
		株価	時価	株価	時価		
A 社	300	1,000	300,000	1,300	390,000	90,000	30%
B 社	200	1,500	300,000	1,200	240,000	−60,000	−20%
C 社	100	3,000	300,000	3,700	370,000	70,000	23%
預け金			100,000		100,000	0	0%
合計			1,000,000		1,100,000	100,000	10%

A 社株式は１年間で＋ 30%（＋ 9 万円）上昇しました。B 社株式は１年間で− 20%（− 6 万円）下落しました。C 社株式は１年間で＋ 23%（＋ 7 万円）上昇しました。このほか預け金が 10 万円あります。

合計すると、2022 年末に 100 万円だったポートフォリオは、2023年末に 110 万円となり、＋ 10%（＋ 10 万円）となっています。

よって、このポートフォリオの 1 年間のパフォーマンスは＋ 10%といえます。

しかし、このようなパフォーマンスの評価方法には弱点があります。それは、ミスターマーケットの気まぐれで、たまたま株価が急

騰したり急落したりした場合に、パフォーマンスがその影響を受けてしまうという点です。他人のお金を運用するファンドマネージャーと違い、個人投資家は長期的な目線で投資できます。ですから、これとは違う基準で評価するべきだと思います。

例えばA社株式は、業績は不調であるにもかかわらず、2023年12月に仕手筋（短期的な利益を狙った投資集団）が仕掛けたことによって急騰しただけかもしれません。

◎ポートフォリオを純資産、純利益、価値で評価する

そこで、ポートフォリオ時価総額だけでなく、もうひとつの評価軸として ポートフォリオ純資産 、ポートフォリオ純利益 、ポートフォリオ価値 を紹介します。

例えば、A社の2022年末の1株当たり純資産が1000円（株式数300株を掛けると30万円になります）、1株当たり純利益が50円（同1万5000円）、1株価値が1000円（EPS×20で計算）（同30万円）としましょう。

これが2023年末には1株当たり純資産が1050円（株式数300株を掛けると31万5000円になります）、1株当たり純利益が60円（同1万8000円）、1株価値が1200円（同36万円）になりました。

【図表5-9-2】ポートフォリオを純資産、純利益、1株価値で整理

A社	株式数	2022年末		2023年末		増減額	増減率
		1株当たり	PF	1株当たり	時価		
株価	300	1,000	300,000	1,300	390,000	90,000	30%
PF純資産	300	1,000	300,000	1,050	315,000	15,000	5%
PF純利益	300	50	15,000	60	18,000	3,000	20%
PF価値	300	1,000	300,000	1,200	360,000	60,000	20%

PF純資産は、30万円から31万5000円へと1万5000円（＋5

％）増加しています。PF 純利益は、1 万 5000 円から 1 万 8000 円
へと 3000 円（＋ 20％）増加しています。PF 価値は、30 万円から
36 万円へと 6 万円（＋ 20％）増加しています。

　このように投資先企業の価値がどれだけ増加したかについて評価
するのです。そうすると、ミスターマーケットの気まぐれで株価が
上下した影響を無視して、企業の実態である価値にフォーカスする
ことができます。

　同様に B 社、C 社についても計算し、最後に 3 社分と預け金を合
計し、ポートフォリオ全体の純資産、純利益、価値を計算します。

【図表 5-9-3】ポートフォリオ全体の純資産、純利益、1 株価値

		株式数	2022 年末		2023 年末		増減額	増減率
			1 株当たり	PF	1 株当たり	時価		
A社	株価	300	1,000	300,000	1,300	390,000	90,000	30%
	PF 純資産		1,000	300,000	1,050	315,000	15,000	5%
	PF 純利益		50	15,000	60	18,000	3,000	20%
	PF 価値		1,000	300,000	1.200	360,000	60,000	20%
B社	株価	200	1,500	300,000	1,200	240,000	−60,000	−20%
	PF 純資産		750	150,000	850	170,000	20,000	13%
	PF 純利益		50	10,000	100	20,000	10,000	100%
	PF 価値		1,000	200,000	2,000	400,000	200,000	100%
C社	株価	100	3,000	300,000	3,700	370,000	70,000	23%
	PF 純資産	100	6.000	600,000	6,100	610,000	10,000	2%
	PF 純利益	100	200	20,000	200	20,000	0	0%
	PF 価値	100	4,000	400,000	4,000	400,000	0	0%
預け金				100,000		100,000	0	0%
合計	株価			1,000,000		1,100,000	100,000	10%
	PF 純資産			1,150,000		1,195,000	45,000	4%
	PF 純利益			45,000		58,000	13,000	29%
	PF 価値			900,000		1,160,000	260,000	29%

　ポートフォリオ純資産は、各社の 1 株当たり純資産に持ち株数を

掛けて算出しています。純資産はシンプルに考えると、毎年、1株当たり純利益分だけ増加し、1株当たり配当分だけ減少することになります。ポートフォリオ純資産は客観性が高く安定的に推移するという特徴があります。ですから、経済環境が良いときも悪いときも、株式市場のマインドが良いときも悪いときも、最も安定した指標となります。ウォーレン・バフェットが率いるバークシャー・ハサウェイでは、長年、1株当たり純資産がどのように推移してきたかをアニュアルレポートの冒頭で紹介するのが通例でした。

ポートフォリオ純利益は、各社の1株当たり純利益に持ち株数を掛けて算出しています。ポートフォリオ純利益は、短期的な経済環境の良し悪しの影響を受けるため、これだけでポートフォリオのパフォーマンスを評価すると、近視眼的になってしまいます。他方で、ポートフォリオ純利益は、株主価値と直結するという意味で無視できません。

ポートフォリオ価値は、各社のポートフォリオ純利益に一定の倍率を掛けて計算した1株価値の合計になります。投資家にとって、ポートフォリオ価値が増加していることが最も大切な評価指標だといえますが、一方で、1株価値の算出は既述の通り、難解であり、上記の純資産や純利益に比べると客観性に劣ります。

以上のように、それぞれの指標には長短あることから、**「ポートフォリオ時価総額」「ポートフォリオ純資産」「ポートフォリオ純利益」「ポートフォリオ価値」という4つの観点からポートフォリオを評価する**のが、適切であると考えています。

上記のような計算は煩雑で手間がかかるので、「ポートフォリオマネージャー」というツールを作りました。株式会社アクションラーニングが運営するサイト「バリュートレンド」で利用できます。

10. なぜ持ち続けるべきなのか？（STEP3 について）

◎成長し続ける会社は、ごく一部だから

　本書では成長し続ける会社の探し方について見てきましたが、「そんなに良い企業なんて、ほとんどないやん！」と思われるかもしれません。自分自身で探してみると、余計にそう感じられると思います。

　だからこそ、成長し続けそうな良い企業を一度見つけたら、ずっと保有し続けるのがよいと思います。

　すなわち、**売る必要のない株を買うのが最高の投資**、といえるでしょう。

◎税金の支払いによるパフォーマンスの低下

　例えば、購入した株式が10倍になったとしましょう。100円で購入して、株価が1000円になった。この時点でのパフォーマンスは、10倍、＋900%です。

　ところが、利益に税金がかかる課税口座でこの株式を購入・売却すると、売却益900円に対して、約20%の税金がかかります。金額にすると、約180円です。なので、実際に手に入るお金は820円です。10倍だったはずが8.2倍、＋720%になってしまいます。これだけ資産を減らしても、次にとても魅力的な投資対象があればよいのですが、そのような企業が見つからない限り、税金の支払いによるパフォーマンスのダウンがポートフォリオに大きな影響を与えます。

　ですから、成長を続けて売却する必要のない企業を買うのが理想的です。第一、成長を続ける企業の株式をずっと持ち続けているなんて、誇らしいではないですか。

売れる前からずっと目をつけていたアイドルが、メジャーデビューして、大ヒットして、レコード大賞にも選ばれて、紅白に出場して…（ちょっと、例えが古いですが）。そんなアイドルを「昔から応援してたで」って言えると、鼻が高いですよね。

◎株を売るのは、どのようなときか？

　以上を踏まえたうえで、それでも株を売るのは、どのようなときでしょうか？

① あまりにも割高になったとき

　株式市場は気まぐれです。一時の気まぐれで、あまりに割安になったり、あまりに割高になったりすることがあります。第1章で紹介したような理論的な価格よりも、2割3割上がることは当然あります。しかし、その理論価格より2倍3倍になることも、しばしばです。あまりにも高い株価がついたときには、いったん売却して、下落してくるのを待つのもひとつの考え方でしょう。

　このようなときには、支払う税金を考慮してもおつりが来ることが期待できます。そして熱気が冷めたときに買い戻せばよいのです。

　例えば、ひとつの企業について200株以上を保有している場合なら、その一部を売却するという方法も考えられるでしょう。

② ほかにもっと魅力的な企業が登場したとき

　ほかにもっと魅力的な企業が見つかったときも売り時です。あるいは、以前から魅力的だと思っていた企業の株価が、なんらかの一時的な要因で急落したようなときです。

　このようなときは、持ち株の一部を売却して、より魅力的な企業への投資に売却資金の一部を振り向けるとよいでしょう。

③ リバランス

　リバランスのために売ることもあります。ポートフォリオは全体のバランスを考慮して構築していきますが、時間の経過とともに、そのバランスが崩れていきます。例えば、どうしても魅力的だと思った企業を新規にポートフォリオに入れたり、諸事情により売却せざるをえなかったり、各銘柄の株価の上昇・下落などにより、ポートフォリオのバランスは崩れていきます。

　このようなとき、ポートフォリオのバランスを調整（ **リバランス** ）するために、売買を行います。

④ 投資先企業の状況の変化

　投資する際には、何かしら企業に魅力を感じ、将来に向けての成長ストーリーを期待して投資します。

　時の経過とともに、その成長ストーリーが期待通りに進むこともあれば、期待通りには進まず経営環境が悪化して当初想定できなかったほどに悪い方向に進むこともしばしばです。それだけ、企業が戦う経済環境は変化が激しく、競争は厳しいのです。

　当初、期待していた成長ストーリーが破綻してしまったのであれば、その時点で株式の売却を検討すべきでしょう。もちろん、状況によっては、再起できる場合もあると思います。状況を見極めつつ、売却か保有継続かを判断していきます。

⑤ シナリオが崩れたとき

　残念ながら、想定していたように企業が成長しないこともあります。減収減益になったり、赤字に転落したりして、当初想定していたような成長シナリオが崩れたときには、売却を検討します。

◎明確な理由なく株価が下げ続ける場合の対処法

　成長シナリオが崩れていないのに、株価が長期間、弱含むこともあります。自分が投資した翌日から株価が上がり続ける、ということはまずありません。株価が上昇するにはなんらかのきっかけが必要で、その転機が訪れるまで株価は大して動かないものです。

　そもそも描いているシナリオに誤り、見落としがあることもあります。企業に対する理解が不十分である、もしくは近い将来に制度変更が予定されていてビジネスモデルに大きな影響が出る見込みであるなどの事情により、株価が下がり続けることもあります。

　ですから、自信を持って購入した株式がその後、値下がりしたからといって強気でナンピン買い（下落した株をさらに買い増すこと）をするのは、やめておくのが賢明です。少なくとも投資経験をある程度、積んでからにしましょう。

　ナンピン買いすることで、大きな利益を得ることもできるのですが、逆に大きな損失を被るのもこういうときです。特に投資経験の浅い人ほど気をつけてください。

コラム　なぜ親子上場は問題視されるのか？

　なぜ親子上場が問題なのでしょうか？　ポイントは非支配株主の利益です。例えば、上場しているＰ社が親会社、上場しているＳ社が子会社だとしましょう。

　ここでいう非支配株主とはＳ社の株主のうち、Ｐ社以外の株主のことをいいます。

　Ｐ社は親会社、Ｓ社は子会社で同じ企業グループに属しているとはいえ、それぞれが別の法人格を有しています。ですから、それぞれの会社の経営者が、最善を尽くして自社の利益を増やすようにしなければなりません。

　ところがここで、Ｐ社とＳ社との間で商取引が行われていたりすると、その間で忖度が行われないか、つまりＳ社の経営者がＰ社の意向を汲んでＰ社にとって有利な（結果としてＳ社にとって不利な）経営判断を行わないか、その結果として、Ｓ社の非支配株主の利益が損なわれるのではないか、という疑念が生じます。このため、親子上場に対しては厳しい視線が注がれています。

　似たような問題は、MBOにおいても生じます。MBOでは、経営陣が非支配株主から株式を買い取ります。経営陣は借金をして非支配株主から株式を買い取るため、できるだけ借金の額は少なくしたい、すなわちMBOによって買い取る株式の価格を安く設定したい、と考えます。ところが非支配株主は、できるだけ高値で買い取ってもらいたいですよね。ここでも非支配株主の利益が害される懸念が生じるのです。

　私たち個人投資家は、常に非支配株主の側です。このような問題をよく理解し、個人投資家の立場を主張していくことが大切だと思います。

おわりに

　株式投資とは何か、ということを私はいつも考えています。資産を手軽に増やしたいならば、インデックス投資信託を毎月積み立てる、というのが最もタイムパフォーマンスが良いと思います。それでもなお、株式投資をすることの本質的な意味は、「自治」にあると思います。

　常日頃から、株式投資は、選挙と似ていると感じています。選挙は1人1票、自分の望む社会を実現してくれそうな政治家、政党にその1票を投じます。1人1人の1票は小さなものではありますが、その集積が社会を動かします。

　株式投資は、資金の量に応じて票数が変わるものの、これから自分の望む社会を実現してくれそうな企業に、その1票を投じます（その企業の株式を購入します）。そして、株主総会における議決権行使を通して、その意思を経営陣に伝えます。

　選挙権の行使、議決権の行使というのは、自分たちが実現したい社会のためのものであり、自らの社会を自らで治める、という自治の考え方がベースにあると思います。

　日本では、昔から、大事なことはお上が考え、決定してくれる、庶民はそれに従えばよい、と感じている人が多いのではないでしょうか。選挙のときに投票に行かなくても、世の中は大して変わらない、お上がきちんとやってくれるさ、と思考停止になってはいないでしょうか？

　株式投資においても同様です。雑誌で取り上げられた企業の株を買う、インターネット掲示板で話題の企業の株を買う、著名投資家と同じ企業の株を買う、と思考停止になっていないでしょうか。資産が増えれば、それでよいのでしょうか？

　ひとりひとりの投資家が、自分なりのやり方でいいので、自分の頭で考え、自分の価値観に合った企業を見つけ、投資する。その企業に「ありがとう！」と「がんばれ！」を伝え続ける。私はそれが大切だと考えています。自らが生活している社会を、自ら治める、ということです。

　今現在、どのような社会であってほしいか？　将来、どのような社会

になってほしいか？　子どもたち、孫たちの世代、もっと未来、どんな社会であってほしいか？　それを思い描いてその夢に賭ける。それこそが株式投資の本質だと思います。

　何も考えずに銀行にお金を預けるのは、お上がどうにかしてくれるから選挙なんて行っても無駄、というのと同じことだと思うのです。

　戦後復興のとき、数々の企業の株式が売り出され、日本人はその夢に賭けました。それらの企業は懸命に働き、社会を復興し、投資家はその恩恵を受けました。

　戦後の復興のときと今と、何が違うのでしょうか？　何も違わないと思います。いつの時代も波乱の時代であり、創意工夫と努力を怠れば、没落が待っています。

　現場で懸命に働く経営者・従業員たちに、自分の資金を投じてコミットする。社会の形成に参画する。それが株式投資の本質です。

　本書を執筆するにあたり、多くの方々のご支援とご協力をいただきました。

　本書の出版を企画してくださった編集者の荒川三郎様には貴重なアドバイスと励ましをいただきました。本書の制作過程で多大なる協力をいただいた大上信久様に感謝の意を表します。また（株）アクションラーニングの渡辺章博さんの協力に感謝します。

　家族や同僚の皆様にも感謝いたします。皆様の理解と支えがあったからこそ、本書の執筆を続けることができました。家族には多くの時間を与えてくれたことに感謝しています。

　本書を手に取ってくださった読者の皆様に、心からの感謝を申し上げます。

　最後に日本全国・世界中の現場で顧客のために尽力されている方々に感謝の気持ちを伝えたいです。現場で真摯に働くひとりひとりの努力と挑戦が、今の社会を支えています。上場企業もそれ以外の皆様にも、ありがとう！　がんばれ！　　　　　　　　　　　以上

世界一やさしいファンダメンタル株投資バイブル

2024年7月19日　初版発行

著者／日根野　健（ひねけん）

発行者／山下　直久

発行／株式会社KADOKAWA
〒102-8177　東京都千代田区富士見2-13-3
電話　0570-002-301(ナビダイヤル)

印刷所／TOPPANクロレ株式会社

製本所／TOPPANクロレ株式会社

●お問い合わせ
https://www.kadokawa.co.jp/（「お問い合わせ」へお進みください）
※内容によっては、お答えできない場合があります。
※サポートは日本国内のみとさせていただきます。
※Japanese text only

定価はカバーに表示してあります。